JN260598

# 基礎から学ぶ
# コーポレート・ファイナンス

菅原周一［著］

創 成 社

# はじめに

　本書は，慶應義塾大学，上智大学でのファイナンスに関する講義録の一部を修正し，加筆したコーポレート・ファイナンスのテキストとして書きあげたものです。コーポレート・ファイナンスの基礎を学ぶことを目的として，大学2，3年生を対象としていますが，コーポレート・ファイナンスに興味のある一般社会人にも読みやすいように，数式は最小限にとどめました。ファイナンスの基礎的な知識があることを前提としていますが，本書の2章から4章で基本となる知識を解説してありますので，基礎知識に不安を感じている方でも本書を読み通すことができると思います。

　本書の構成は，姉妹書である『基礎から学ぶ資本市場論Ⅰ』と同様，大学の講義に合わせて作成しました。日本の大学の春セメスタ，秋セメスタの講義では，14回＋定期試験となっている場合が大半ですが，本書は，「序論」と「定期試験」を除く13回分に収まる分量です。1回分にあたる各章は，18枚程度のプレゼンテーションとその説明用のノートから構成されています。独習を想定して書いたものですが，関係教育機関で教員の方々に講義の補助資料として利用していただければ幸いです。

　本書は13の章から構成されています。第1章の「コーポレート・ファイナンスの概要」では，まずコーポレート・ファイナンスとは何か，資本市場の企業に期待されている役割とは何か，企業のリスク負担者は誰なのか等について確認します。第2章から第4章までがコーポレート・ファイナンスを学ぶうえでの基本となる知識の確認の章になっています。第2章の「ファイナンスの基礎」では，コーポレート・ファイナンスを学ぶ際に前提となるファイナンス，財務諸表関係の基礎知識の確認を行います。第3章の「ファイナンス理論の基礎」では，コーポレート・ファイナンスを学ぶうえでその前提となるファイナンス理論の基礎知識について確認をします。具体的には，配当割引モデル，平均分散アプローチ，資産価格評価モデル，裁定価格理論の考え方等について確認します。第4章の「オプションの基礎」では，デリバティブの基礎知識についての確認をします。なかでも，オプションはコーポレート・ファイナンスを考えるうえで重要性が増しているので，オプションを中心に解説します。第5章の「資本コスト」では，コーポレート・ファイナンスで最も重要な役割を果たす資本コストについて考えます。第6章の「投資案件の評価」では，一般に広く使われている投資案件採決の代表的な尺度を概観し，その問題点を確認します。第7章の「リアル・オプション」では，リアル・オプションとは何かについて解説し，DCF法で評価できない部分を評価する方法として，オプションによ

るアプローチの概要を学ぶと共に，応用例として，足場固めオプションについて解説します。第8章の「企業価値評価（FCFによる評価）」と9章の「企業価値評価（その他の手法による評価）」では企業価値の評価方法について解説します。第8章では，まず企業価値評価の基本的な考え方であるフリー・キャッシュフロー・バリュエーションモデルの考え方を詳しく解説します。第9章では，残余利益モデル，経済的付加価値について説明し，さらに，古くから企業の相対価値評価に広く使われていた評価倍率法についても，簡単に概要を解説します。第10章の「MM理論（1）」と11章の「MM理論（2）」では，モジリアーニとミラーが示した4つの命題の意味と，命題導出の前提条件を確認します。さらに，自社株買いと株価の関係や，モジリアーニとミラーが示した4つの命題の前提条件を緩和した場合について解説します。第12章の「M&Aの概要」と13章の「企業の敵対的買収と事業リストラクチャリング」では，企業の合併，買収，再編について概要を紹介します。まず，第12章で，M&A拡大の背景やM&Aが何を目的として行われるのかについて確認し，M&Aの種類と代表的な分類方法を紹介し，最後にM&Aの米国と日本の歴史を振り返ります。最後の第13章では，企業の敵対的買収と企業財務のリストラクチャリングについて確認します。

　本書の執筆過程では，多くの方にお世話になりました。特に，近畿大学の桂眞一教授には多くのご助言，ご指導を頂きました。また，翻訳家の上木原さおりさんには，多くのご助言を頂き，さらには原稿作成の一部を手伝って頂きました。ここに記して感謝致します。また，原稿提出が大幅に遅れてしまったにも関わらず辛抱強く待っていただき，粗雑な原稿を丁寧に校正して頂きました創成社の出版部のスタッフ，とりわけ廣田喜昭氏に心からお礼申し上げます。

　最後に，私事になりますが休日を利用した執筆活動を最後まで暖かく見守ってくれた家族に心から感謝したいと思います。

2011年7月

菅原周一

# 目　次

はじめに

第 1 章　コーポレート・ファイナンスの概要 —————— 1
第 2 章　ファイナンスの基礎 ———————————— 19
第 3 章　ファイナンス理論の基礎 —————————— 37
第 4 章　オプションの基礎 ————————————— 55
第 5 章　資本コスト ———————————————— 73
第 6 章　投資案件の評価 —————————————— 91
第 7 章　リアル・オプション ———————————— 109
第 8 章　企業価値評価（FCF による評価）—————— 127
第 9 章　企業価値評価（その他の手法による評価）—— 145
第10章　MM 理論（1）——————————————— 163
第11章　MM 理論（2）——————————————— 181
第12章　M&A の概要 ——————————————— 199
第13章　企業の敵対的買収と事業リストラクチャリング —— 217

参考文献　235
索　　引　237

# 第1章
# コーポレート・ファイナンスの概要

---- 本章の概要 ----

　本章の「コーポレート・ファイナンスの概要」では，まずコーポレート・ファイナンスとは何か，資本市場の企業に期待されている役割とは何かについて解説し，次に企業のリスク負担者は誰なのか（企業は誰のものか）について確認します。そして，最後にコーポレート・ガバナンスの重要性について説明します。これら4つのテーマを中心に，コーポレート・ファイナンスを学ぶうえで基本となる事項をわかりやすく解説します。

---- ポイント ----

1．コーポレート・ファイナンスとは何か
2．企業の期待役割
3．企業のリスク負担者
4．コーポレート・ガバナンスの重要性

## 企業経営の目的

```
┌─────────────────────────────────┐
│   企業の存在意義は「価値創造」   │
└─────────────────────────────────┘
              ▼
┌─────────────────────────────────┐
│   企業価値を高めることが使命     │
└─────────────────────────────────┘
              ▼
┌─────────────────────────────────────┐
│ 株主価値最大化が経営者の最大の使命  │
└─────────────────────────────────────┘
    ↙                              ↘
コーポレート・ファイナンスは，      従業員をはじめ，他の利害関
財務の立場から企業活動をサポート    係者と株主は共存共栄の関係
```

　資本市場において中心的な役割を担っている企業の存在意義の有無は，「価値を創造できる」か否かです。企業は，価値を創造した対価として，利益を獲得することができます。そして，利益を生むことにより企業の価値が高まります。したがって，企業価値を高めることが企業経営者の役割となります。企業価値を高めるために株主価値を高めることが必要になり，株主価値最大化が経営者の最大の使命となります。コーポレート・ファイナンスは，財務の立場から企業活動をサポートします。

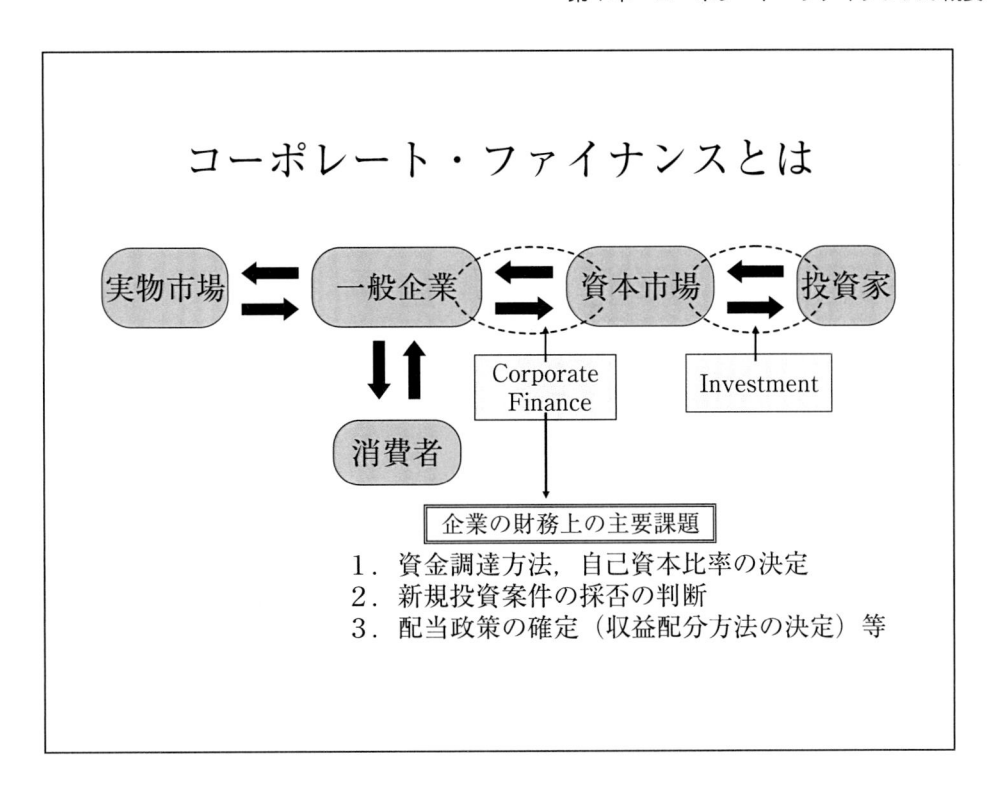

```
┌─────────────────────────────────────────────────────┐
│            コーポレート・ファイナンスとは              │
│                                                     │
│   実物市場 ⇄ 一般企業 ⇄ 資本市場 ⇄ 投資家            │
│              ⇅         │          │                 │
│            消費者    Corporate  Investment           │
│                      Finance                        │
│                                                     │
│              企業の財務上の主要課題                    │
│         1．資金調達方法，自己資本比率の決定            │
│         2．新規投資案件の採否の判断                   │
│         3．配当政策の確定（収益配分方法の決定）等      │
└─────────────────────────────────────────────────────┘
```

　資本市場を介した「資金の提供者である投資家」と「資金を必要とする一般企業」の間の資金の流出入について考えるのがファイナンス（Finance）という学問です。ファイナンスに関する理論は，この資本市場を中心に，資金を提供する側の理論（投資：Investment）と資金の提供を受ける側の理論（コーポレート・ファイナンス：Corporate Finance）の2つを中心として発達してきました。

　コーポレート・ファイナンスは，企業の財務上の主要課題である①資金調達方法，自己資本比率の決定，②新規投資案件の採否の判断，③配当政策の確定（収益配分方法の決定）などについて考える実務的な学問であるといえます。

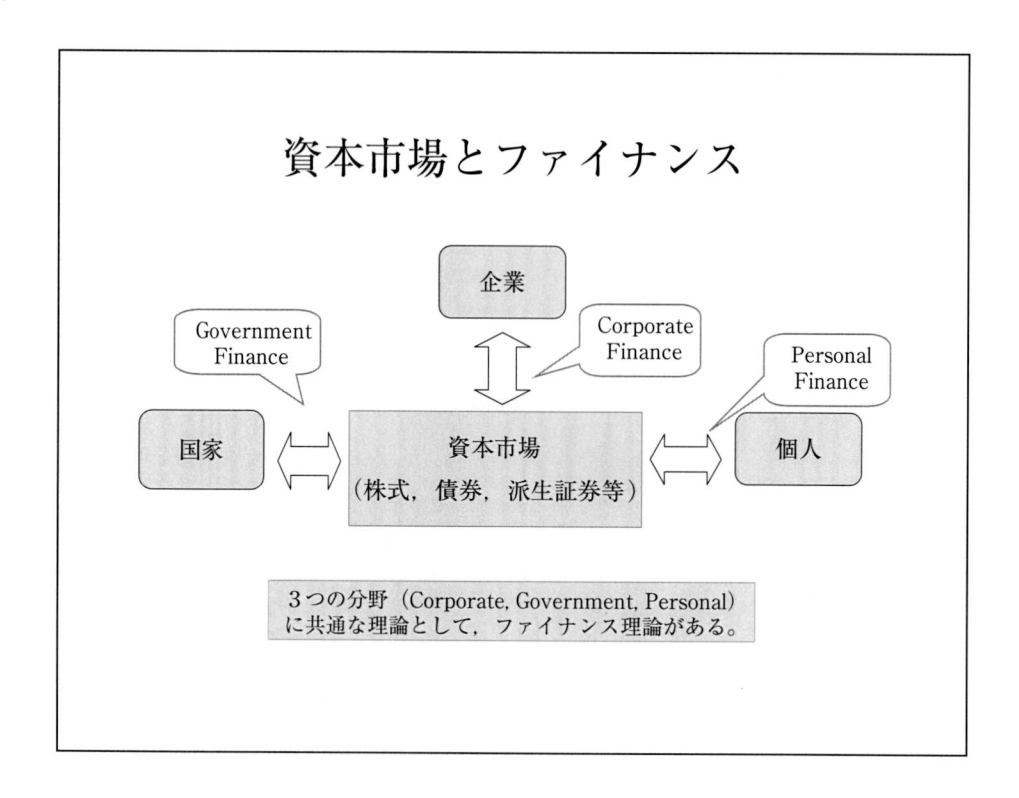

## 資本市場とファイナンス

```
            企業
Government  ⇅  Corporate
Finance         Finance        Personal
                                Finance
 国家  ⇔   資本市場    ⇔   個人
        （株式，債券，派生証券等）

3つの分野（Corporate, Government, Personal）
に共通な理論として，ファイナンス理論がある。
```

　日本全体の経済を考える場合，資本市場は，お金の流れの中心に位置します。この資本市場を介して経済主体（国家，企業，家計（個人））は資金の提供や供給を行い，経済は活動することになります。経済成長が著しい時代では，資金不足の主体は企業でした。しかし，経済成長が鈍化するなかで，日本の資金不足の主体は，企業から国家へと変わってきています。また，資金余剰の主体は家計でしたが，新たな投資機会を見出せない一部の企業では資金の提供者になっています。

　したがって，最近では，国家や個人の資本市場とのかかわりの重要性も増しており，本書の主題であるコーポレート・ファイナンスだけでなく，公共ファイナンス（Public Finance）やパーソナル・ファイナンス（Personal Finance）という分野も重要となってきています。なお，3つの分野（Corporate, Government, Personal）に共通な理論として，ファイナンス理論があります。

## 投資判断のステップ

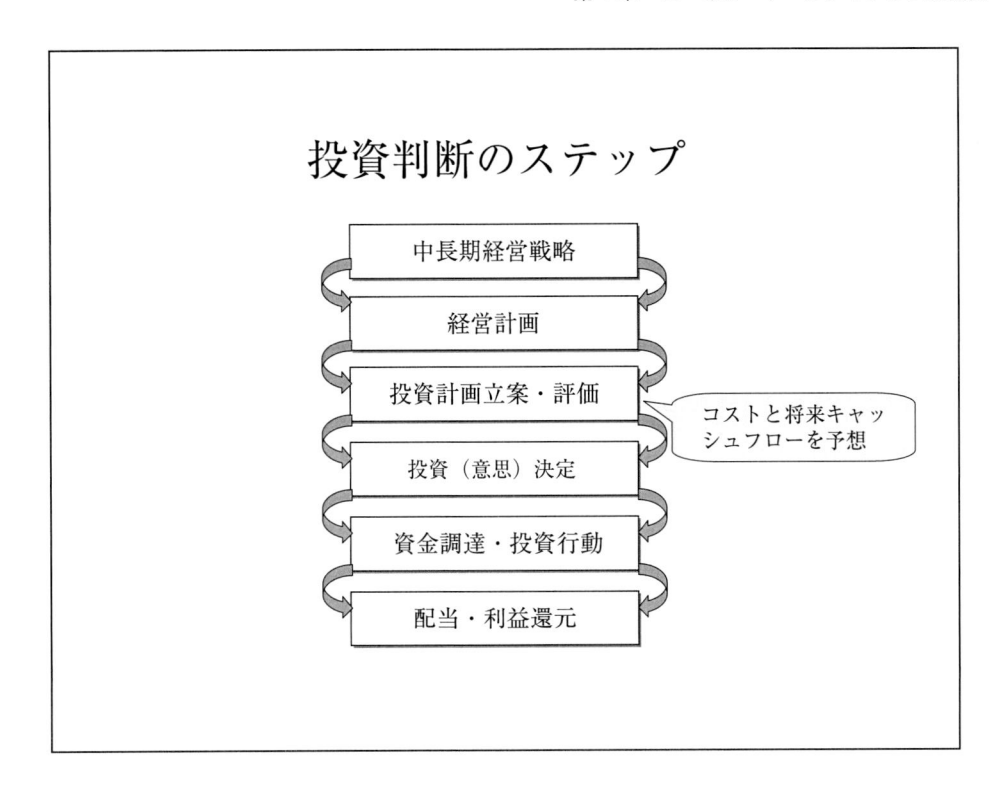

- 中長期経営戦略
- 経営計画
- 投資計画立案・評価 — コストと将来キャッシュフローを予想
- 投資（意思）決定
- 資金調達・投資行動
- 配当・利益還元

　企業は，株主価値を最大化することを目的として中長期的な経営戦略を立て，これに基づいて，中短期あるいは年度毎に経営計画を立てます。この計画を実現するために，具体的な投資計画を立てます。この投資計画は株主価値を高めるものでなければなりません。適切な判断を下すために，該当投資案件の将来キャッシュフロー（利益やコスト）の適切な予測と割引率である資本コストの適正な推定をしなければなりません。これらの結果として，投資判断がなされると，投資案件の実行に必要な資金の調達を行い，投資行動に入ります。そして最終的に，これらの投資案件から生まれた利益を，資本提供者に還元することになります。

## 企業の資金調達の方法

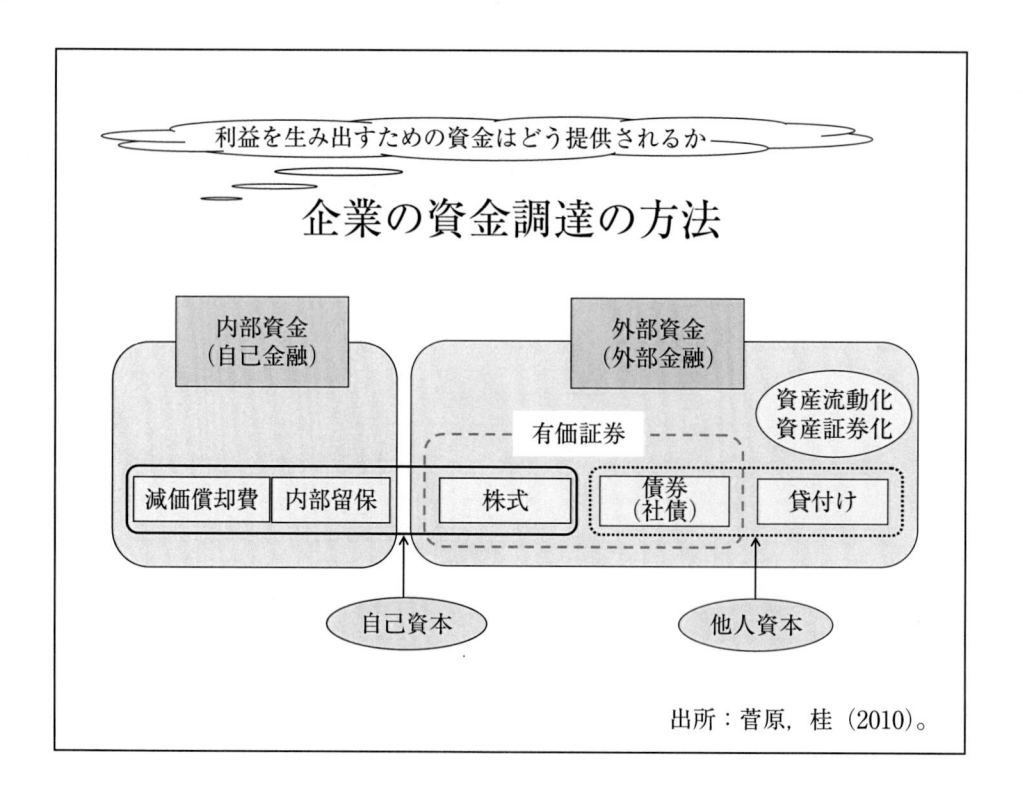

利益を生み出すための資金はどう提供されるか

```
内部資金                    外部資金
（自己金融）                （外部金融）
                                              資産流動化
                                              資産証券化
                      ┌ ─ 有価証券 ─ ┐
┌減価償却費│内部留保┐ │ 株式 │ 債券  │ 貸付け │
                      │      │(社債) │
                           ↑              ↑
                         自己資本        他人資本
```

出所：菅原，桂（2010）。

　企業が利益を生み出すために必要となる資金の調達方法として，他人資本と自己資本の2つがあります。他人資本には，社債の発行や金融機関からの借入れがあり，自己資本には，株式発行や内部留保金，あるいは減価償却費などがあります。

　また，資金調達の分類方法として，内部資金（自己金融）と外部資金（外部金融）に分ける方法もあります。内部資金には，内部留保金や原価償却費などがあり，外部資金には，株式や債券，金融機関からの貸付けなどがあります。なお，外部資金による資本には，資産流動化や資産証券化による方法も増えています。

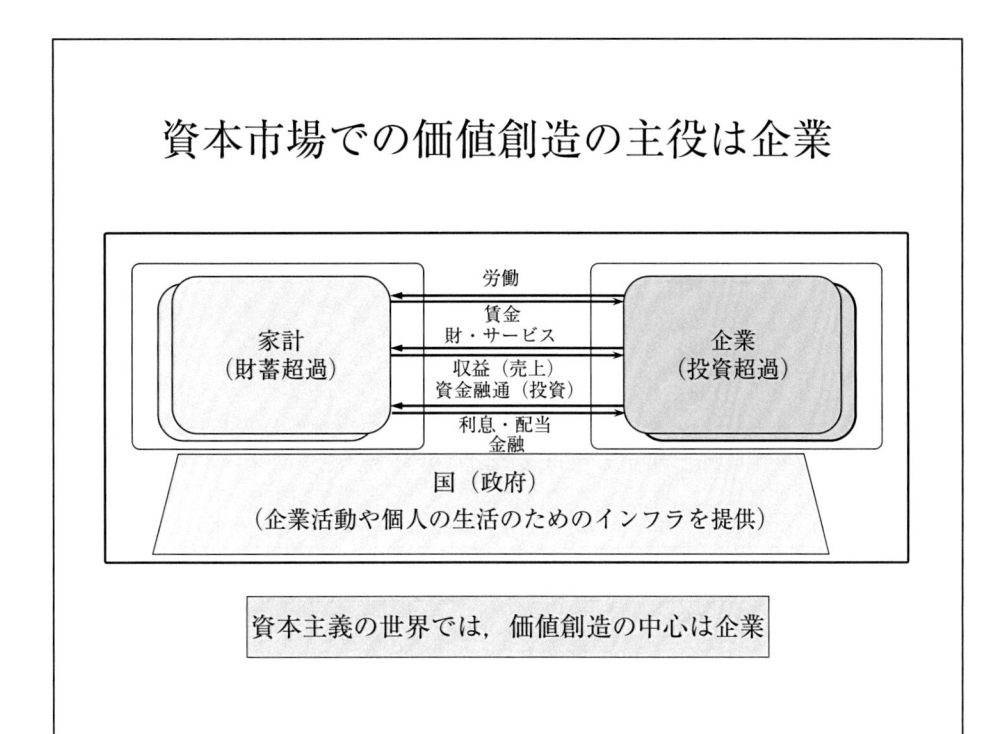

## 資本市場での価値創造の主役は企業

```
                    労働
                    ───→
                    賃金
                    ←───
    家計            財・サービス          企業
  (財蓄超過)         ←───            (投資超過)
                 収益(売上)
                    ───→
                 資金融通(投資)
                    ←───
                  利息・配当
                    金融

        国(政府)
  (企業活動や個人の生活のためのインフラを提供)
```

資本主義の世界では，価値創造の中心は企業

　ここで，もう少し資本市場での企業の役割について考えてみます。1つの国のなかの経済活動をみてみると，企業は家計から労働と資金の提供を受けて経営を行います。企業活動によって得られた利益は，労働の対価である賃金として家計に支払われます。家計から投資された資金に対しても，配当あるいは利息が支払われます。一方，国家は企業活動や個人の生活のためのインフラを提供していることになります。資本主義の世界では，価値創造の中心は企業ということになります。

## 利益とリスクの配分

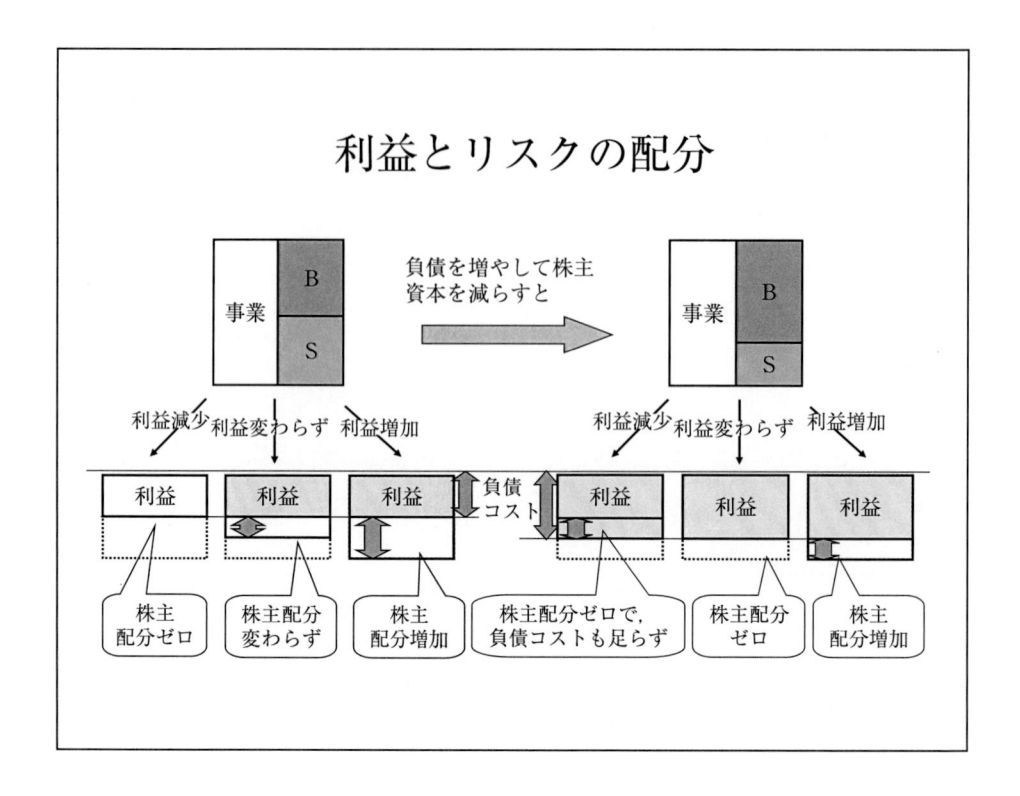

　資本構成（あるいは負債比率）を変更した場合の利益配分について考えます。今，株主にも債権者にも利益配分ができている状態を考えます。すなわち，負債コスト以上に利益が出ている状態です。ここで利益が増加したとすると，負債コストは支払われる金額が決まっていて変わらないので，利益が増えた分だけ株主の利益は増加します。逆に利益が減ると，負債コストは変わらないので，利益が減った分だけ株主の利益は減少します。すなわち，利益変動のリスクは一義的に株主が負っていることになります。

　次に負債を増やして株式を減らした状態を考えます。負債を増やした分に対応して負債コストが増えます。たとえば，利益と負債コストが等しくなるところまで負債比率を引き上げたとします。この状態では，利益がわずかでも低下すると負債コストを賄うことができなくなります。一方，利益が増えるとその分は株主のものになります。

## 企業価値と負債，株式の価値

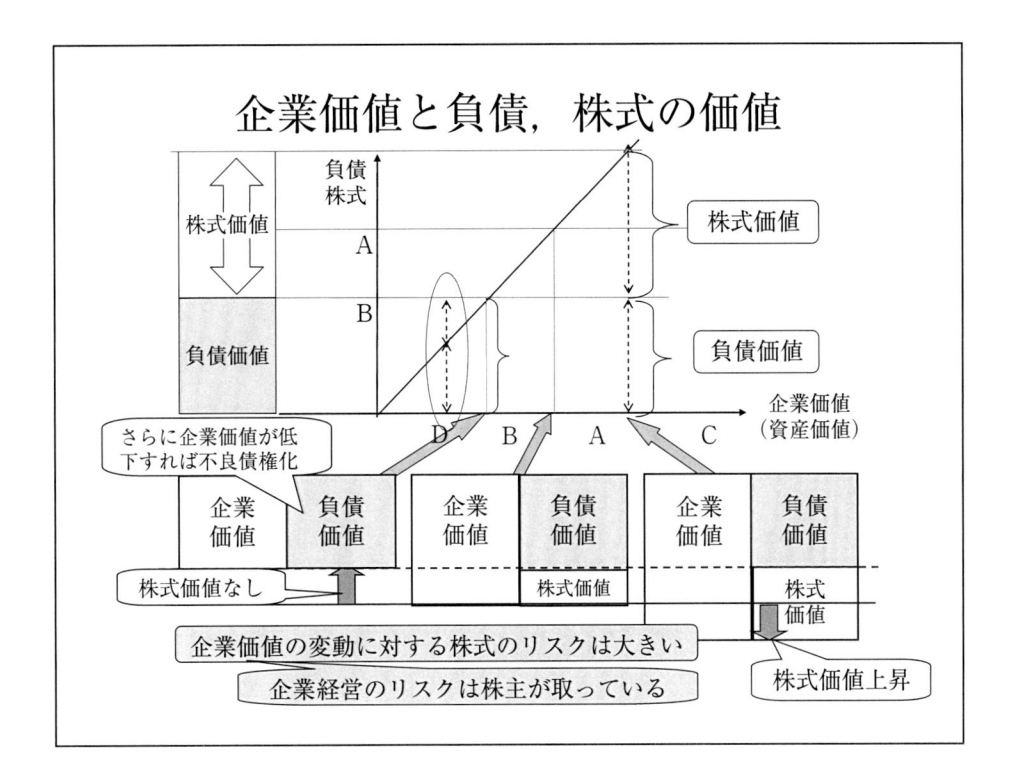

　企業価値は，企業が将来生みだすフリー・キャッシュフローの現在価値の総和です。企業を取り巻く環境が変化し，将来キャッシュフローの予測値が変化する（その他の条件が変わらないとします）と企業価値も変わります。すなわち，将来キャッシュフローの予測値が低下すると企業価値が下がり，将来キャッシュフローの予測値が上昇すると企業価値が上がります。

　このとき，負債（借入金や社債）は価値の変化は少ないため，企業価値の変化は株式価値の変化になります。企業価値が上がれば，株式価値（すなわち株主価値）が上昇し，企業価値が下がれば株式価値は低下します。すなわち，企業経営の最大のリスク負担者は株主ということになります。

## 企業財務上の意志決定事項

企業の事業活動を考えると

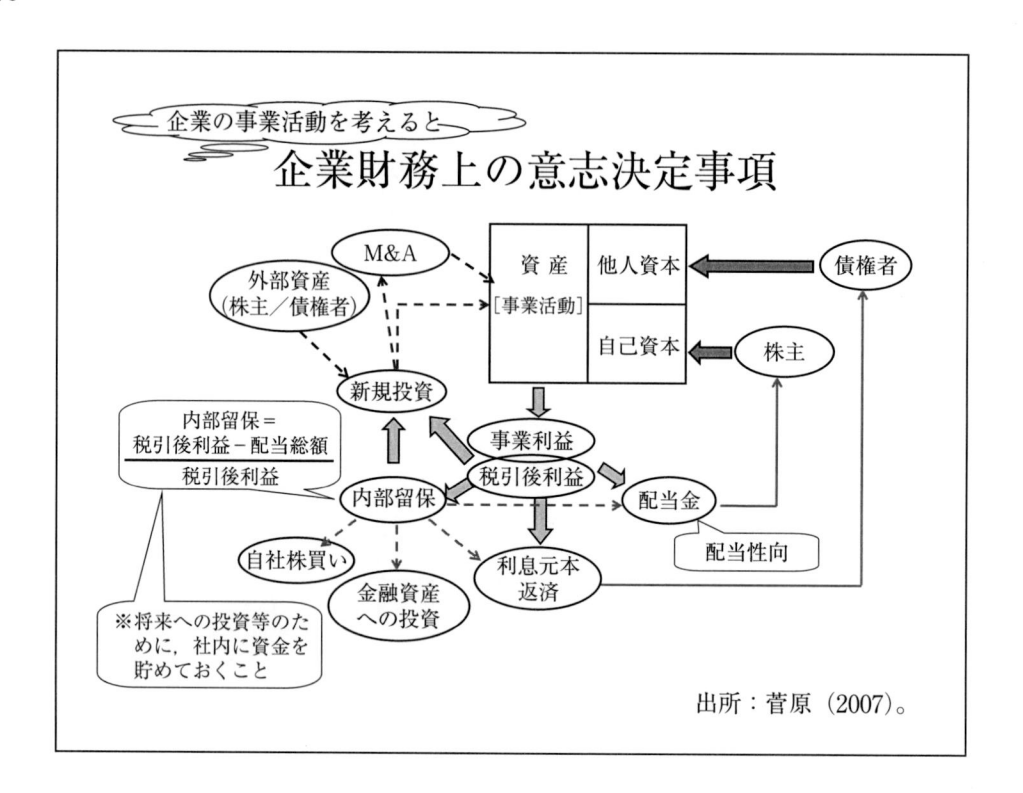

- M&A
- 外部資産（株主／債権者）
- 資産［事業活動］
- 他人資本 ← 債権者
- 自己資本 ← 株主
- 新規投資
- 事業利益
- 税引後利益
- 配当金
- 配当性向
- 内部留保＝税引後利益－配当総額／税引後利益
- 内部留保
- 自社株買い
- 金融資産への投資
- 利息元本返済

※将来への投資等のために，社内に資金を貯めておくこと

出所：菅原（2007）。

　ここで，企業の事業活動の流れを考えます。企業は事業活動に必要な資金を集める必要があります。一般には，投資家である債権者と株主から資金の提供を受けます。債権者の資本は他人資本，株主の資本は自己資本といいます。株主から企業経営の委託を受けた経営者はこれらの資本を使い，社員を雇い，工場を作り，原材料を買入して商品を作ります。この商品を売って，企業は利益を上げます。

　商品を売るまでにかかった費用をすべて差し引いて，さらに税金を支払った後に残った利益が資本提供者の利益，すなわちフリー・キャッシュフローとなります。このフリー・キャッシュフローのなかから債権者に利息と元本の支払いを行った後に残ったフリー・キャッシュフローが株主に帰属するフリー・キャッシュフローとなります。このフリー・キャッシュフローは，配当金として株主に支払われたり，新規投資のために一部は内部留保されることになります。

### 企業の売上げの配分

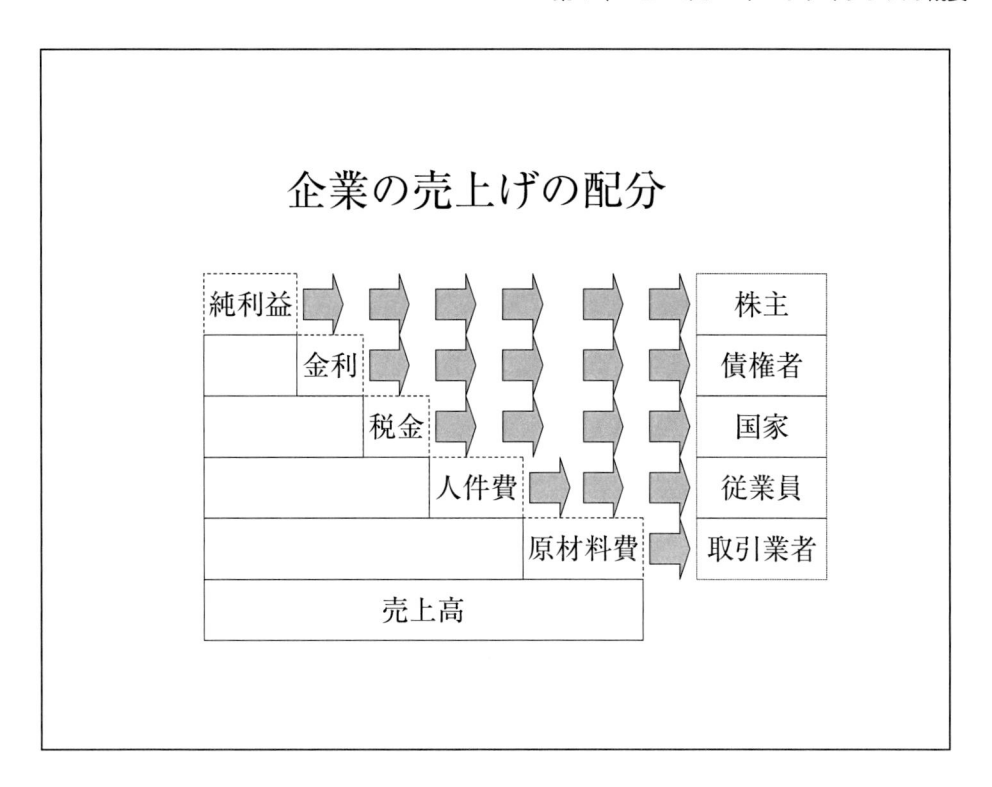

[図：売上高から原材料費→人件費→税金→金利→純利益の順に配分され、それぞれ取引業者、従業員、国家、債権者、株主へ支払われる]

　ここで，企業の利益配分について考えてみます。企業が作った商品を売ることで得られる売上げ金額（売上高）から，まず原材料費が取引業者に支払われます。また従業員に対して給与を支払わなければなりません（人件費）。残った利益のなかから，資本提供者である債権者にあらかじめ約束していた利息や元本が支払われます。残った利益から税金が国家に支払われます。そして最後に残った利益が株主のものとなります。

　したがって株主の利益の取り分は，企業の業績により大きく変化します。業績が悪ければ，利益の取り分がゼロとなることもあります。

## 頭脳と資本の分離

```
資本と経営              →  資本＝資本提供者（株主）
（資本提供者と経営は一体） 分業化
                          経営＝経営の専門家（経営陣）
```

　比較的規模が小さい企業は，経営に必要な資本額は小さくても十分足りることが多いのですが，経営が軌道に乗り，売上げが増えるようになると，事業を拡大する機会が生まれ，新たな資金を必要とすることになります。規模が小さいときは，企業経営に必要な資金は，経営者自身の資金や親族から資金を集めるなどして対応が可能でしたが（経営と資本が同一），規模が大きくなるにつれて，大きな資金が必要となり，第三者から資金提供を受けなければならない状態になるのが一般的です。

　すなわち，資本の提供者である株主が資本を提供し，株主から経営を委託された企業経営のスペシャリストである経営陣が企業経営を行うという「分業化」が進むことになります。

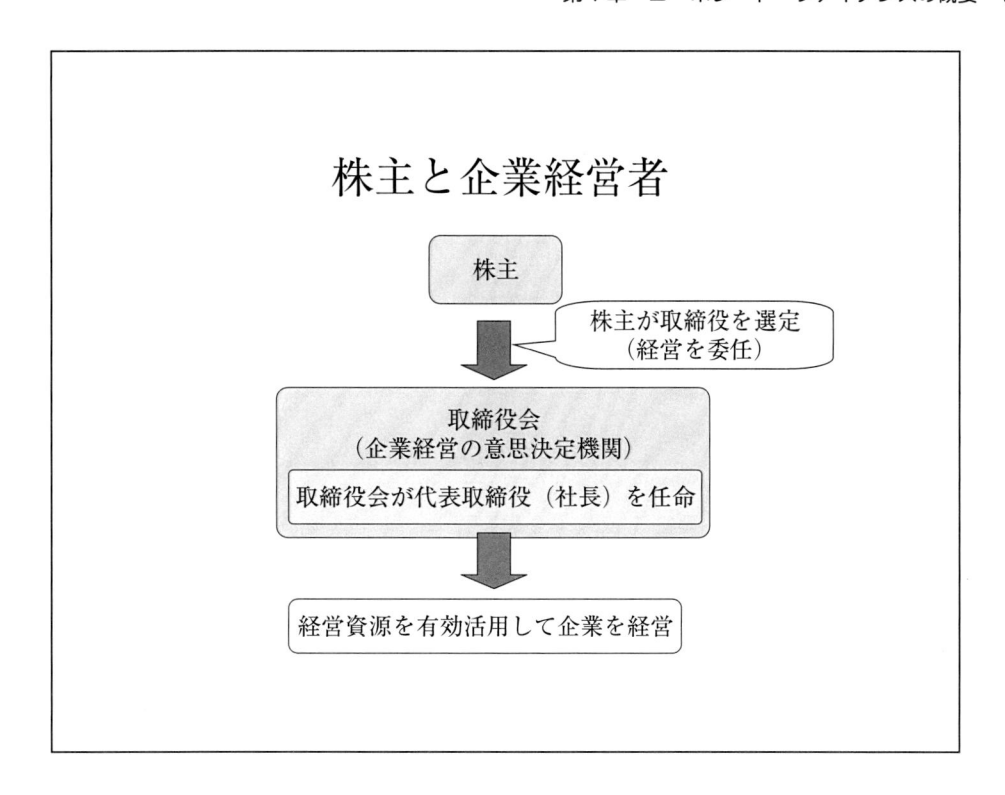

```
┌─────────────────────────────────────────────┐
│         株主と企業経営者                     │
│                                             │
│            ┌──────┐                         │
│            │ 株主 │                         │
│            └──────┘                         │
│               │     ┌─────────────────┐    │
│               ▼  ◁──│株主が取締役を選定│    │
│                     │（経営を委任）    │    │
│         ┌──────────────────┐              │
│         │    取締役会       │              │
│         │（企業経営の意思決定機関）│         │
│         │取締役会が代表取締役（社長）を任命│  │
│         └──────────────────┘              │
│               │                             │
│               ▼                             │
│      ┌──────────────────────┐             │
│      │経営資源を有効活用して企業を経営│     │
│      └──────────────────────┘             │
└─────────────────────────────────────────────┘
```

　資本市場での株主の役割は，資本を提供してリスクのある事業の実現を助けます。企業の最大のリスク負担者である株主は，取締役を選定して経営を彼らに委任します。取締役会は企業経営の意思決定機関であり，取締役会が代表取締役（社長）を任命します。株主から経営を委任された経営陣は，経営資源を有効活用して企業を経営することになります。

　企業の経営者は株主から経営を委任されているので，株主のために企業を経営することになります。この関係からも，企業は一義的に誰のものかがわかります。

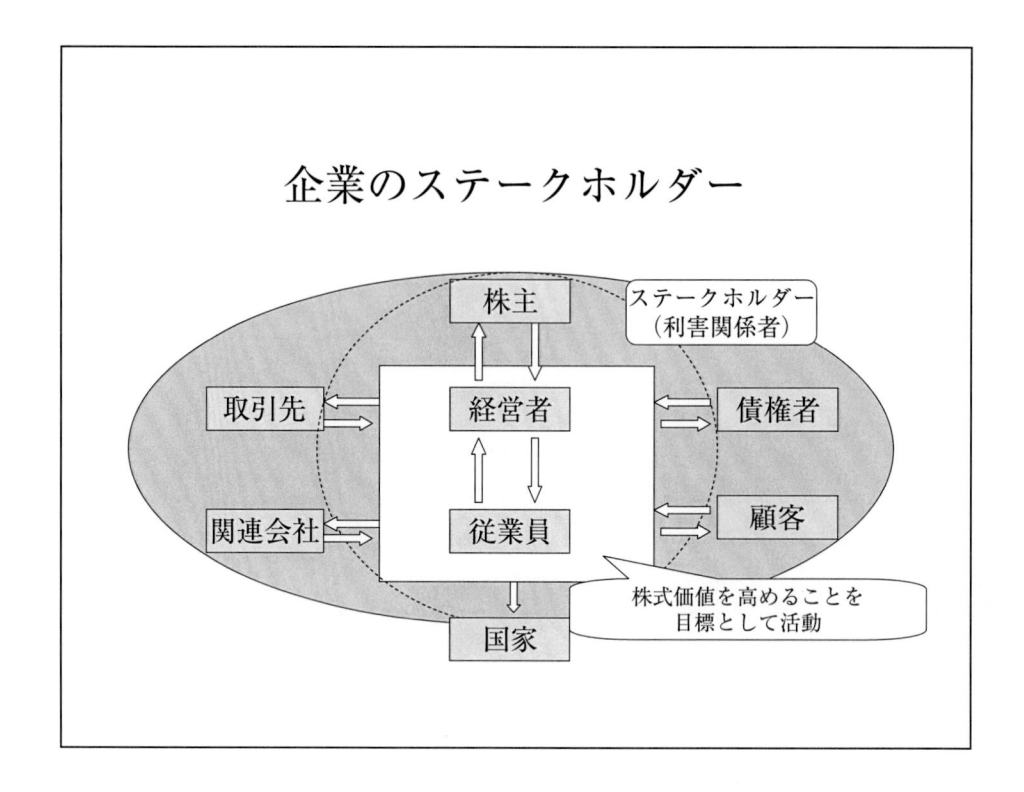

## 企業のステークホルダー

```
          株主
           ↑
取引先 ← 経営者 ← 債権者
           ↑↓
関連会社 ← 従業員 ← 顧客
           ↓
          国家
```

ステークホルダー（利害関係者）

株式価値を高めることを目標として活動

　ここで，ファイナンス理論の立場（企業のもっているリスクの負担者は誰なのか）から，企業は誰のものかについて確認します。これまでに説明したように，株主は企業経営の専門家である経営者に企業の経営を委ねます。経営者は，経営を委託した株主のために，株主価値を高めるように企業活動を行います。たとえば，債権者から借入れを行うなどしてさらに資金を集めて事業を行います。このとき，企業は従業員を雇い給料を支払い，関連会社や取引先に仕事を発注します。これらの関係者は直接的なステークホルダー（利害関係者）であり，良好な関係を長期的に築く必要があります。企業経営者はステークホルダーの協力を得ながら株主価値を高めることを目標として経営を行います。

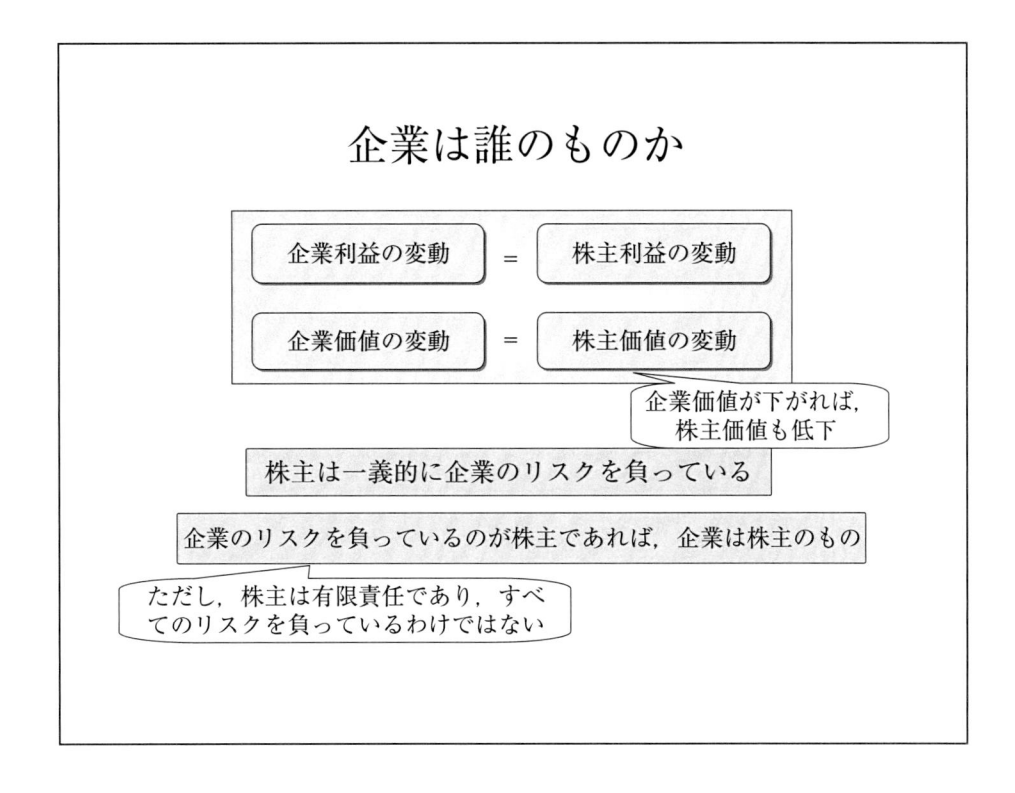

## 企業は誰のものか

```
┌─────────────────┐     ┌─────────────────┐
│  企業利益の変動  │  =  │  株主利益の変動  │
└─────────────────┘     └─────────────────┘

┌─────────────────┐     ┌─────────────────┐
│  企業価値の変動  │  =  │  株主価値の変動  │
└─────────────────┘     └─────────────────┘
```

企業価値が下がれば，株主価値も低下

株主は一義的に企業のリスクを負っている

企業のリスクを負っているのが株主であれば，企業は株主のもの

ただし，株主は有限責任であり，すべてのリスクを負っているわけではない

　これまで説明してきたように，利益の変動は株主利益の変動に近いものとなります。将来の株主利益の現在価値の総和が株式価値ですから，利益変動のリスクを株主が負っているのであれば，株式価値の変化も株主が負うことになります。株主が企業の利益変動を吸収していること，すなわちリスクを負っていることになります。また企業価値が低下したときにこれを負担するのも株主です。すなわち企業のリスクを一義的に負っているのは株主ということになります。

　ただし，株主の責任は有限責任で，企業のリスクをすべて負っているわけではありません。もちろん，企業が倒産すれば，従業員は仕事を失い，収入がなくなるリスクを負います。関連会社も仕事がなくなってしまい，一緒に倒産してしまう可能性があります。すべての利害関係者がリスクを負担しているわけですが，最大のリスク負担者は株主ということになります。

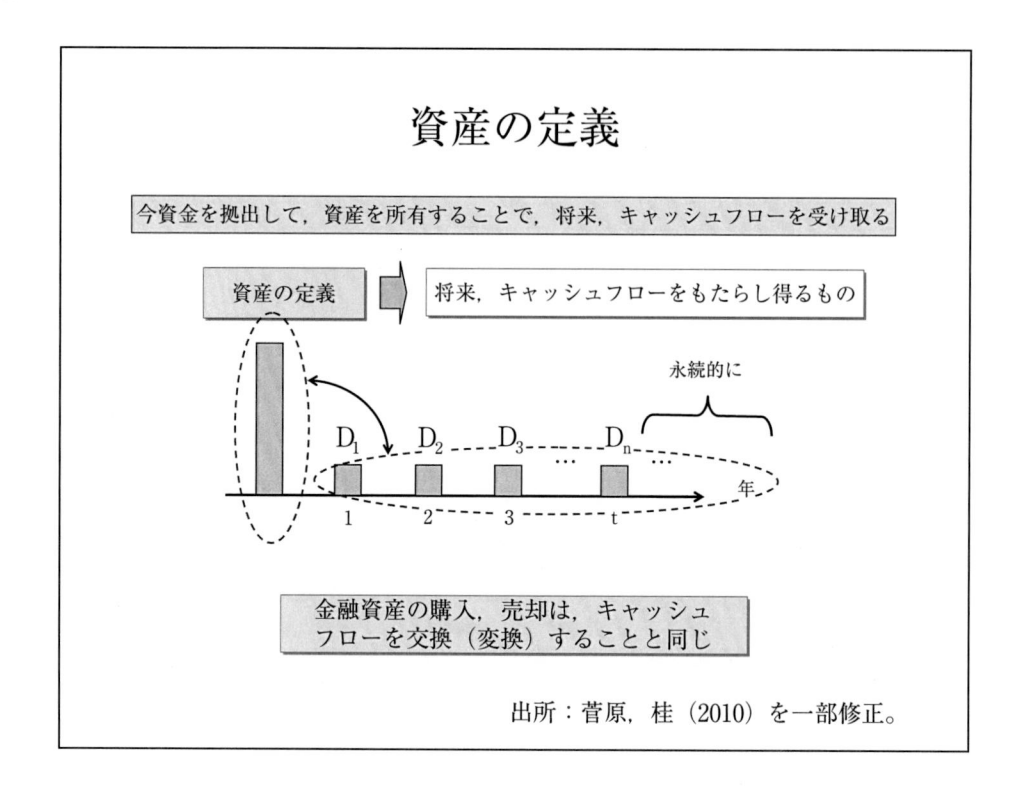

## 資産の定義

今資金を拠出して，資産を所有することで，将来，キャッシュフローを受け取る

資産の定義 → 将来，キャッシュフローをもたらし得るもの

金融資産の購入，売却は，キャッシュフローを交換（変換）することと同じ

出所：菅原，桂（2010）を一部修正。

　財務会計の定義とは異なり，ファイナンス理論では，資産の定義を，「将来，キャッシュフローをもたらし得るもの」と考えます。これは，たとえば「株式投資」をして，株式という「資産を購入する」と，将来配当金がもらえます。また，途中で売却すれば，売却益が得られます。一般に「投資する」ということは「資産を購入する」ことを意味し，資産を所有することで，将来にキャッシュフローを受け取ることになります（ただし，資産をもてば，将来必ずキャッシュフローが得られる訳ではありません）。したがって，資産は"将来キャッシュフローをもたらし得るもの"と定義することができます。たとえば，株式を購入すると将来配当が期待できますし，債券を購入すると利息や元本が将来支払われることになります。

## 企業価値と株式価値

企業価値 ＝ 株式価値 ＋ 負債価値

⬇ 負債価値（レバレッジ）を一定とすれば

企業価値最大化 ＝ 株式価値最大化

実際には，企業価値が最大となる負債比率が存在し，この比率にコントロールしたうえでの最大化を考える。

　企業価値は，企業が将来生み出す資本提供者（株主と債権者）に帰属するフリー・キャッシュフロー（FCF）の現在価値の総和となることをすでに確認しました。企業が将来生み出す資本提供者に帰属するFCFは，株主に帰属するFCFと債権者に帰属するFCFに分けられ，各々のFCFを現在価値に割引くことで，株主価値と債券価値を求めることができますので，両者の和を取ると企業価値と等しくなります。ここで，負債価値が一定という仮定が置ければ，企業価値を最大にすることは株主価値を最大にすることになります。

　後で解説しますが，実際には，企業価値が最大となる負債比率が存在し，この比率にコントロールしたうえでの最大化を考えることになります。

## コーポレート・ガバナンス

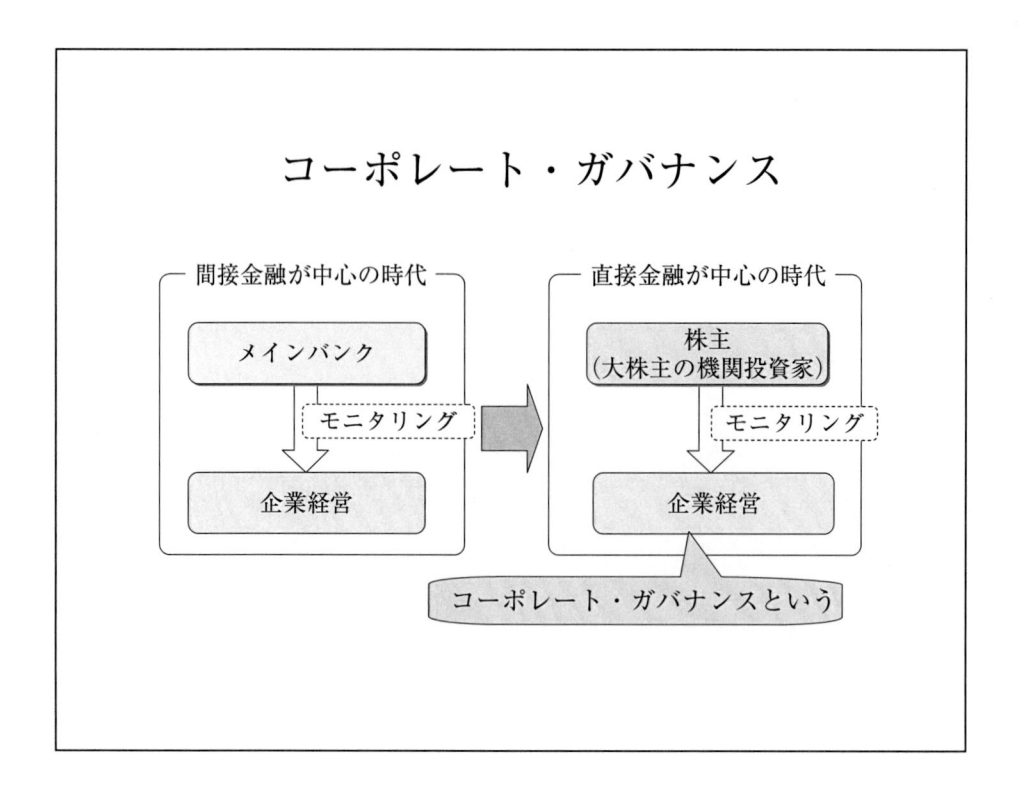

```
┌─ 間接金融が中心の時代 ─┐          ┌─ 直接金融が中心の時代 ─┐
│    ┌─────────┐      │          │   ┌─────────────┐  │
│    │ メインバンク │      │          │   │    株主     │  │
│    └─────────┘      │    ⇒    │   │(大株主の機関投資家)│ │
│        ↓ モニタリング  │          │   └─────────────┘  │
│    ┌─────────┐      │          │        ↓ モニタリング │
│    │  企業経営  │      │          │   ┌─────────┐    │
│    └─────────┘      │          │   │  企業経営  │    │
└──────────────────┘          │   └─────────┘    │
                                 └──────────────────┘
                                      コーポレート・ガバナンスという
```

　企業の資金調達が銀行を中心とした借入金であった時代は，メインバンク・システムが存在していたため，企業経営のモニタリングはメインバンクの役割でした。しかし資金調達が間接直接金融から直接金融に変化し，メインバンク制が崩壊すると，企業経営のモニタリングは株主，特に大株主である機関投資家の役割となりました。

　特に，1990年以降日本経済が低迷し，企業業績が振るわず，株価の低迷が続き，投資成果が上がらない状況が長く続くようになると，機関投資家は企業経営者に対して注文をつけるようになりました。すなわち，株主が企業経営をモニタリングし，企業価値創造を毀損するような意思決定をする経営者には経営者を交代させるような行動を取るようになりました。こういった株主の行動をコーポレート・ガバナンスといいます。

# 第2章
# ファイナンスの基礎

---

**本章の概要**

　本章では，コーポレート・ファイナンスを学ぶ際に前提となるファイナンス理論，財務諸表関係の基礎知識の確認を行います。具体的には，まず，ファイナンスの考え方の基本となる現在価値と将来価値の関係，期待収益率，リスク，リスク・プレミアム，ベータ値の推定方法などについての確認を行い，次に，財務分析の基礎となる財務諸表（バランスシート，損益計算書，キャッシュフロー計算書）について確認します。そして，最後に，ROEやROAといった資本効率の評価尺度に関連する用語ついても説明します。この章に出てくる用語はすべて基本的なもので，以降の章の土台となります。

---

**ポイント**

1. ファイナンス理論に関する用語の確認
2. 財務分析に関する用語の確認
3. その他の基本となる用語の確認

## 将来価値と現在価値

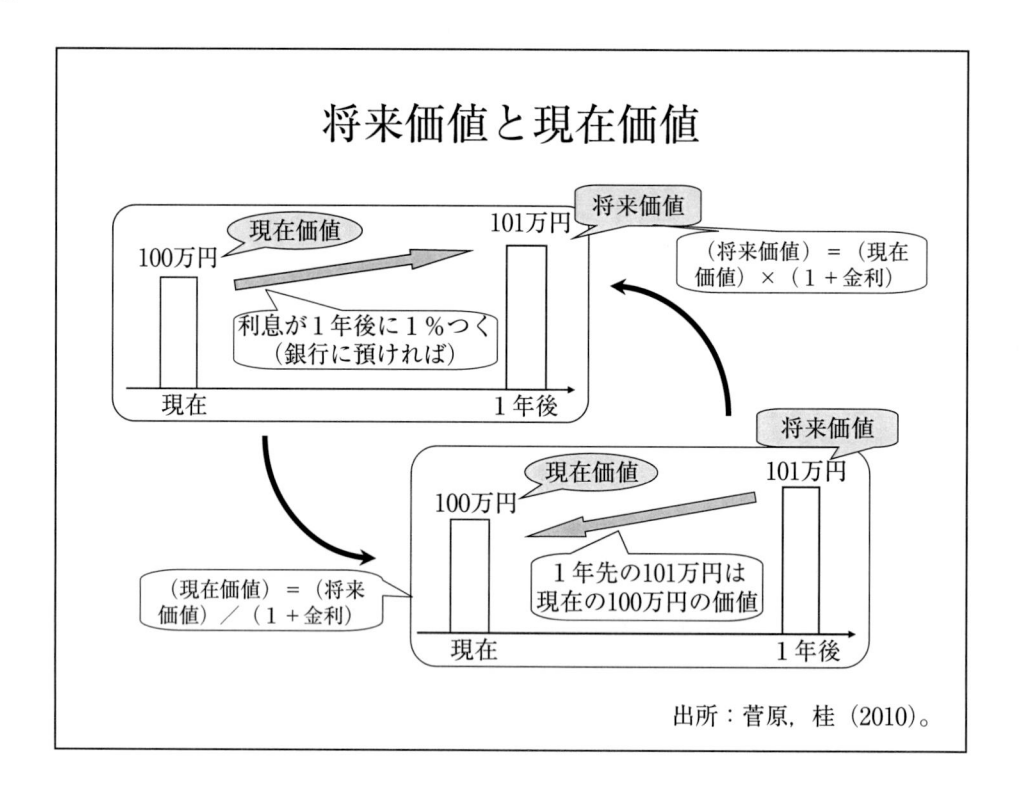

```
現在価値                    将来価値
100万円 ────→ 101万円
利息が1年後に1％つく         （将来価値）＝（現在
（銀行に預ければ）           価値）×（1＋金利）
現在        1年後

                            将来価値
        現在価値
        100万円 ←──── 101万円
（現在価値）＝（将来        1年先の101万円は
価値）／（1＋金利）        現在の100万円の価値
        現在        1年後
```

出所：菅原，桂（2010）。

　今もらえる100万円と1年後にもらえる100万円とでは，前者を選択するのが合理的です。もらえる金額は100万円で同じですが，一方は今もらえて，もう一方は1年後です。両者の価値は同じではありません。これは，今100万円あれば，これを銀行にもって行き，1年の定期預金（たとえば1％の利息なら）に預けると利息（1万円）がついて，1年後には100万円と利息の金額（合計で101万円）となります。ですから，今の100万円は1年後の100万円とは価値が異なります。将来の価値と現在の価値には，金利（あるいは割引率）を介して関係があり，1年の期間を考えると，1年金利を使って，（将来価値）＝（現在価値）×（1＋金利）あるいは，（現在価値）＝（将来価値）／（1＋金利）という関係があります。したがって，将来価値と現在価値は，金利（あるいは割引率）を使って相互に関係づけることができます。

## 投資収益率（リターン）とは何か

Rate of Return（投資収益率または収益率）

期初に投資した額が，評価したい時点でどの程度増減したか

期中での利息や配当も含む

リターン

$$投資収益率 = \frac{評価したい時点での価値 - はじめの投資額}{はじめの投資額}$$

資産価格の変化／利息や配当など

トータル・リターン ＝ キャピタル・ゲイン（ロス）＋ インカム・ゲイン

出所：菅原，桂（2010）。

　期初に投資した資金が，評価したい時点（投資終了時点）でどの程度増減したかを表した尺度が投資収益率です。投資した期間（期初から期末）での資産の増減額を期初の投資額で割った値で表されます。ここで，評価したい価値のなかには，期中で支払われた利息や配当金が含まれます。投資収益率は，トータル・リターンと呼ばれることがあり，これはキャピタル・ゲインまたはロス（資産価格の変化）とインカム・ゲイン（利息や配当など）の和として表されます。投資収益率を計算することにより，どの投資（案）が有利かを比較することが可能になります。

## リスクとは何か

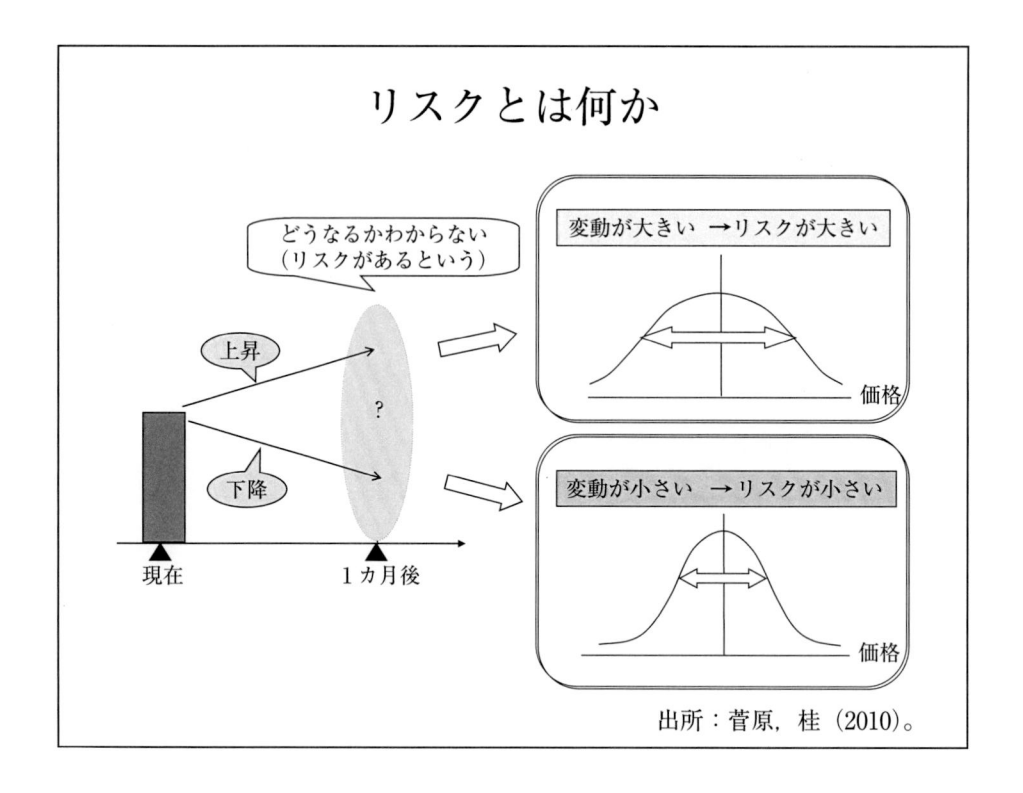

（図：現在から1カ月後への価格変動イメージ。上昇・下降の矢印と「どうなるかわからない（リスクがあるという）」の吹き出し。右側に「変動が大きい→リスクが大きい」「変動が小さい→リスクが小さい」の正規分布図）

出所：菅原，桂（2010）。

　銀行に預ける定期預金は，決められた期日に決められた利息と元金が戻ってきます。一方，株式や為替などは将来どういう動きをするかわかりません。この将来，どうなるかわからないことを不確実性があるといいます。投資とは将来に向けて行われる行為であり，将来その成果（結果）がどうなるかはわかりません。このどうなるかわからないということを，投資には不確実性があるといい，この不確実性が存在することを「リスクがある」といいます。この不確実性には，投資家にとって好ましい状況もあれば，好ましくない状況もあります。また，この不確実性が大きいとき，「リスクが大きい」といいます。

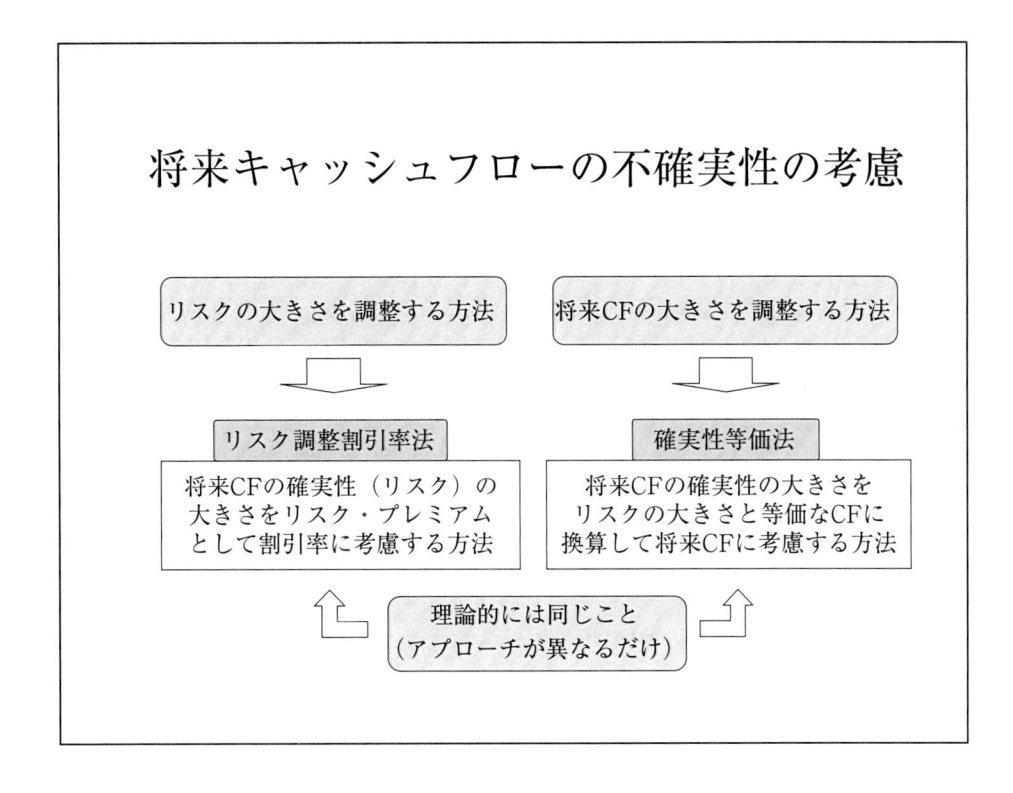

## 将来キャッシュフローの不確実性の考慮

```
リスクの大きさを調整する方法            将来CFの大きさを調整する方法
           ↓                                    ↓
    リスク調整割引率法                      確実性等価法
  将来CFの確実性（リスク）の          将来CFの確実性の大きさを
  大きさをリスク・プレミアム          リスクの大きさと等価なCFに
  として割引率に考慮する方法          換算して将来CFに考慮する方法
           ↑         理論的には同じこと        ↑
                  （アプローチが異なるだけ）
```

　将来キャッシュフローが確実であれば，現在価値を求めるための割引率は無リスク金利となりますが，将来キャッシュフローが不確実な場合には，これを考慮しなければなりません。将来キャッシュフローの不確実性を考慮する方法には，2つの方法があります。1つは，将来キャッシュフローの不確実性（リスク）の大きさをリスク・プレミアムとして割引率に考慮する方法で，リスク調整割引率法と呼ばれます。将来価値を現在価値に割引く際の分母を調整する方法になります。もう1つの方法は，将来キャッシュフローの不確実性の大きさをリスクの大きさと等価なキャッシュフローに換算して将来キャッシュフローに考慮する方法で，確実性等価法と呼ばれます。将来価値を現在価値に割引く際の分子を調整する方法になります。両者は理論的には同じことを異なるアプローチで行っているだけということになります。

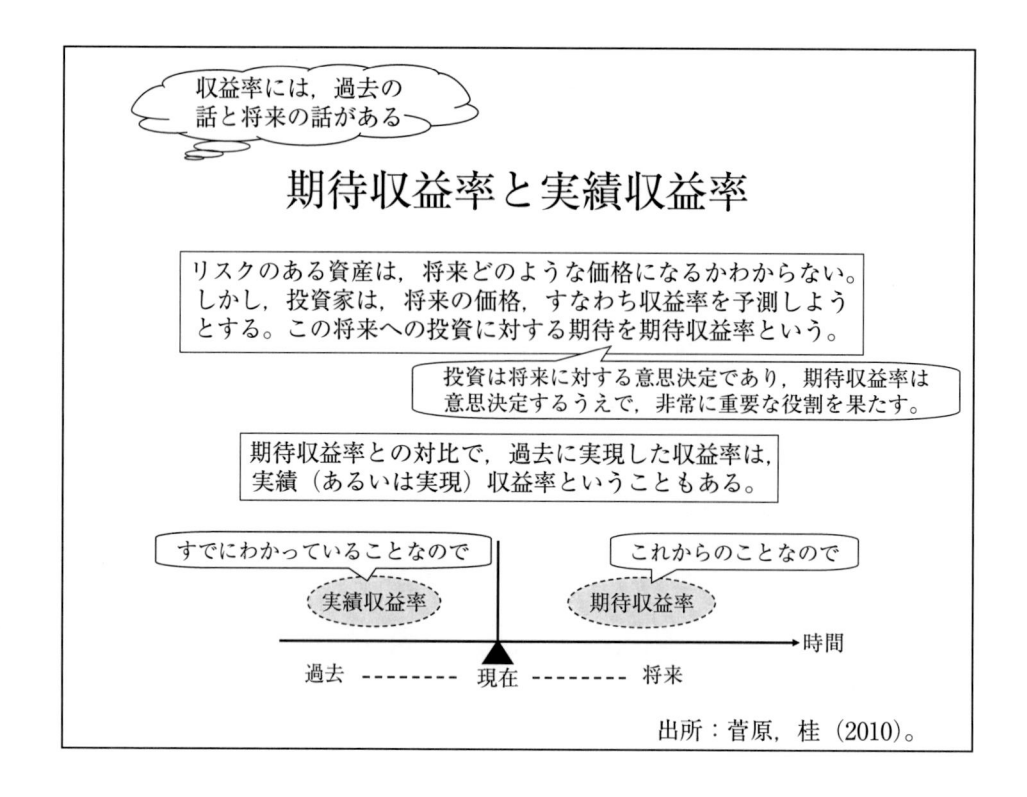

```
┌─────────────────────────────────────────────────────────┐
│  ☁ 収益率には，過去の                                    │
│    話と将来の話がある                                    │
│                                                         │
│           期待収益率と実績収益率                         │
│                                                         │
│   ┌─────────────────────────────────────────────┐       │
│   │ リスクのある資産は，将来どのような価格になるかわからない。│
│   │ しかし，投資家は，将来の価格，すなわち収益率を予測しよう │
│   │ とする。この将来への投資に対する期待を期待収益率という。 │
│   └─────────────────────────────────────────────┘       │
│         ┌─────────────────────────────────────────┐     │
│         │ 投資は将来に対する意思決定であり，期待収益率は│
│         │ 意思決定するうえで，非常に重要な役割を果たす。│
│         └─────────────────────────────────────────┘     │
│   ┌─────────────────────────────────────────┐           │
│   │ 期待収益率との対比で，過去に実現した収益率は，│
│   │ 実績（あるいは実現）収益率ということもある。│
│   └─────────────────────────────────────────┘           │
│                                                         │
│   ┌──────────────┐      ┌──────────────┐                │
│   │すでにわかっていることなので│ │これからのことなので│            │
│   │   実績収益率  │      │   期待収益率  │                │
│   └──────────────┘      └──────────────┘                │
│   ─────────────────────▲─────────────────→ 時間         │
│         過去 -------- 現在 -------- 将来                 │
│                                                         │
│                              出所：菅原, 桂（2010）。   │
└─────────────────────────────────────────────────────────┘
```

　リスクのある資産は，将来どのような価格になるかは誰にもわかりません。しかし，投資家は将来に向けて資産の増殖を目指して投資しており，将来の価格（すなわち，将来の収益率）を予測しようとします。この将来への投資収益率に対する期待を，期待投資収益率（期待リターン）といいます。投資は将来に対する意思決定であり，期待収益率を推定することはこの意思決定をするうえで重要な役割を果たします。なお，期待収益率との対比で，過去に実現した（すでにわかっている）収益率は，実績（あるいは実現）収益率といいます。

## 無リスク資産とは何か

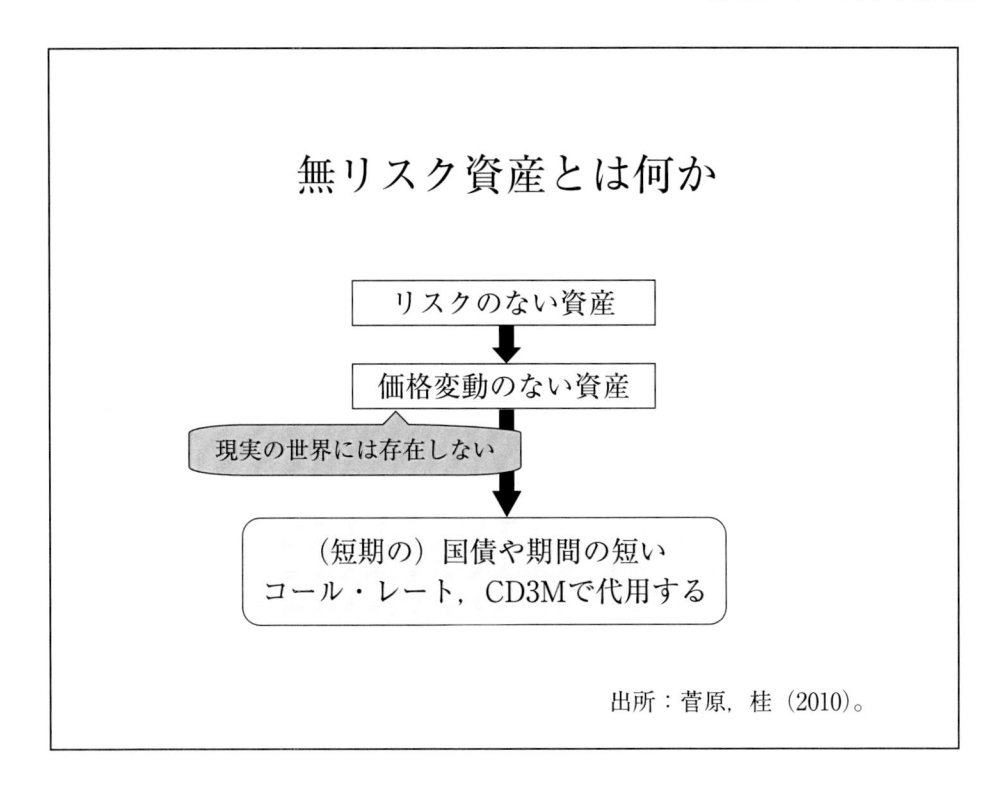

```
リスクのない資産
       ↓
価格変動のない資産 ──（現実の世界には存在しない）
       ↓
（短期の）国債や期間の短い
コール・レート，CD3Mで代用する
```

出所：菅原，桂（2010）。

　不確実性のまったくない資産を，リスクがまったくないという意味で無リスク資産といいます。現実の世界ではまったくリスクがない資産は存在しないのですが，不確実性がごくわずかしかない資産を近似的に無リスク資産と見なしています。国が発行する債券で満期までの期間が短いものが代替的に無リスク資産と見なされることが多いといえます。無リスク資産でも，一定期間これを保有していると，リスクがないなかでも金利がつきます。この金利を無リスク金利といいます。

　なお，国債のような国（政府）が発行している債券でも，財政が逼迫して借金が増え過ぎると，返済が困難となり，債務不履行となる可能性（リスク）もあります。日本でも決して例外ではありません。

## リスクと期待収益率の関係

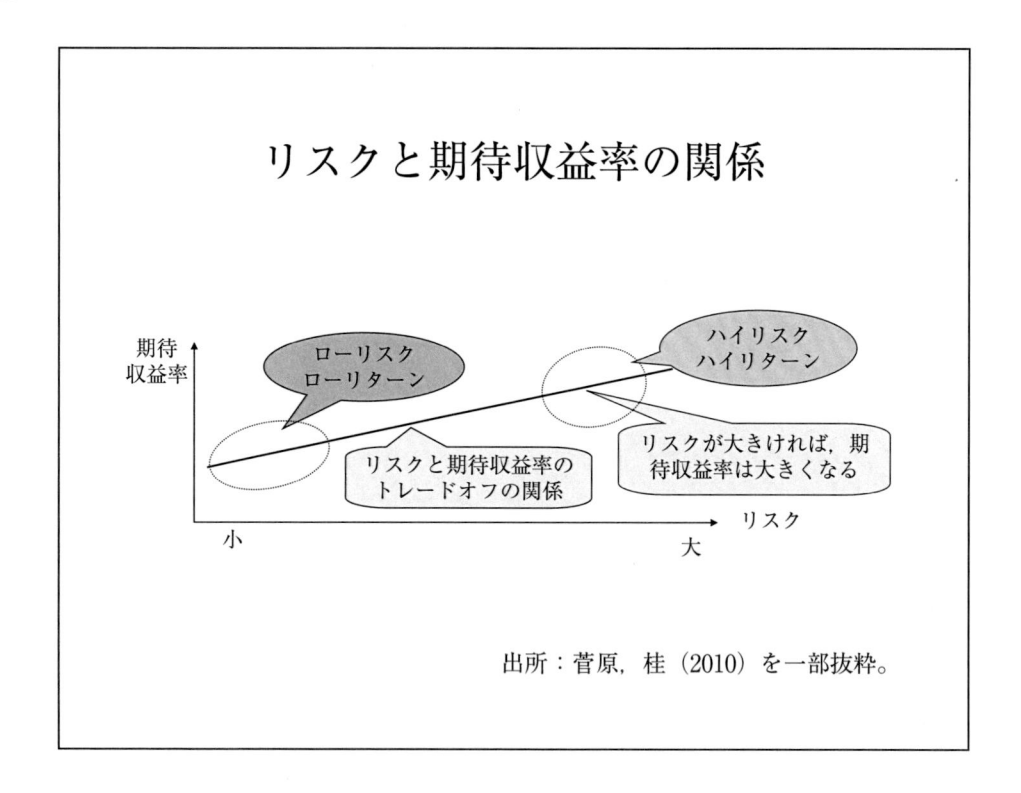

[図：横軸「リスク（小→大）」、縦軸「期待収益率」の右上がりの直線。「ローリスクローリターン」「ハイリスクハイリターン」「リスクと期待収益率のトレードオフの関係」「リスクが大きければ、期待収益率は大きくなる」の吹き出し付き。]

出所：菅原，桂（2010）を一部抜粋。

　資本市場においては，リスクと期待収益率の間にはトレードオフ（二律背反）の関係があると考えます。リスクが大きいのに，これに見合う収益率が期待できない資産の価格は，投資家から敬遠されて低下し，結果として期待収益率が上昇します。逆に，リスクが小さいのに収益率が大きい資産の価格は，投資家が好んで購入することで上昇し，結果として，期待収益率が低下します。そして最終的には，上図にあるような右上がりの線形関係が得られます。すなわち，リスクに見合う収益率が期待できることになります。この右上がりの線形関係をリスクと（期待）リターンのトレードオフの関係といいます。

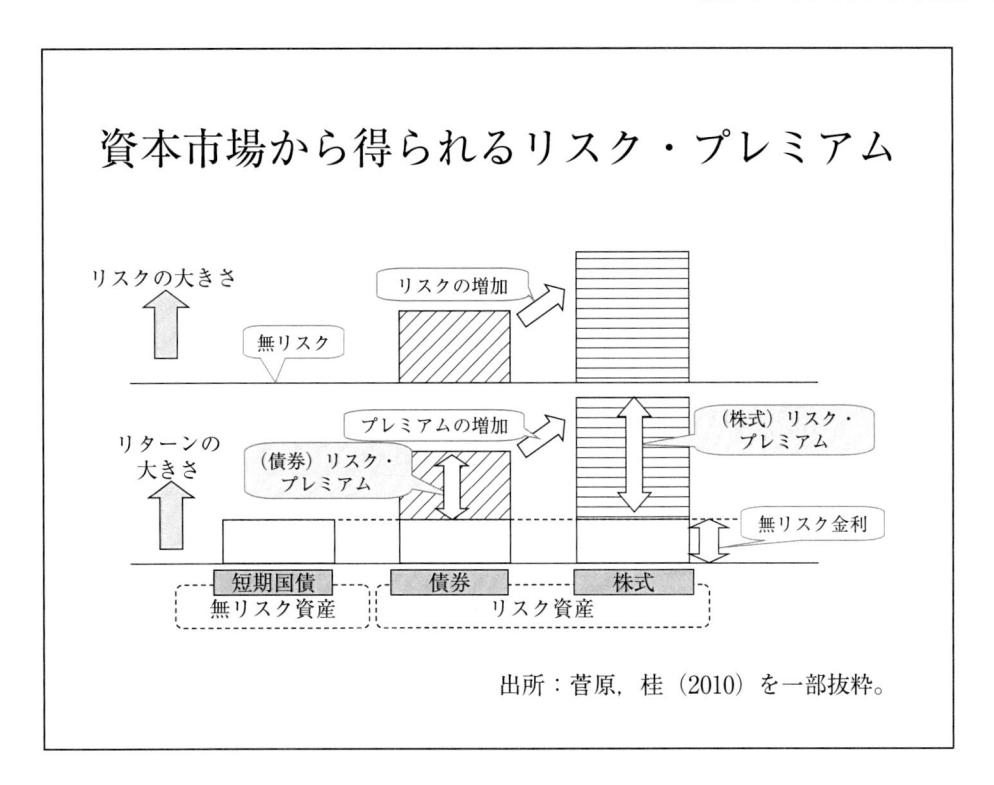

## 資本市場から得られるリスク・プレミアム

（図：短期国債（無リスク資産）、債券・株式（リスク資産）のリスクの大きさとリターンの大きさ、無リスク金利、（債券）リスク・プレミアム、（株式）リスク・プレミアム、リスクの増加、プレミアムの増加を示す）

出所：菅原, 桂（2010）を一部抜粋。

　リスク資産に投資すると，投資家は（リスクを取っているので）リスクに見合う収益率（リターン）を要求します。このリスクの大きさに対応した収益率をリスク・プレミアムといいます。リスク資産から得られる収益率は，無リスク資産から得られる収益率とリスク資産のリスクの大きさに見合ったリスク・プレミアムの和ということになります。このリスク・プレミアムの大きさは，リスクの大きさに比例して大きくなります。

　一般には，債券よりも株式のリスクが大きいと考えられますから，これに見合うリスク・プレミアムも債券よりも株式の方が大きくなります。資本市場から得られるリスク・プレミアムは，長期的にみると比較的安定していて，株式や債券の過去のリスク・プレミアムを算出することである程度，推定できると考えられています。

## 財務諸表（1）

財務諸表は，企業が一定期間ごと（年ごとや月ごと）に作成する決算書であり，「どのようにお金を集め」，「何に投資し」，「利益をどれだけ上げたか」という基本活動を数値で表す。

主な財務諸表

- 経営状況を判断し，経営戦略などに活かす。
- 法人税，所得税の申請に使用する。
- 株主への業績報告の資料として利用したり，取引先や投資家に公開する。

| バランスシート | 損益計算書 | キャッシュフロー計算書 |
|---|---|---|
| どのようにお金を集め，何に投資したか。 | 利益をどれだけ上げたか。 | 活動によりキャッシュがどのように流れたか。 |

　財務諸表は，企業が一定期間ごと（年ごとや月ごと）に作成する決算書であり，「どのようにお金を集め」，「何に投資し」，「利益をどれだけ上げたか」という基本活動を数値で表したものです。ここで，企業の基本活動とは，経営状況を判断し，経営戦略などに活かすこと，法人税，所得税の申請に使用すること，株主への業績報告の資料として利用したり，取引先や投資家に公開するなどのことを指します。

　どのようにお金を集め，何に投資したかを示す「バランスシート」，利益をどれだけ上げたかを示す「損益計算書」，活動によりキャッシュがどのように流れたかを示す「キャッシュフロー計算書」などが主な財務諸表です。

## 財務諸表（2）

- バランスシート
  - ・決算時点の企業の財政状態

  大きく2つの項目に分かれる。資産側は，決算時点（たとえば，3月31日）で企業の財産がどのように利用されているかを表し，負債および正味財産側は，これらの財産がどこから集められたかを表す。

- 損益計算書
  - ・会計期間内の営業成績

  会計期間内（たとえば，4月1日から3月31日まで）に，どれだけ売上げ，それを上げるための費用がいくらかかり，差し引きの利益がどれだけ残っているかを表す。

- キャッシュフロー計算書
  - ・会計期間内のキャッシュの増減

  企業の活動を，営業，投資，財務に区別し，会計期間内に，それぞれの活動からどれだけキャッシュが生まれ，どのように使用され，差し引きして，どれだけのキャッシュが残っているかを表す。

　代表的な3つの財務諸表が表している内容を確認します。まず，決算時点の企業の財政状態を示す「バランスシート」は，大きく2つの項目に分かれます。資産側は，決算時点（たとえば，3月31日）で企業の財産がどのように利用されているかを表し，負債および正味財産側は，これらの財産がどこから集められたかを表します。

　次に，会計期間内の営業成績を示す「損益計算書」は，会計期間内（たとえば，4月1日から3月31日まで）に，どれだけ売り上げ，それを上げるための費用がいくらかかり，差し引きの利益がどれだけ残っているかを表します。

　最後に，会計期間内のキャッシュの増減を示す「キャッシュフロー計算書」は，企業の活動を，営業，投資，財務に区別し，会計期間内に，それぞれの活動からどれだけキャッシュが生まれ，どのように使用され，差し引きして，どれだけのキャッシュが残っているかを表します。

## 株主資本，自己資本，純資産の関係

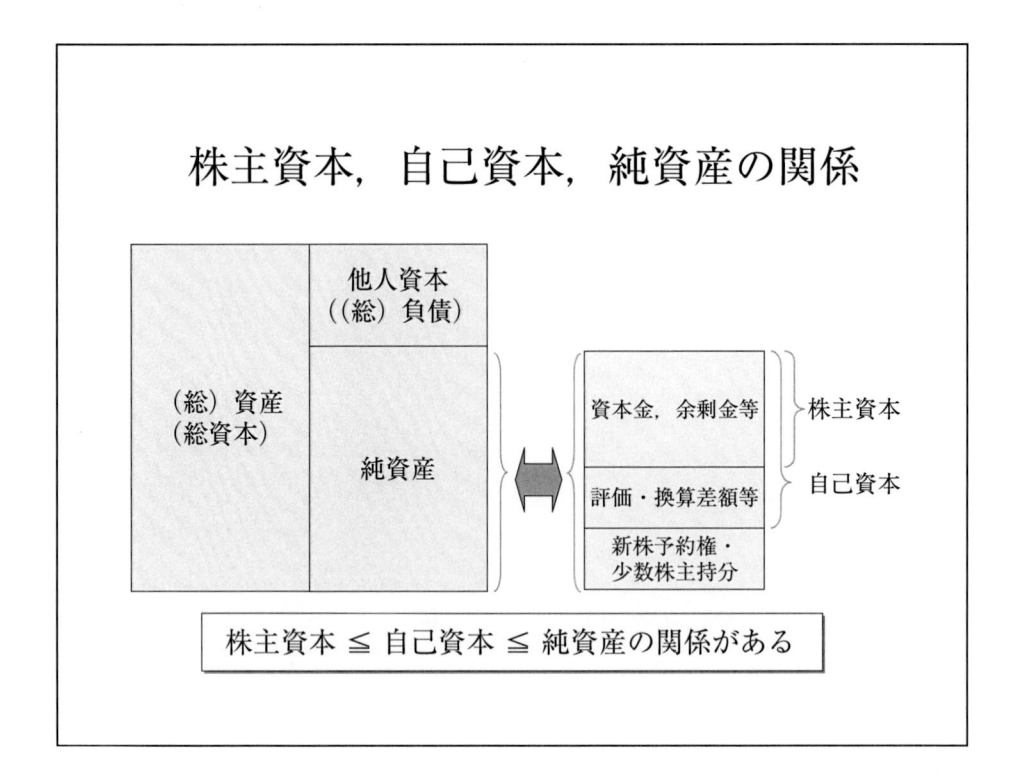

```
┌─────────────┬─────────────┐
│             │ 他人資本      │
│             │ ((総) 負債)   │
│  (総) 資産   ├─────────────┤      資本金，余剰金等  ┐
│  (総資本)    │             │  ⇔                    ├ 株主資本
│             │  純資産      │      評価・換算差額等  ┘         ┐
│             │             │                                   ├ 自己資本
│             │             │      新株予約権・                 ┘
│             │             │      少数株主持分
└─────────────┴─────────────┘
```

株主資本 ≦ 自己資本 ≦ 純資産の関係がある

　企業が事業を行ううえでもととなる資金は，他人資本と純資産と呼ばれる自己資本と新株予約権，少数株主持分を合わせたものになり，これが貸借対象表上に記載されています。自己資本は株主資本と評価・換算差額等を合わせたもので，株主資本は資本金や利益余剰金などを合わせたものになります。

　したがって，株主資本 ≦ 自己資本 ≦ 総資産という大小関係があります。また，純資産と他人資本（負債，もしくは総負債）を合わせたものが総資産あるいは総資本となります。

## ROEとROA（1）

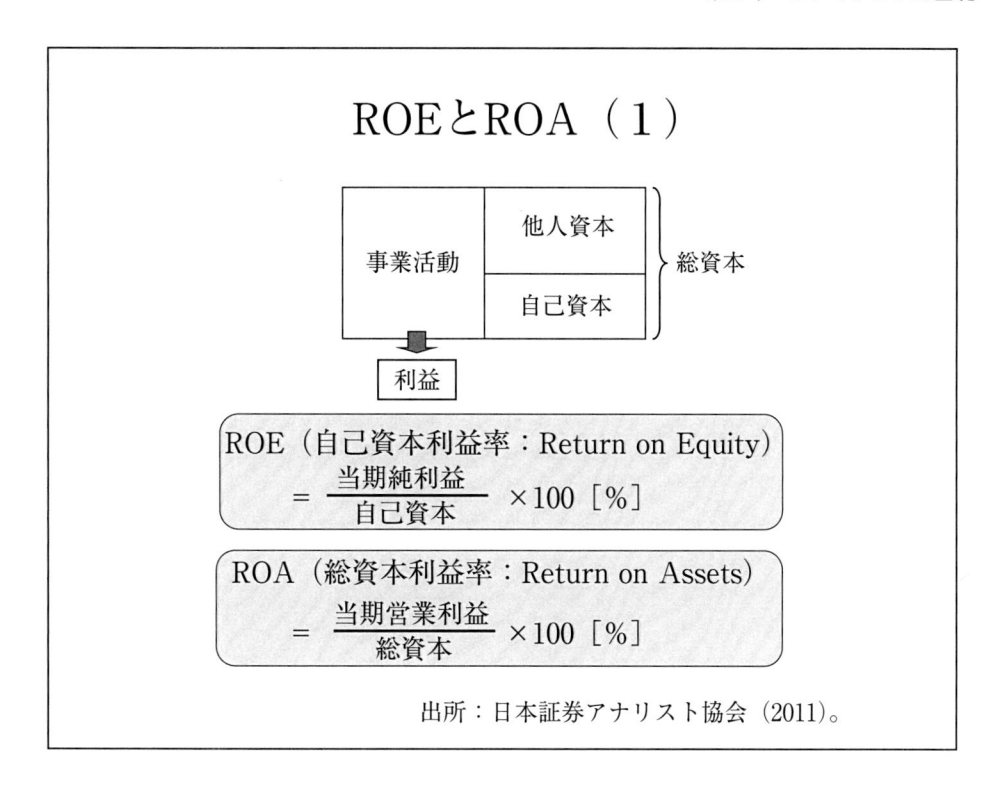

```
          ┌─────────┐
          │  他人資本 │
  事業活動  ├─────────┤ } 総資本
          │  自己資本 │
          └─────────┘
              ↓
            利益
```

ROE（自己資本利益率：Return on Equity）
$$= \frac{当期純利益}{自己資本} \times 100 \ [\%]$$

ROA（総資本利益率：Return on Assets）
$$= \frac{当期営業利益}{総資本} \times 100 \ [\%]$$

出所：日本証券アナリスト協会（2011）。

　（税引後）純利益を株主の投下資本累計額で割ったROE（自己資本利益率）は，株主にとって投資の収益性を評価する最も重要な財務指標の1つとなっています。株主の投資収益率の源泉となる配当＋内部留保が税引後とすべきことから税引後純利益が用いられることが一般的です。ただし，特別損益の影響を受けるという問題があります。

　また，資本提供者（株主＋債権者）全体から調達した総資本（他人資本＋株主資本）に対し，毎年どれだけの利益をあげているかを示す指標がROA（総資本利益率）です。したがって，ROAは資本構成の影響を受けない収益性を表わします。ROAの分母，分子に何をとるか（分子の利益は税引前か税引後か）についてさまざまな考え方がありますが，分子は全資本提供者に帰属する利益という意味では営業利益，分母は総資本が一般的に使われています。

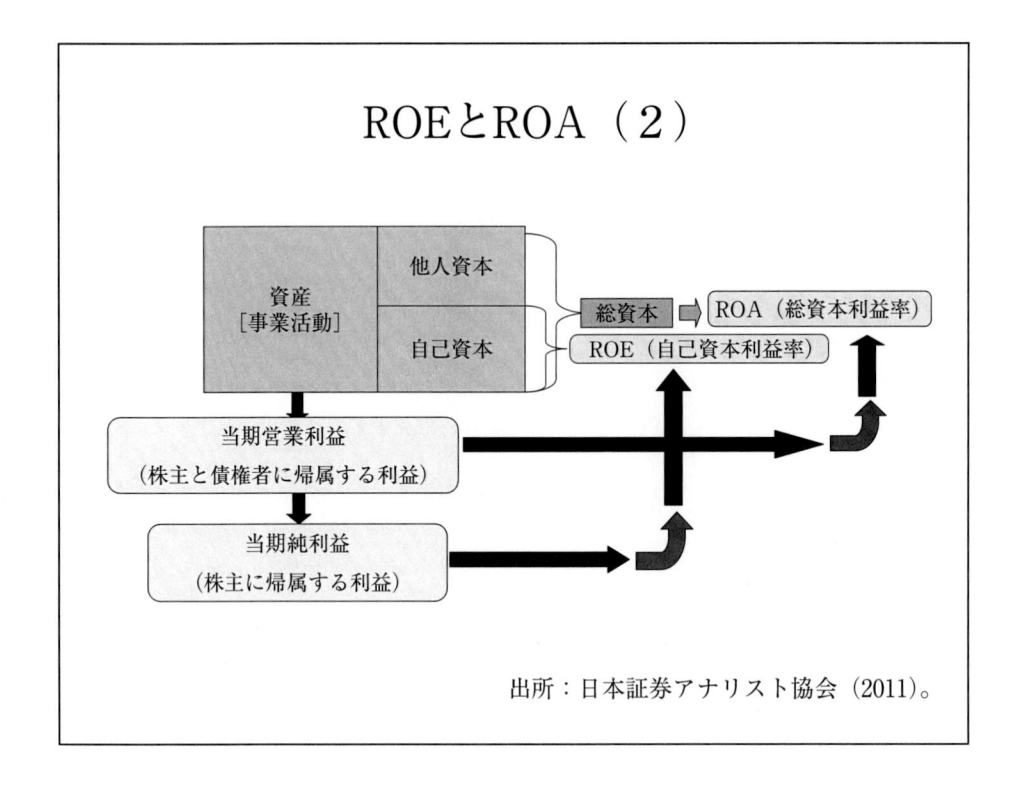

## ROEとROA（2）

```
資産              他人資本
[事業活動]                    ┐ 総資本 ⇒ ROA（総資本利益率）
                  自己資本    ┘ ROE（自己資本利益率）
    ↓
当期営業利益
（株主と債権者に帰属する利益）
    ↓
当期純利益
（株主に帰属する利益）
```

出所：日本証券アナリスト協会（2011）。

　ここで，ROEとROAの考え方を，上図を使い確認します。ROEは株主に着目し，株主の提供した資本に対する株主に帰属する利益の大きさを利益率で表し，ROAは債権者を含む全資本提供者に着目し，全資本提供者の提供した資本に対する全資本提供者に帰属する利益の大きさを利益率で表しています。ROAが全資本提供者からの資金の活用の程度をみているのに対して，ROEは株主からの資金の活用の程度をみていることになります。したがって，両者は目的によって使い分ける必要があります。

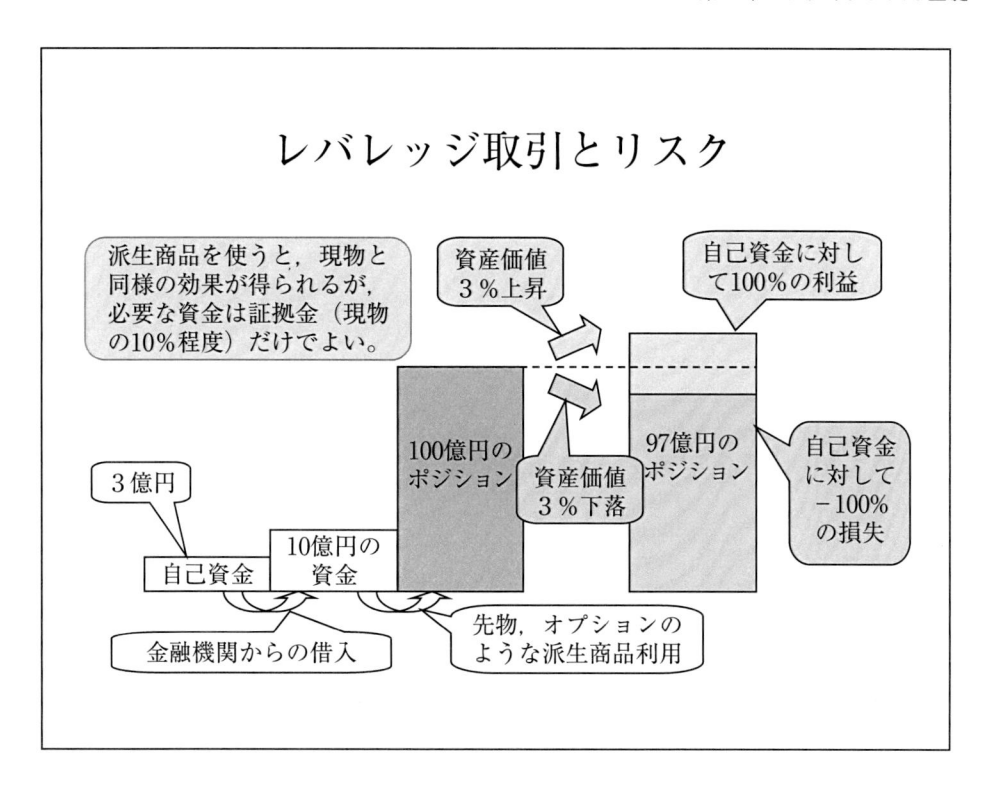

## レバレッジ取引とリスク

派生商品を使うと，現物と同様の効果が得られるが，必要な資金は証拠金（現物の10％程度）だけでよい。

- 3億円 → 自己資金
- 金融機関からの借入 → 10億円の資金
- 先物，オプションのような派生商品利用 → 100億円のポジション
- 資産価値3％上昇 → 自己資金に対して100％の利益
- 資産価値3％下落 → 97億円のポジション，自己資金に対して－100％の損失

　資金の借入れと次章で解説する先物やオプションを使い，わずかな資金で，あたかも大きな資金を保有するかのようなポジションを取ることが金融市場では可能です。わずかな資金をその数十倍にすることをレバレッジをかけるといいます。派生商品を使うと，必要な資金は証拠金（現物の10％程度）だけで，現物と同様の効果を得ることができます。

　たとえば，自己の資金3億円を担保に金融機関から10億円を借り，この10億円の資金を使い，先物やオプションのような派生商品を使ってその10倍近い100億円のポジションを取ることができます。このとき，手元資金が3億円に対して100億円の投資をしたことになりますので，レバレッジは33倍になります。この取引では，仮に購入した資産が3％上昇すれば3億円の利益になり，手元資金に対しては100％の収益率となります。しかし，逆に購入した資産が3％下落すれば3億円の損になり，手元資金に対して－100％，すなわち，手元資金をすべて失うことになります。

　このように，レバレッジをかけた取引を行うことは，リスクの大きい投資をすることになります。

## 負債比率

```
企業のビジネス・リスクが変わらない
            ↓
負債比率が変わっても，ビジネス・リスクは同じ
            ↓
株式のリスクが負債リスクを負担
            ↓
株主は負担するリスクに見合うリターンを期待するのが合理的
```

　企業のビジネスの内容が変わらない状況で，たとえ負債比率が変わった（資本構成が変化）としても，資本の総額に変わりがないので，ビジネス・リスクは同じではずです。負債が増えて，負債比率が上昇したとしても，株主がこのリスクを負担します。逆に，負債が減れば，負債比率が減少して，株主の負担するリスクは減少します。ただし，株主の負担するリスクが増えれば，負担するリスクに見合う高いリターンを株主は期待しますし，負担するリスクが減れば，株主の期待するリターンは低下します。株主は負担するリスクに見合うリターンを期待することになりますが，これは合理的なことです。

## 負債比率と財務レバレッジ

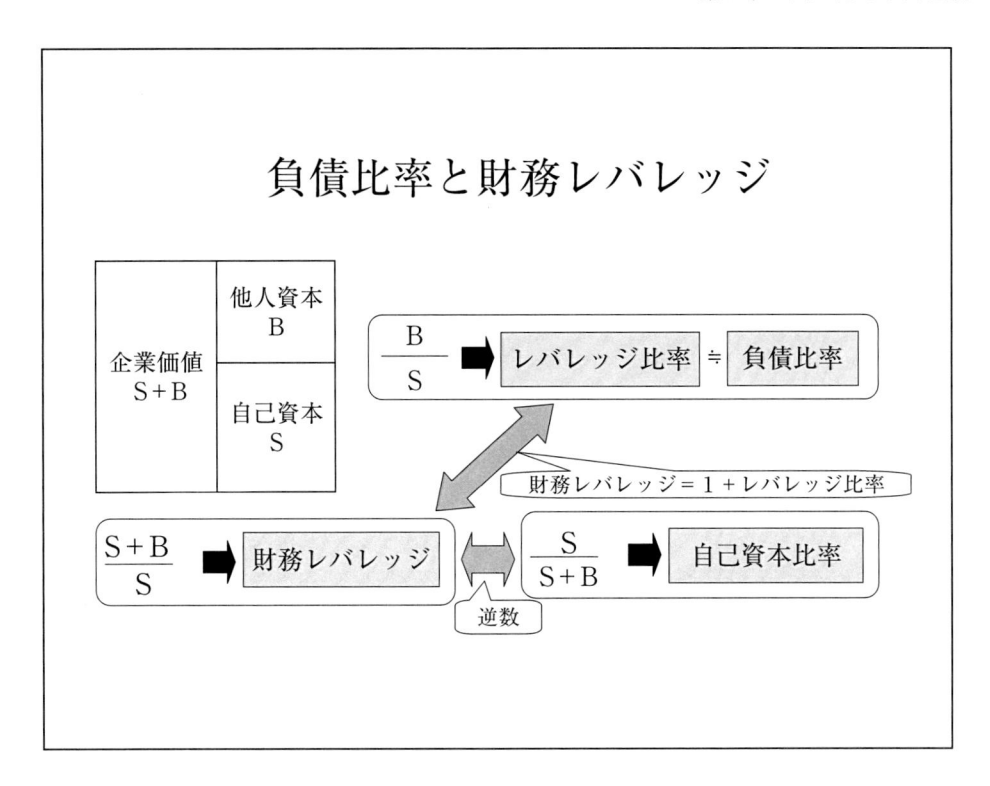

```
企業価値    他人資本
 S+B        B          B/S  → レバレッジ比率 ≒ 負債比率
            自己資本
            S
                              財務レバレッジ = 1 + レバレッジ比率
 (S+B)/S → 財務レバレッジ    S/(S+B) → 自己資本比率
                       逆数
```

　負債比率と財務レバレッジは，共に資本に対する負債の大きさを表しています。負債比率は，自己資本（分母）に対する負債（分子）の比率を表しており，財務レバレッジは，自己資本（分母）に対する総資本（分子）の比率を表しています。両者は，負債の大きさを比率で表す際に，何を分子に取るかが異なるだけの違いです。レバレッジ比率は負債比率に等しく，財務レバレッジの逆数は自己資本比率となります。また，財務レバレッジは，負債比率（もしくはレバレッジ比率）に１を加えたものに等しいことになります。

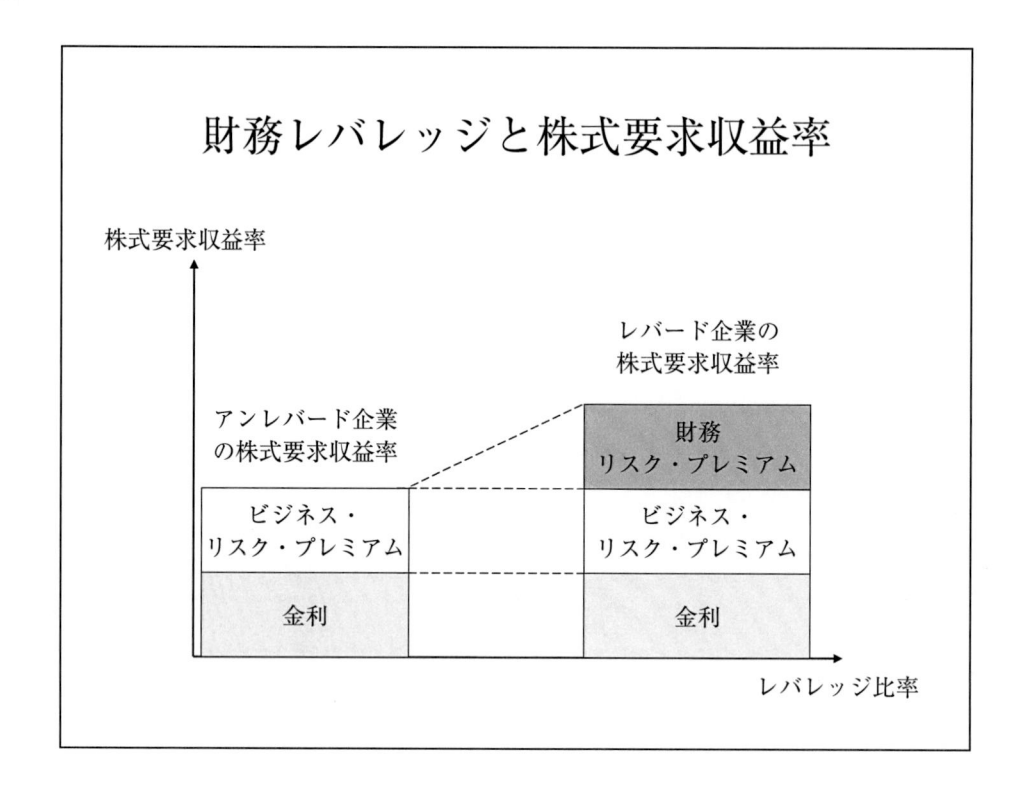

## 財務レバレッジと株式要求収益率

```
株式要求収益率 ↑

                                    レバード企業の
                                    株式要求収益率
        アンレバード企業
        の株式要求収益率         ┌──────────────┐
                               │   財務        │
                               │ リスク・プレミアム │
        ┌──────────────┐       ├──────────────┤
        │  ビジネス・    │       │  ビジネス・    │
        │ リスク・プレミアム │       │ リスク・プレミアム │
        ├──────────────┤       ├──────────────┤
        │    金利       │       │    金利       │
        └──────────────┘       └──────────────┘
                                              → レバレッジ比率
```

　株主資本の提供者（株主）が要求する収益率は，株主が負担するリスクの大きさに比例して大きくなります。企業が事業を行ううえで取るリスクは，ビジネス・リスクそのものに加えて，財務上のリスクを取る分だけ増えることになります。

　財務リスクを取らない，すなわち負債がなく株主だけが資本提供をしている場合（アンレバード企業）は，リスクはビジネス・リスクのみになりますので，株式要求収益率は，リスクフリーレート・プレミアムにビジネス・リスク・プレミアムを加えたものになります。財務リスクを取っている場合（レバード企業）は，リスクフリーレート・プレミアムにビジネス・リスク・プレミアムと財務リスク・プレミアムを加えたものになります。

# 第3章
# ファイナンス理論の基礎

―― 本章の概要 ――

　本章では，コーポレート・ファイナンスを学ぶうえでその前提となるファイナンス理論の基礎知識について確認をします。具体的には，まず株式価値算出の基本となる代表的な配当割引モデルについて説明し，次にハリー・マーコビッツが示した平均分散アプローチの考え方を確認します。さらに，ファイナンスの中心的な理論である資産価格評価モデル（CAPM）と，これを発展させた裁定価格理論（APT）の考え方を確認します。最後に，ファイナンス理論の前提となる市場の効率性とは何か，収益率のランダム・ウォークとは何かについて解説します。

―― ポイント ――

1. 配当割引モデルの考え方
2. 平均分散アプローチ
3. 資産価格評価モデルとは何か
4. 裁定価格理論とは何か
5. 市場の効率性とランダム・ウォーク

## 資産の理論価格導出の考え方

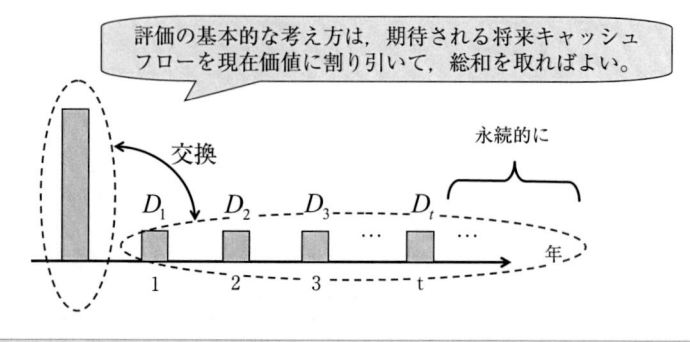

評価の基本的な考え方は，期待される将来キャッシュフローを現在価値に割り引いて，総和を取ればよい。

金融資産の購入，売却は，キャッシュフローを交換（変換）することと同じ

出所：菅原，桂（2010）。

　金融資産でも実物資産でも資産を購入し保有することは，現在お金を支払って将来のお金（キャッシュフロー）を獲得することは等しいことになります。資産を保有することが将来のキャッシュフローを獲得することに等しければ，将来のキャッシュフローを割り引いて現在価値を求め，これらの現在価値の総和を求めることで資産の理論価値を求めることができます。

　見方を変えれば，資産の購入，売却は現在のキャッシュフローと将来のキャッシュフローの交換をすることに等しいといえます。株式を保有していれば，配当という形で将来キャッシュフローが得られます（途中で株式を売却すれば，売却額というキャッシュフローが得られます）。これらのキャッシュフローを現在価値に割り引いて合計すれば，株式の理論価格を求めることができます。債券の理論価格も同様です。

## Williamsの配当割引モデル

$$P = \frac{D_1}{1+r} + \frac{D_2}{(1+r)^2} + \frac{D_3}{(1+r)^3} + \cdots + \frac{D_t}{(1+r)^t} + \cdots \quad (1)$$

John Burr Williams (1938) の配当割引モデル

出所：菅原，桂 (2010)。

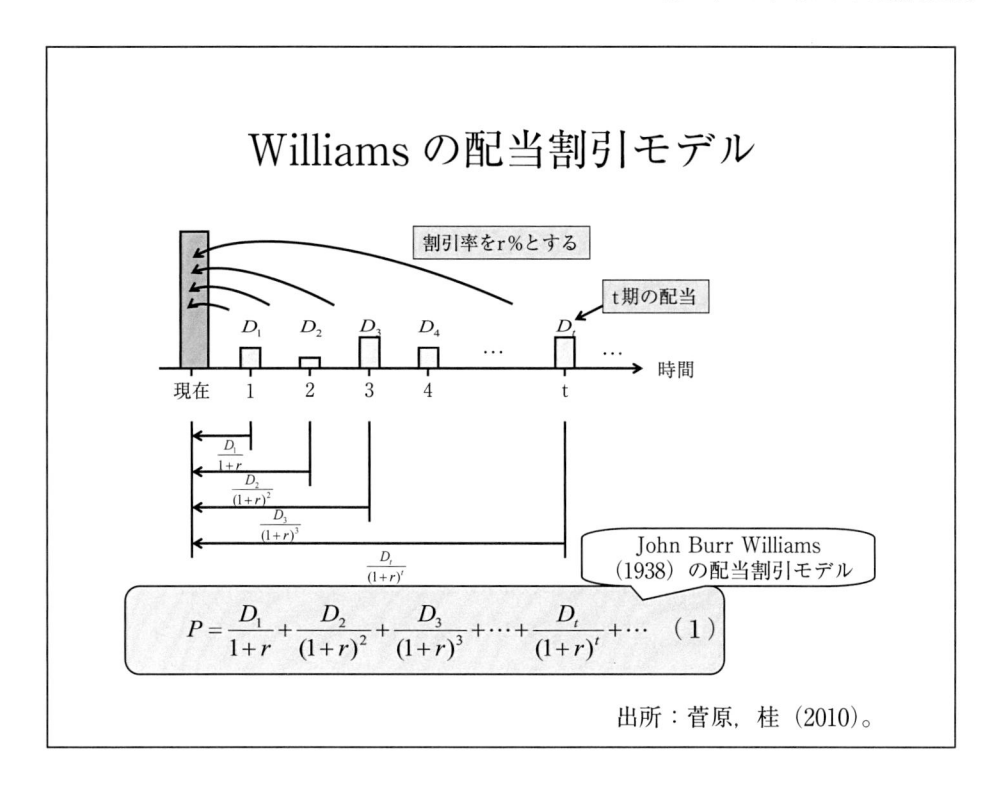

　John Burr Williams (1938) は，株式の理論価格が (1) 式で表されることを示しました。ここで，Pは株式の現在価値，$D_t$はt期の配当，rは割引率です。この式が，現在でもよく知られている「配当割引モデル (DDM：Dividended Discount Model)」です。この考え方は，将来得られるキャッシュフローの現在価値を合計したものが，その資産の理論価格であることを示しています。

　割引率rは，投資家がこの株式に投資する際に要求する投資収益率です。株式投資によって受け取る配当には不確実性を伴うため，株式と比較して不確実性が低い債券のようなキャッシュフローを生み出す資産に比べて高い投資収益率が要求されます。また，この割引率は企業側からみると株式で資金調達を行ったことに対して支払わなければならないコスト（株主資本コストと呼ぶ）です。

## 定配当割引モデルの導出

n期までの配当のある株式の価格Pを考える（配当はDとし一定とする）

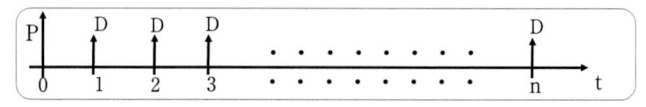

```
P    D   D   D                    D
|    ↑   ↑   ↑   ・・・・・・・・・  ↑
0    1   2   3   ・・・・・・・・・  n    t
```

株式理論価格Pは割引率をrとすると

$$P = \frac{D}{1+r} + \frac{D}{(1+r)^2} + \frac{D}{(1+r)^3} + \cdots + \frac{D}{(1+r)^n} \quad (2)$$

$$= \frac{D}{1+r}\left\{1 + \frac{D}{1+r} + \frac{D}{(1+r)^2} + \cdots + \frac{D}{(1+r)^{n-1}}\right\} \quad (3)$$

ここで，r＞0なので，nを大きくしていくと，$(\frac{1}{1+r})^n \to 0$ となる．したがって，

$$P \fallingdotseq \frac{D}{1+r}\frac{1}{1-\frac{1}{1+r}} = \frac{D}{1+r}\frac{1}{\frac{1+r-1}{1+r}} = \frac{D}{r} \quad (4)$$

　　ジョン・バー・ウイリアムズの配当割引モデルに，配当と割引率が将来に渡って一定という非常に強い仮定を置いて，n期までの配当を考えると，(2)式が得られます。ただし，Pは株式の1株当たりの理論価値，Dは将来にわたって一定とした1株当たりの配当額，rは全期間で共通とした割引率です。ここで(2)式を変形すると(3)式が得られます。(3)式の｛　｝の部分をさらに変形し，n→∞とするとr＞0なので(4)式が得られます。(4)式は配当額を割引率で割ることで株価が求められることを示しています。(4)式を定配当割引モデルといいます。

## 定成長配当割引モデルの導出

n期まで一定の率で成長する配当が得られる株式の価格Pを考える
（最初の配当をDとし，以後一定の比率gで成長）

```
P↑     D   (1+g)D  (1+g)²D        (1+g)^(n-1)D
 |     ↑    ↑       ↑     ・・・・・・   ↑
 0  1  2    3                        n    → X
```

株式理論価格Pは割引率をrとすると

$$P = \frac{D}{1+r} + \frac{(1+g)D}{(1+r)^2} + \frac{(1+g)^2 D}{(1+r)^3} + \cdots + \frac{(1+g)^{n-1}D}{(1+r)^n} \quad (5)$$

$$= \frac{D}{1+r}\left\{1 + \frac{1+g}{1+r} + \frac{(1+g)}{(1+r)^2} + \cdots + \frac{(1+g)^{n-1}}{(1+r)^{n-1}}\right\} \quad (6)$$

ここで，r>gとして，nを大きくしていくと，$0 < \frac{1+g}{1+r} < 1$ なので $\left(\frac{1+g}{1+r}\right)^n \to 0$ となる

したがって，
$$P \fallingdotseq \frac{D}{1+r} \frac{1}{\frac{(1+r)-(1+g)}{1+r}} = \frac{D}{r-g} \quad (7)$$

次に一定の率で成長する配当が得られると仮定した場合の株式の理論価格を考えてみましょう。一期目の1株当たりの配当額をD，配当が一定の率gで成長すると仮定します。n期までの配当を考えると，株式理論価格Pは，(5) 式のように表されます（割引率をrとする）。

(5) 式を変形すると (6) 式が得られます。ここで，(6) 式の｛ ｝の部分をさらに変形し，n→∞とするとr＞gなので，(7) 式が得られます。(7) 式は配当額を割引率から成長率を引いたもので割ることで株価が求められることを示しています。(7) 式を定率成長配当割引モデル，あるいはゴードンモデルといいます。

## 平均分散アプローチの考え方

ハリー・マーコビッツは，高い収益率が期待できる個々の証券を個別に追求するのではなく，投資家の保有する証券全体に着目し，全体を1つのリスク資産（ポートフォリオ）として考えることで，リスクと収益率の効率的な組合せを選択することが適切と考えた。

⬇

マーコビッツの考え方のポイント
①リスクという概念を定式化したこと ― 共分散（相関）の大きさで評価
②資産（銘柄）間の連動性の大きさに着目したこと

⬇

保有資産全体に着目し，全体を1つのリスク資産（ポートフォリオ）として考える

出所：菅原，桂（2010）。

---

　ハリー・マーコビッツは，高い収益率が期待できる個々の証券を個別に追求するのではなく，投資家の保有する証券全体に着目し，全体を1つのリスク資産，すなわちポートフォリオとして考え，リスクと収益率の効率的な組合せを選択することが適切と考えました。彼の考え方のポイントは，①リスクという概念を定式化したこと，②資産（銘柄）間の連動性の大きさに着目したことの2点です。ここで，資産間の連動性の大きさは，共分散，あるいは相関係数の大きさで評価することになります。保有資産全体に着目し，全体を1つのリスク資産，すなわちポートフォリオとして考え，期待収益率とリスクという2つの要素からポートフォリオを評価することが重要であると考えました。

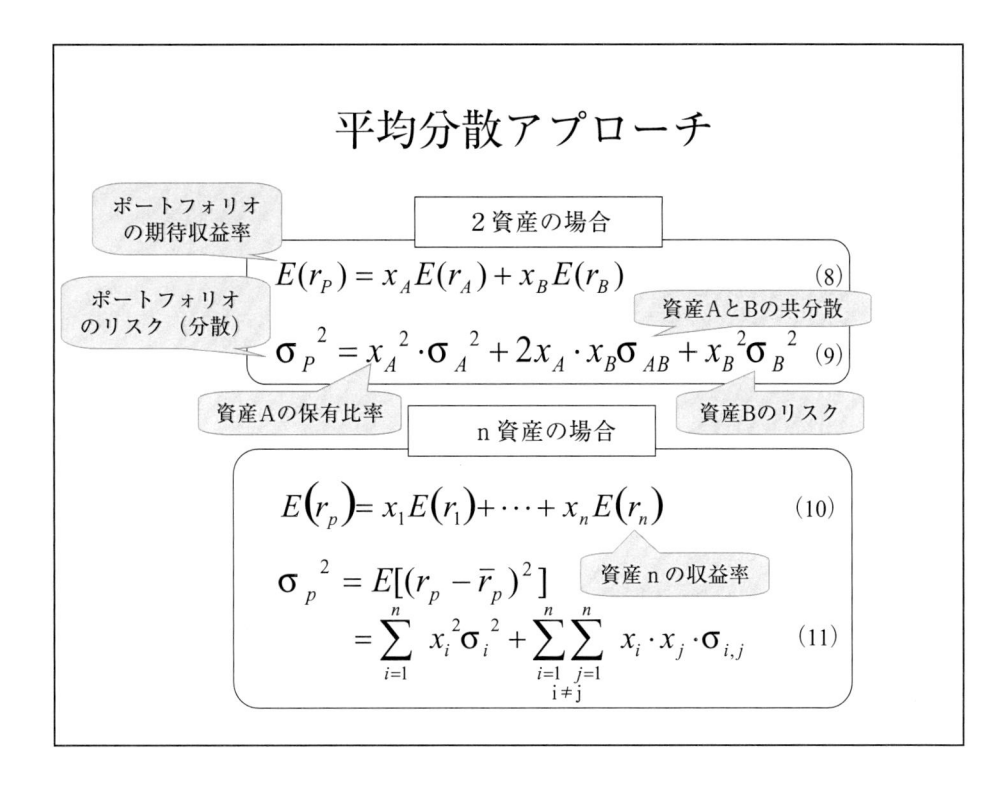

## 平均分散アプローチ

**2資産の場合**

ポートフォリオの期待収益率
ポートフォリオのリスク（分散）
資産Aの保有比率
資産AとBの共分散
資産Bのリスク

$$E(r_P) = x_A E(r_A) + x_B E(r_B) \tag{8}$$

$$\sigma_P^{\,2} = x_A^{\,2} \cdot \sigma_A^{\,2} + 2 x_A \cdot x_B \sigma_{AB} + x_B^{\,2} \sigma_B^{\,2} \tag{9}$$

**n資産の場合**

資産nの収益率

$$E(r_p) = x_1 E(r_1) + \cdots + x_n E(r_n) \tag{10}$$

$$\sigma_p^{\,2} = E[(r_p - \bar{r}_p)^2]$$

$$= \sum_{i=1}^{n} x_i^{\,2} \sigma_i^{\,2} + \sum_{\substack{i=1 \\ i \neq j}}^{n} \sum_{j=1}^{n} x_i \cdot x_j \cdot \sigma_{i,j} \tag{11}$$

　マーコビッツの考え方を定式化すると次のようになります。まず，2つの資産A，Bの場合について考えます。資産A，Bの収益率を$r_A$，$r_B$，保有比率を$x_A$，$x_B$（$x_A + x_B = 1$で，正の値を取ります），リスク（標準偏差）を$\sigma_A$，$\sigma_B$，2資産間の共分散を$\sigma_{AB}$とすると，ポートフォリオPの期待収益率は（8）式，分散で表したリスクは（9）式で表すことができます。期待収益率は2つの資産の期待収益率の線形和の形をしているのでわかりやすいですが，リスクは（9）式の右辺第2項に共分散の項が入っているので多少複雑になっています（導出の方法については省略します）。資産がn個の場合も考え方は2資産の場合と同様です。n資産で構成されるポートフォリオPの期待収益率は（10）式，分散で表したリスクは（11）式のようになります。（11）式の右辺の第二項が共分散に関する項で，リスク低減効果を考える際に重要な役割を果たします。

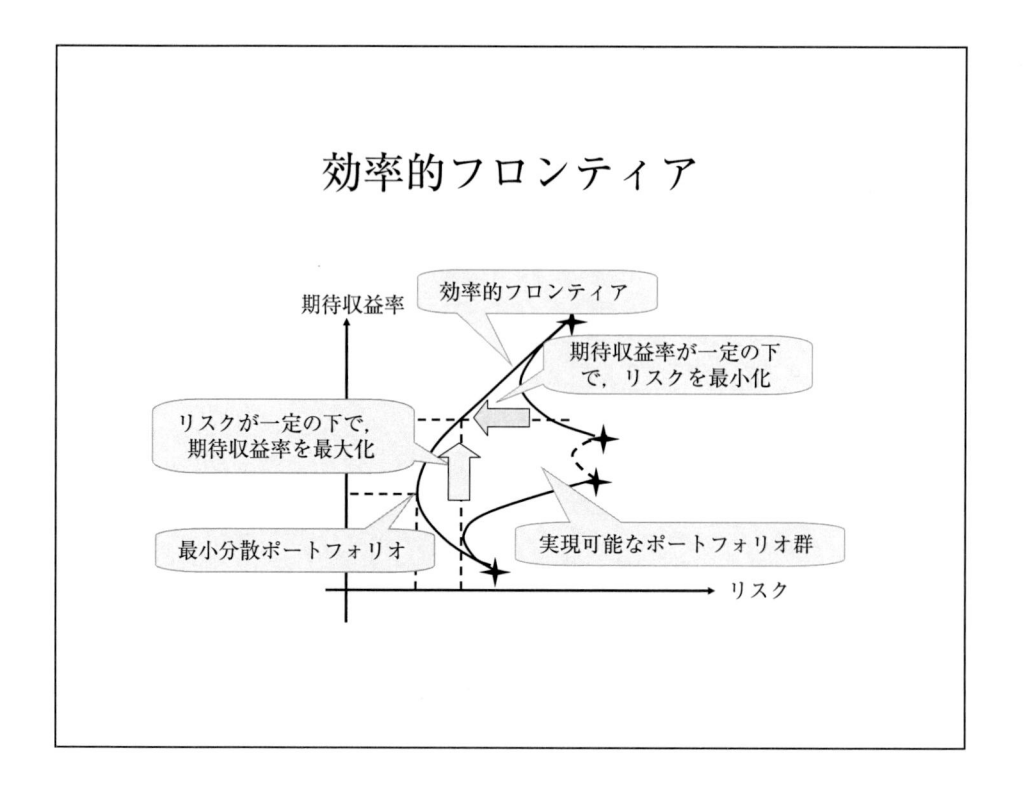

## 効率的フロンティア

```
                    効率的フロンティア
期待収益率↑
         ┌──────────────┐
         │期待収益率が一定の下│
         │で，リスクを最小化  │
         └──────────────┘
┌──────────────┐
│リスクが一定の下で，│
│期待収益率を最大化 │
└──────────────┘
┌──────────────┐      ┌──────────────┐
│最小分散ポートフォリオ│      │実現可能なポートフォリオ群│
└──────────────┘      └──────────────┘
                                      → リスク
```

　（10）式，（11）式で得られたポートフォリオの期待収益率とリスクをプロットすると上図のようになります。曲線で囲まれた部分が実現可能なポートフォリオ群です。実現可能なポートフォリオ群のなかでリスクが最も小さいポートフォリオを最小分散ポートフォリオ（MVP：Minimum Variance Portfolio）と呼んでいます。

　これらのポートフォリオのなかで，期待収益率，リスクで評価して効率的なポートフォリオは左上の曲線（ただし最小分散ポートフォリオよりも上）であることがわかります。この曲線を効率的フロンティアと呼んでいます。

## 資本資産価格評価モデル

マーコビッツの平均・分散アプローチは，画期的なものではあったのだが‥

前述の通り，実際に使おうとすると問題が生じたり，適用対象に限界

この問題を解決するために，ウイリアム・シャープは 資産間の関係（相関係数）でなく，すべての投資家に共通な市場（接点）ポートフォリオと各資産の間の関係 を記述することを考えた。

リスク資産すべて → 対象市場全体の動きを示す代表値

出所：菅原，桂（2010）。

---

　マーコビッツの平均・分散アプローチは画期的なものでしたが，実際にこのアプローチを使おうとすると，当時としては膨大な量の計算処理をしなければいけないという問題が生じたり，対象とする資産数に限界が存在しました。この問題を解決するために，ウイリアム・シャープは資産間の関係（相関係数）でなく，すべての投資家に共通な市場（接点）ポートフォリオと各資産の間の関係を記述することを考えました。市場に存在するすべてのリスク資産を代表するものとして，市場ポートフォリオを考えたのです。

## 平均分散アプローチからCAPMへの発展

**マーコビッツのアプローチ**  相関（共分散）

**シャープ等のアプローチ**  β値　X（市場全体）　接点（市場）ポートフォリオ

これがシャープの着想。実用的な理論へと発展していった。

出所：菅原, 桂 (2010)。

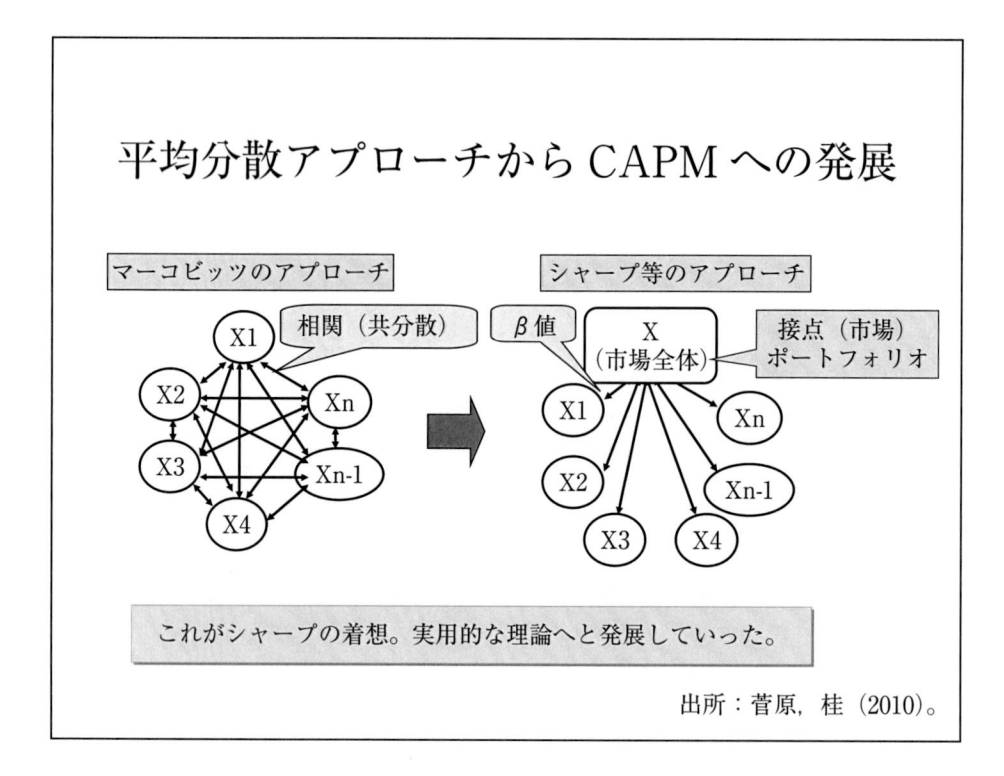

　マーコビッツの考え方を確認すると，$X_1$ から $X_n$ までの n 個の資産が存在すれば，総当たりで関係の強さ（相関，あるいは共分散）を特定する必要がありました。n の数が少なければ問題にはなりませんが，n の数が大きくなると現実問題として，パラメータの推定，入力が不可能となります。そこで，図にあるように，市場全体と個々の証券の間の関係をみることを考えたのです。これにより，推定しなればならないパラメータの数が大きく減少することになりました。これが，シャープ等の着想であり，実用的な理論へと発展していきました。この理論を資本資産価格評価モデル（CAPM：Capital Asset Pricing Model）といいます。

## CAPM と証券市場線

この直線は次式で表される。
$$R_c = (R_M - R_f) \times \beta_c + R_f \quad (12)$$
ただし、$\beta_c = \dfrac{Cov(R_M, R_c)}{\sigma_M^2}$

縦軸：期待リターン、横軸：リスク（$\beta$）

- M：証券市場線（SML）という
- 市場ポートフォリオ
- $R_M$、$R_c$、$R_f$、$\beta_c$、$1$

出所：菅原，桂（2010）を一部修正。

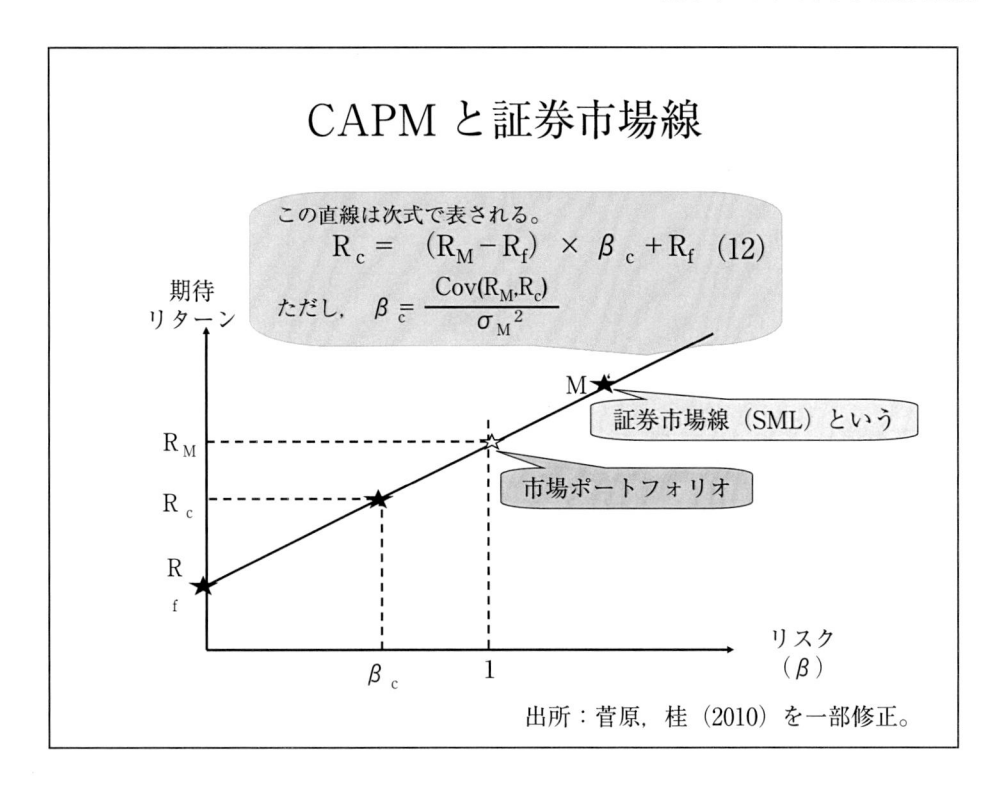

　CAPM 導出の具体的な方法については触れませんが，ウイリアム・シャープは（12）式にあるようにリスク資産の収益率が市場ポートフォリオの無リスク金利に対する超過収益率にβ値を掛けたものに無リスク金利を加えたものであることを示しました。ここで，β値は，市場ポートフォリオの収益率と対象となるリスク資産の収益率の共分散を市場ポートフォリオの分散で割ったものです。この CAPM を表す式を，横軸をβ値，縦軸を期待収益率とした平面上に表すと，上図のような直線になります。この直線は，証券市場線（SML：Security Market Line）と呼ばれています。

　β値をリスク尺度と考えれば，（12）式はリスクと期待収益率の間のトレードオフの関係を示しており，高い収益率を期待したいのであればリスクも大きく（β値も大きく）なり，リスクが小さければ（β値が小さい）期待収益率は小さくなることを示しています。

## 裁定価格理論

**CAPMの考え方**

市場ポートフォリオ / X1, X2, X3, X4, Xn-1, Xn

**APTの考え方**

ファクター1, ファクター2, ... / X1, X2, X3, X4, Xn-1, Xn

個々のリスク資産の価格に影響を与える要因は，1つではなく複数存在する。

出所：菅原，桂（2010）を一部修正。

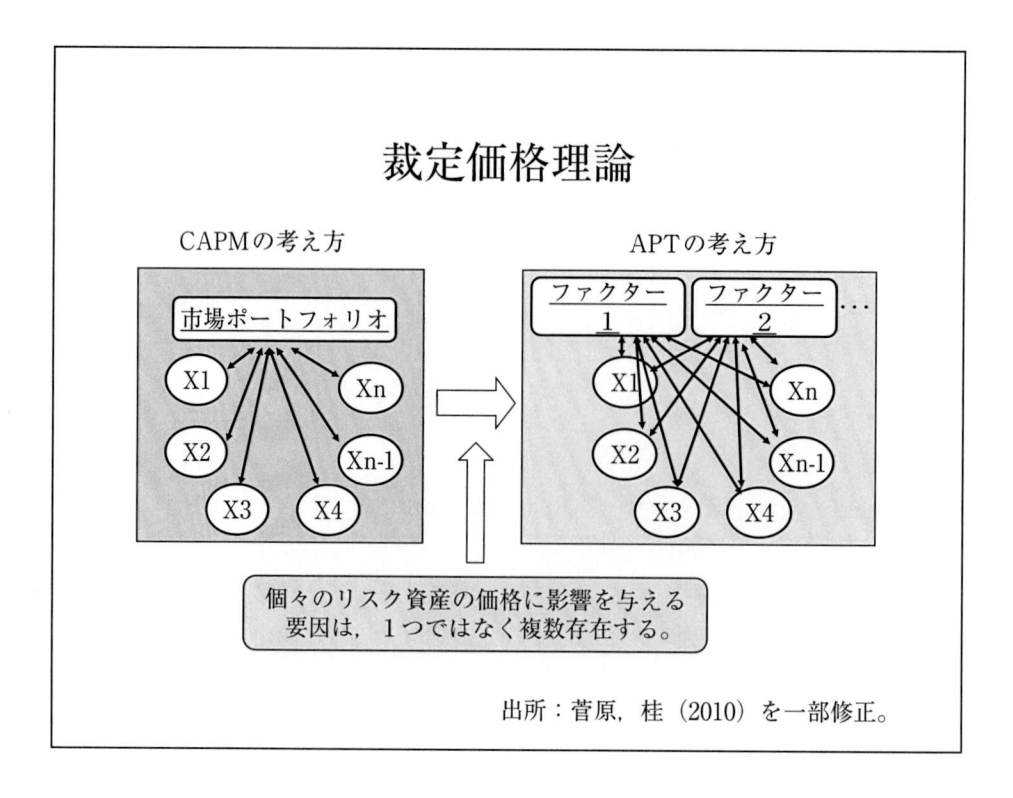

　CAPMの理論を拡張して，1つの要因ではなく複数の要因でリスク資産の期待収益率を説明しようとした理論を裁定価格理論といい，APT（Asset Pricing Theory）と呼ばれていますが，CAPMとの対比で考えると，そのアイディアは自然なものです。CAPMはマーコビッツの資産間の相関を測定する代わりに，リスク資産全体を代表する市場ポートフォリオという概念を導入したのに対して，APTではこれをより実践的に拡張して1つの市場ポートフォリオでなく，複数の資産価格に影響を与えるファクターを使って，価格変化を説明しようとするものです。裁定取引により利益を確保する機会が存在しないという前提の下でこの理論を示すことができます。

> ## マルチ・ファクター・モデル
> （マルチ・インデックス・モデル）
>
> SIMのβ値の説明力が低いうえに，APTのような複数ファクターの研究が進むにつれ，複数ファクターによって説明するモデルの有効性が支持されるようになっていった。
>
> （個別銘柄について）
> $$r_i = \alpha_i + \beta_{i1} f_1 + \beta_{i2} f_2 + \cdots + \beta_{ik} f_k + \varepsilon_i$$
>
> （ポートフォリオで考えると）
> $$r_p = \sum_{i=1}^{N} w_i r_i$$
> $$= \alpha_p + \beta_{p1} f_1 + \cdots + \beta_{pk} f_k \qquad (13)$$
>
> 実際には，ファクター選定には3つの代表的な考え方がある。
>
> 出所：菅原，桂（2010）を一部修正。

　リスク資産を株式に限定して，1つの要因で個別株式（あるいは株式ポートフォリオ）の期待収益率を説明しようとするモデルをシングル・インデックス・モデル（SIMと略されることもあります）といいます。この場合，通常要因は株式市場全体を表す指標（たとえばTOPIX）が使われます。また，複数の要因で個別株式（あるいは株式ポートフォリオ）の期待収益率を説明しようとするモデルをマルチ・インデックス・モデル（MIMと略されることもあります）といいます。実態はマルチ・ファクター・モデルと同じものと考えられます。

## ベータ値の推定方法

> 株式市場全体の変動に対して，個別銘柄がどの程度変化するかを表したものを $\beta$ 値と呼ぶ。

> たとえば，TOPIXのような株式市場全体の動きを示す指数の変化率と個別銘柄の株価変化率を使い，回帰分析により感応度（$\beta$値）を求めることで推定。

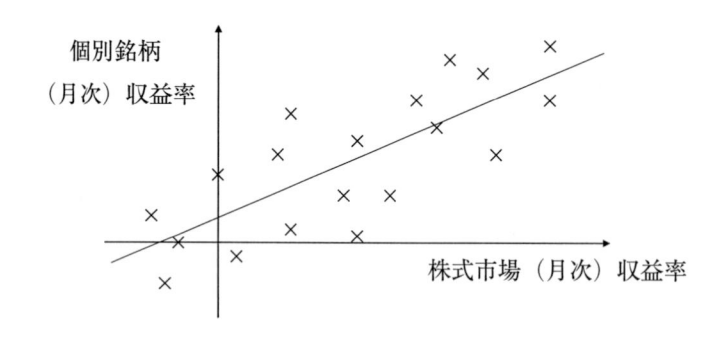

（散布図：縦軸「個別銘柄（月次）収益率」，横軸「株式市場（月次）収益率」）

　株式市場全体の変動に対して，個別銘柄がどの程度変化するかを表したものを$\beta$値と呼びます。$\beta$値は，株式市場全体が一単位変化したときに，該当銘柄がどれくらい変化するかを表しており，リスク尺度の1つと考えられます（$\beta$値が大きい銘柄は，小さい銘柄よりも市場変動に対して大きく変動します）。$\beta$値は，たとえば，TOPIXのような株式市場全体の動きを示す指数の変化率と個別銘柄の株価変化率を使い，回帰分析により感応度（$\beta$値）を求めることで推定できます。

　なお，CAPMの$\beta$値とここで説明した$\beta$値は，似た概念ですが，CAPMの$\beta$値は，市場に存在する全リスク資産を市場ポートフォリオとしている点と，均衡理論から導出された概念であるという点でここで説明した$\beta$値とは異なります。

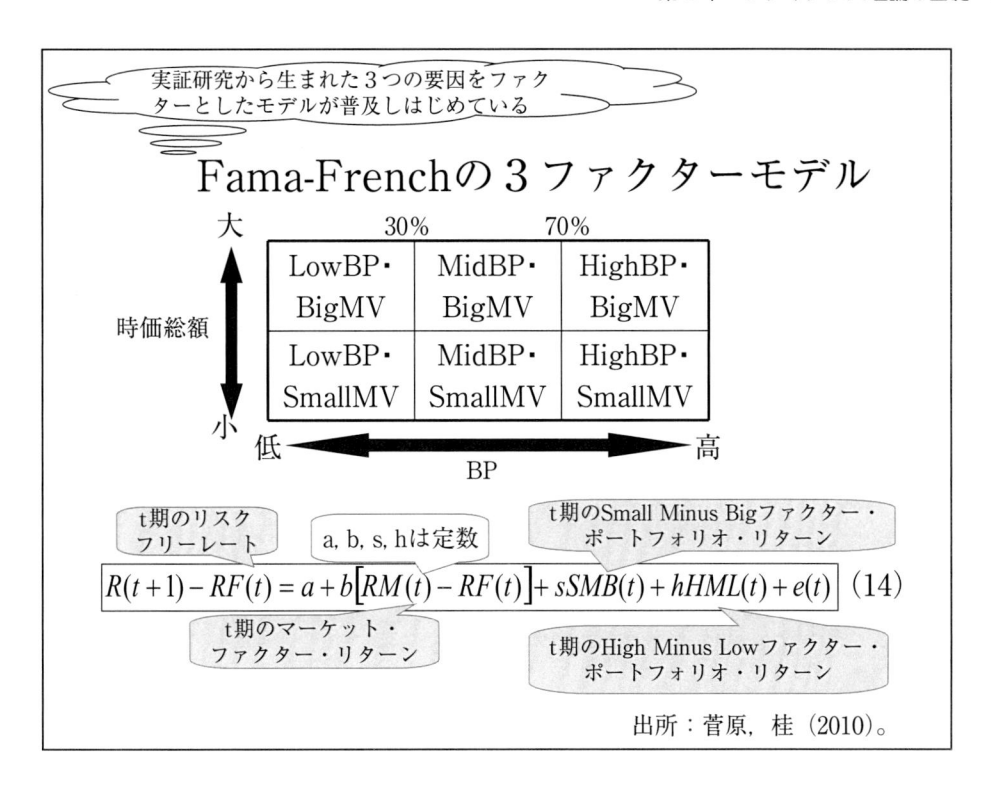

## Fama-Frenchの3ファクターモデル

> 実証研究から生まれた3つの要因をファクターとしたモデルが普及しはじめている

時価総額 大⇔小、BP 低⇔高（30%、70%）

|  | LowBP | MidBP | HighBP |
|---|---|---|---|
| BigMV | LowBP・BigMV | MidBP・BigMV | HighBP・BigMV |
| SmallMV | LowBP・SmallMV | MidBP・SmallMV | HighBP・SmallMV |

$$R(t+1) - RF(t) = a + b[RM(t) - RF(t)] + sSMB(t) + hHML(t) + e(t) \quad (14)$$

- $RF(t)$: t期のリスクフリーレート
- a, b, s, hは定数
- $SMB(t)$: t期のSmall Minus Bigファクター・ポートフォリオ・リターン
- $RM(t)$: t期のマーケット・ファクター・リターン
- $HML(t)$: t期のHigh Minus Lowファクター・ポートフォリオ・リターン

出所：菅原，桂（2010）。

Fama-French（1992）は，β値を使って表されるCAPMが現実の収益率を説明できていないことを示し，(14)式で示される3ファクターモデルを示しました（Fama-French（1993））。このモデルは，市場，簿価時価比率，規模で表される3つのファクターによって収益率を説明します。規模のファクターは，まず，時価総額で対象銘柄を半分に分割（厳密なポートフォリオの分割方法については，Fama-French（1993）を参照してください）し，時価総額の小さいポートフォリオの収益率と時価総額の大きなポートフォリオの収益率の差をとったヘッジポートフォリオから計算されます。簿価時価比率のファクターは，さらに，簿価時価比率の大きさで銘柄をランクづけして，上位30%，中位40%，下位30%に分けたポートフォリオとします。すると，図にあるように，6つのポートフォリオができます。6つのポートフォリオで，簿価時価比率の高い2つ（規模が大きいものと小さいもの）のポートフォリオから簿価時価比率の低い2つ（規模が大きいものと小さいもの）の収益率の差をとったヘッジポートフォリオから計算されます。市場ファクターは，市場全体の動きを表すインデックスの収益率から無リスク資産の収益率を引いたものとします。この3つのファクターは，実証的には株式収益率の説明力が高いという意味で高い評価を受けています。しかし，これら3つのファクターの選定には理論的な根拠がないうえに，経済的な解釈も十分できていなといった問題も指摘されています。

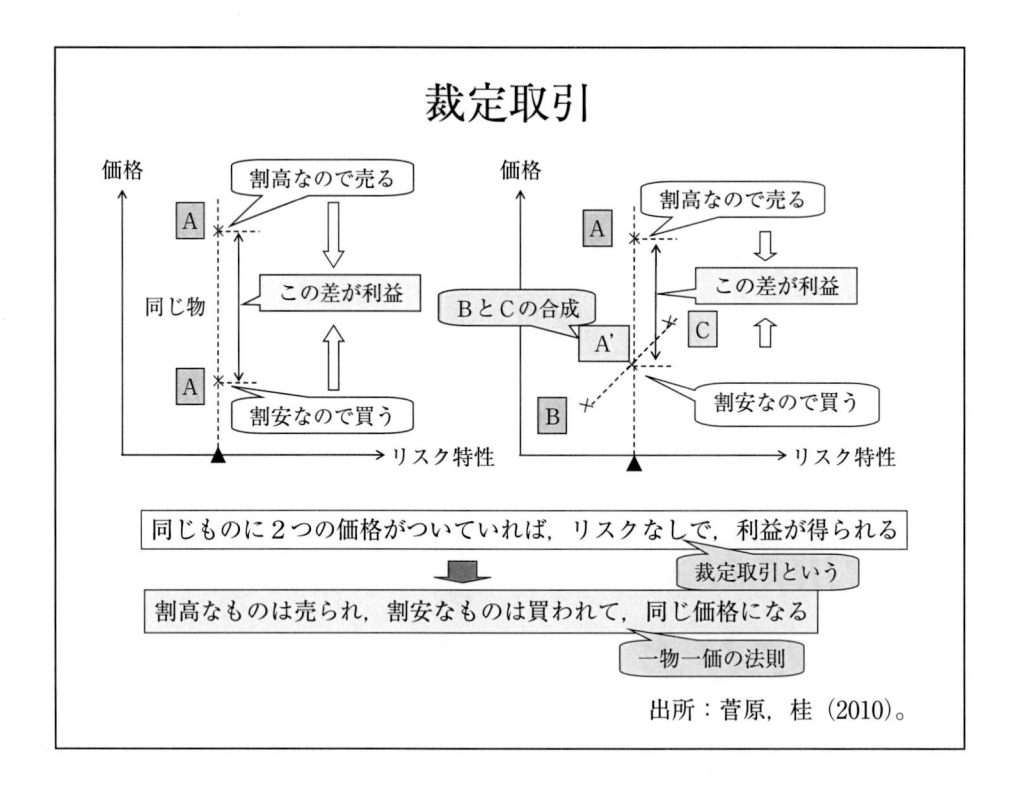

```
┌─────────────────────────────────────────────────────────────┐
│                        裁定取引                              │
│                                                              │
│   価格          割高なので売る       価格         割高なので売る │
│    ↑          ┌──────┐              ↑         ┌──────┐      │
│    │    A *---│      │              │   A *---│      │      │
│    │    ⋮     │  ⇓   │              │   ⋮     │  ⇓   │      │
│  同│    ⋮  ┌─この差が利益┐          │   ⋮ ┌BとCの合成┐       │
│  じ│    ⋮  └──────────┘            │   ⋮ └─A'────C ─この差が利益│
│  物│    ⋮     │  ⇑   │              │   B        ⇑           │
│    │    A *---│      │              │            │割安なので買う│
│    │          │割安なので買う│      │                          │
│    │          └──────┘              │                          │
│    └──▲──────────→ リスク特性       └──▲──────────→ リスク特性 │
│                                                                │
│   ┌──────────────────────────────────────────────────────┐    │
│   │ 同じものに2つの価格がついていれば，リスクなしで，利益が得られる │    │
│   └──────────────────────────────────────────────────────┘    │
│                          ↓        裁定取引という              │
│   ┌──────────────────────────────────────────────────────┐    │
│   │ 割高なものは売られ，割安なものは買われて，同じ価格になる  │    │
│   └──────────────────────────────────────────────────────┘    │
│                                    一物一価の法則             │
│                                                                │
│                              出所：菅原，桂（2010）。          │
└────────────────────────────────────────────────────────────────┘
```

　手持ちの資金なしでリスクを取ることなく利益をあげる取引のことを裁定取引（アビトラージ：Arbitrage）といいます。たとえば，異なる市場で同じ証券の売買がされていて，価格が市場間で異なっていたとすれば，裁定取引の機会が生まれます。安い値段のついている市場でその証券を購入すると同時に，高い価格がついている市場でその証券を売却することで，その差額を利益として得ることができます。まったく同じ証券に異なる価格がつくことはほとんどありませんが，複数の証券を合成して特性がほぼ同じ合成代替証券を作り出して，これを裁定取引に利用することもあります。ただ，完全な代替証券を作ることは難しいうえ，必ずしも割高と考えた証券の価格が下がる，あるいは割安と考えた証券の価格が上昇するとは限らず，逆の動きをしてしまうこともあります。なお，市場で裁定取引を行う人たちのことを裁定取引者（アビトラージャー）といいます。

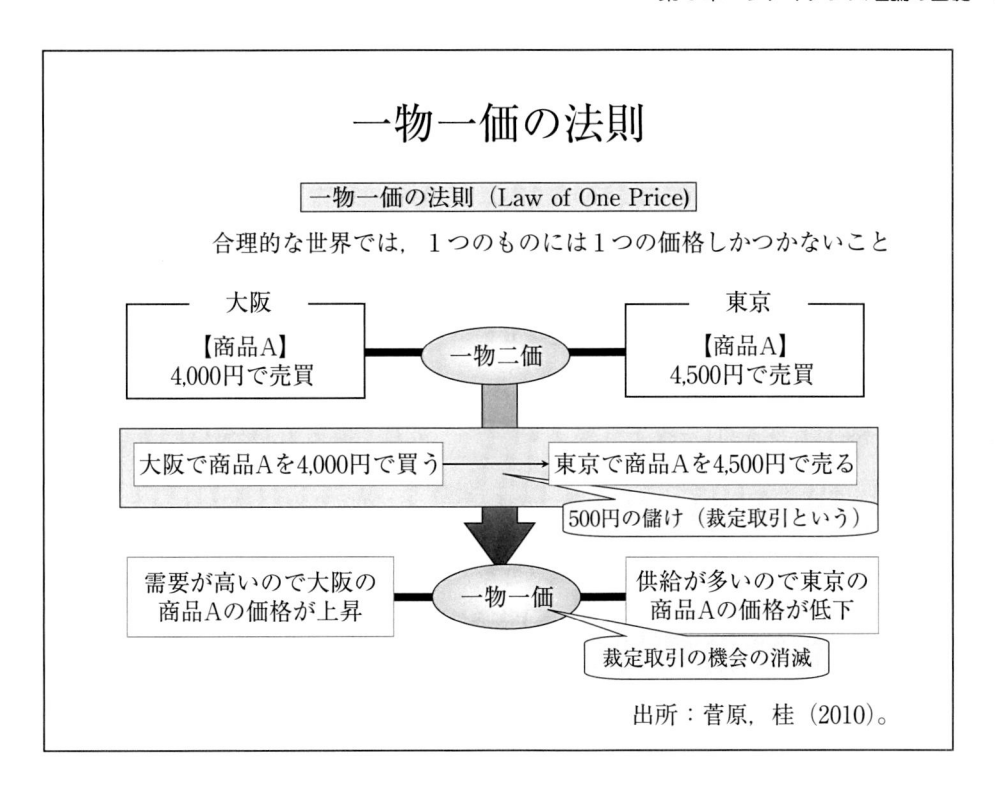

## 一物一価の法則

**一物一価の法則 (Law of One Price)**
合理的な世界では，1つのものには1つの価格しかつかないこと

- 大阪【商品A】4,000円で売買 ─ 一物二価 ─ 東京【商品A】4,500円で売買
- 大阪で商品Aを4,000円で買う → 東京で商品Aを4,500円で売る
- 500円の儲け（裁定取引という）
- 需要が高いので大阪の商品Aの価格が上昇 ─ 一物一価 ─ 供給が多いので東京の商品Aの価格が低下
- 裁定取引の機会の消滅

出所：菅原，桂（2010）。

　多くの合理的な投資家が存在し税金や手数料がない完全な市場で，1つのものに1つの価格しかつかないことを一物一価の法則（Law of One Price）といいます。もし仮に，1つのものに2つの価格がついているとします（ここでは，2つの異なる市場があるとします）。すると，合理的な投資家（裁定取引者）が現れて，安い価格のついている市場でその証券を購入して，高い価格がついている市場でその証券を売却をします。すると，需要と供給の関係から，前者の市場では購入が増えることで価格が上昇し，後者の市場では売却が増えることで価格が下落して，最終的には2つの市場の価格が同じになり，一物一価の法則が成立することになります。この法則は，前提条件（たとえば合理的な投資家の存在）が崩れると成立しないことになりますが，理論を構築するうえでは重要な役割を果たします。

## 市場の効率性

価格に影響を与えるこれまでの情報は，すべて価格に反映されている。
（現状の価格が最良の推定値になっている）

↓

価格に影響を与える新しい情報が発生して，初めて価格は新たな最良の推定値に落ち着く。

■ 価格自体は経済学でいう「需要と供給」で決まるが，「需要と供給」を生む原因は「価格に影響を与える新しい情報」が発生したとき。

> 価格は，将来CFの現在価値だから，将来CFと割引率に影響を与える情報がもたらされたときに価格が変化することになる

■ 価格に影響を与える新しい情報は，よい情報である場合もあれば，悪い情報である場合もある（半分半分と考えてよい）。

出所：菅原，桂（2010）。

　リスク資産の価格に影響を与える情報（ニュース）が，すべて価格に反映されているような市場を効率的な市場といいます。すなわち，現状の価格が最良の推定値になっていることになります。したがって，価格に影響を与える新しい情報（ニュース）が発生して初めて価格は新たな最良の推定値に落ち着くことになります。

　価格自体は経済学でいう「需要と供給」で決まりますが，「需要と供給」を生む原因は「価格に影響を与える新しい情報」が発生したときです。価格に影響を与える新しい情報は，良い情報である場合もあれば悪い情報である場合もあり，新しい情報が良い情報か悪い情報かは現時点では誰にもわかりません。したがって，資産の価格はランダムに近いものになります。この考え方は，伝統的なファイナンス理論が構築されていく過程で重要な役割を果たしました。

# 第4章
# オプションの基礎

―― 本章の概要 ――

　第4章の「オプションの基礎」では，デリバティブの基礎知識についての確認をします。なかでも，オプションはコーポレート・ファイナンスを考えるうえで重要性が増しているので，オプションを中心に解説します。

　以下では，まず，デリバティブとは何か，特徴，そして活用方法について確認し，次にデリバティブの価格評価の基本的な考え方を説明します。そして，オプションの満期での損益（本質的価値）と時間的価値とは何か，オプション価値の変動要因は何かについて解説し，実際のオプション価値算出の基本となっている二項モデルとブラック・ショールズ・モデルについて簡単に説明します。

―― ポイント ――

1. デリバティブ（派生商品）とは何か
2. デリバティブ資産評価の考え方
3. オプションの損益
4. オプション価値に影響を与える要因
5. 2項モデルとブラック・ショールズ・モデル

## デリバティブとは何か

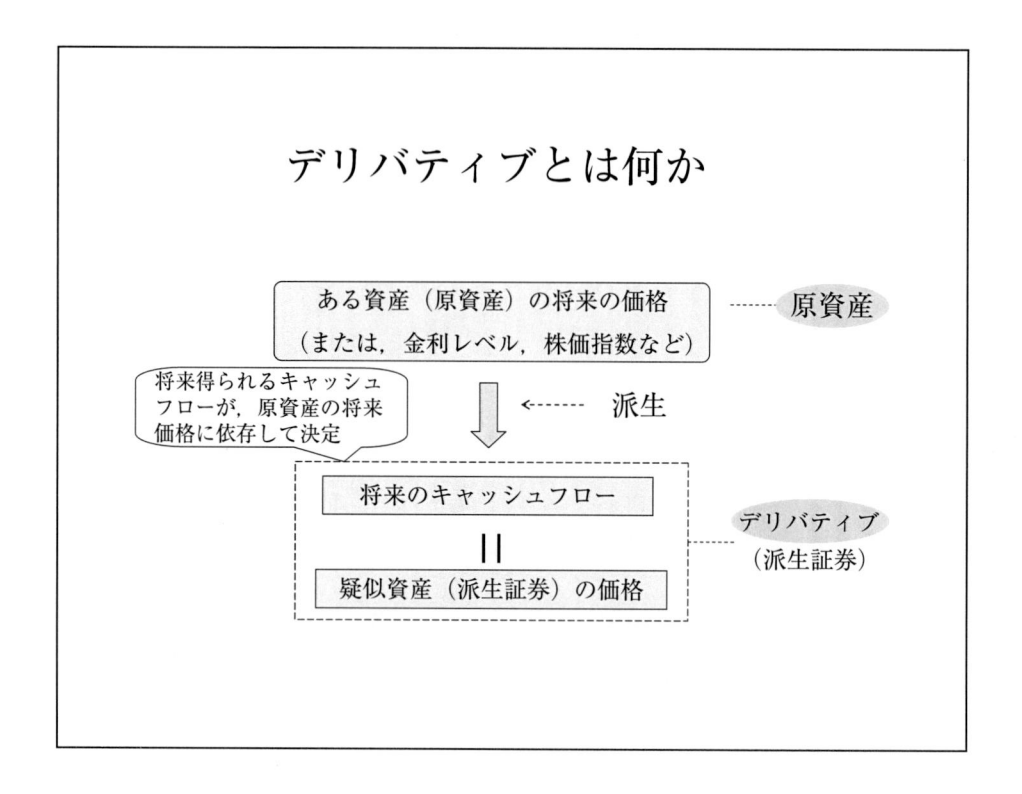

```
ある資産（原資産）の将来の価格      ------ 原資産
（または，金利レベル，株価指数など）
              ↓           ←------ 派生
将来得られるキャッシュ
フローが，原資産の将来
価格に依存して決定
        ┌────────────────────┐
        │  将来のキャッシュフロー  │  ------ デリバティブ
        │          ＝          │        （派生証券）
        │ 疑似資産（派生証券）の価格 │
        └────────────────────┘
```

　デリバティブ（Derivatives）とは，原資産（元となる資産のこと）から派生して生まれた証券のことで，派生商品（あるいは派生証券）と呼ばれることもあります。デリバティブを保有することによって将来得られるキャッシュフローは，原資産の将来の価格によって変化するため，派生という言葉が使われています。このことは，デリバティブの価格は，原資産の将来の価格によって決定されることを意味します。

　原資産から派生した商品ですが，投資家ニーズに応える商品として市場規模が拡大しています。

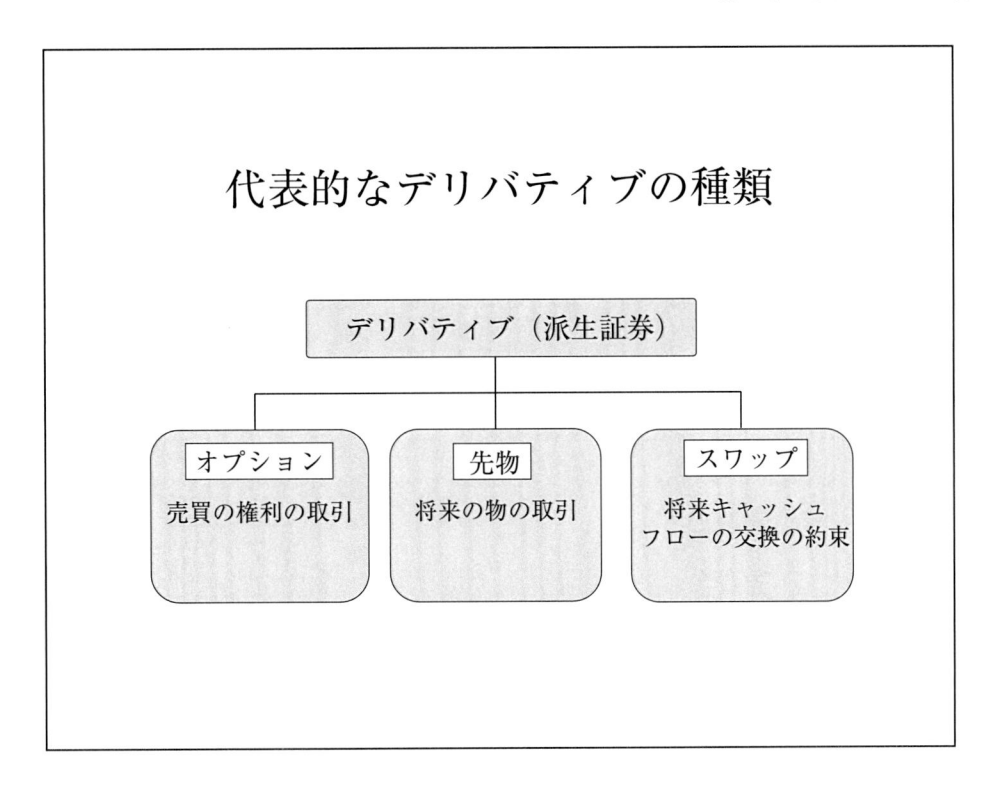

```
┌─────────────────────────────────────────────────┐
│                                                 │
│           代表的なデリバティブの種類              │
│                                                 │
│              ┌──────────────────┐               │
│              │ デリバティブ(派生証券) │              │
│              └──────────────────┘               │
│                       │                         │
│          ┌────────────┼────────────┐            │
│      ┌───┴───┐    ┌───┴───┐    ┌───┴───┐        │
│      │オプション│    │ 先物  │    │スワップ│        │
│      └───────┘    └───────┘    └───────┘        │
│      売買の権利の取引  将来の物の取引  将来キャッシュ    │
│                               フローの交換の約束    │
│                                                 │
└─────────────────────────────────────────────────┘
```

　代表的なデリバティブには，オプション，先物，スワップがあります。オプションは売買の権利の取引，先物は将来の物の取引，スワップは将来キャッシュフローの交換の約束（取引）です。コーポレート・ファイナンスを学ぶうえで特に重要性を増しているのがオプションです。

　なお，原資産には，商品を対象としたデリバティブとして，実物資産である原油，金などの鉱物資源，米，とうもろこし，大豆，コーヒー豆などの農作物があり，金融資産を対象としたデリバティブ（金融派生商品といいます）として，株式，債券，為替などがあります。

## デリバティブの特徴と活用方法

デリバティブの大きな特徴として，
① レバレッジ効果
② ショート・ポジション
などがある。

デリバティブの活用方法には，
① リスク・コントロール
② 現物の代替
③ 運用手法の多様化
などが考えられる。

　デリバティブには原資産にはない，いくつかの特徴があります。その代表的なものとして，まず，少額の手元資金でその10倍近い資産額を取引することができることがあります。したがって，現物資産で運用するよりも高いリターンを期待することができますが，その反面，リスクも大きくなります。この効果をレバレッジ効果といいます。次に，ショート・ポジションが簡単に取れるという点があげられます。ショート・ポジションとは，売りポジションとも呼ばれ，保有している証券を売った（空売り）状態のことです。

　デリバティブの活用方法はいろいろ考えられますが，たとえば，原資産のリスク・コントロールや代替があります。さらにデリバティブは，これらを組合せることでいろいろな将来ペイオフが実現できるため，運用手法の多様化などが実現できます。

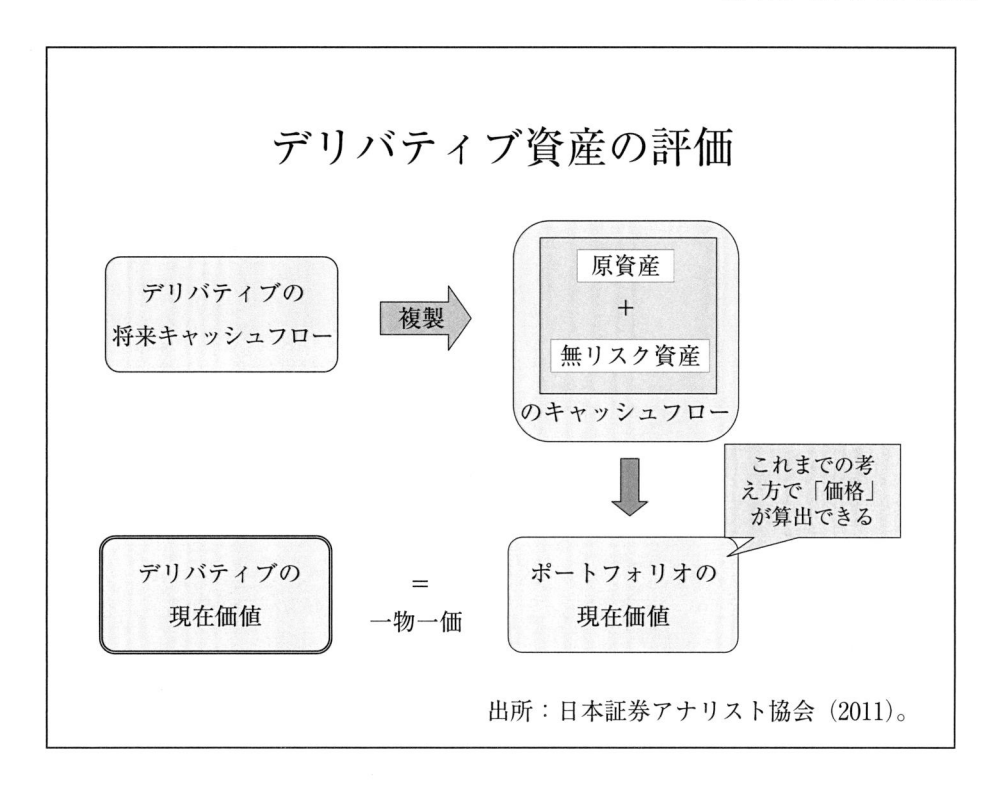

## デリバティブ資産の評価

デリバティブの将来キャッシュフロー →（複製）→ 原資産 ＋ 無リスク資産 のキャッシュフロー

↓（これまでの考え方で「価格」が算出できる）

デリバティブの現在価値 ＝（一物一価）＝ ポートフォリオの現在価値

出所：日本証券アナリスト協会（2011）。

　前述の通り，デリバティブは原資産の将来価格に依存して，その価格が決定されるため，「その資産を保有することによって将来得られるキャッシュフローの現在価値の総和」を求めるという方法では求めることができません。

　デリバティブの価値算出の考え方は，デリバティブの将来キャッシュフローを原資産と無リスク資産を使い複製し，複製した原資産と無リスク資産の組合せ（ポートフォリオ）の価値からデリバティブの価値を計算することができます。その際，重要な役割を果たすのが一物一価の法則です（将来キャッシュフローが同じ商品は，現在の価格も同じでなければなりません。そうでなければ，裁定取引により，リスクなしで利益が得られることになります）。

## 先物取引とは

ある特定の資産（原資産）に対して，あらかじめ
① 決められた数量だけ
② 将来の決められた期日に
③ 現在決めた価格で
売るあるいは買う取引のこと。先物取引の対象となる資産を原資産，将来の決められた期日を受渡日あるいは限月，現在決めた価格を先物価格という。

> 先物取引の原理は，われわれが日常的に行っている予約と同じである

　先物取引とは，ある特定の資産（原資産）を，①決められた数量だけ，②将来の決められた期日に，③現在決めた価格で売るあるいは買う取引のことです。

　先物取引の対象となる資産を原資産，将来の決められた期日を受渡日，現在決めた価格を先物価格といいます。先物取引の原理は，日常的に行われている予約と同じです。なお，先物取引と類似した言葉に先渡取引があります。先物取引が取引所での不特定多数との取引であるのに対して，先渡取引は相対の取引となる点が相違点でその他の点に関してはほぼ同じ取引です。

---

## オプション

ある特定の資産（原資産）に対して，あらかじめ，
① 決められた数量だけ
② 決められた期日に（満期日）
③ 決められた価格（行使価格）で
を特定した「原資産を買う権利」または「売る権利」のこと。

- 「買う権利」 → コール・オプション
- 「売る権利」 → プット・オプション

オプションは「権利」であり，この権利を行使するか否かは，オプションの保有者が決められる。

---

　オプションとは，ある特定の資産（原資産）を，①決められた数量だけ，②将来の決められた期日（ヨーロピアン・オプション）に，③現在決めた価格で，売るあるいは買う権利のことです。オプションの対象となる資産を原資産，将来の決められた期日を満期日，現在決めた価格を行使価格といいます。「買う権利」をコール・オプション，「売る権利」をプット・オプションといいます。

　なお，オプションはあくまでも「権利」であり，この権利を行使するか否かは，オプションの保有者が決められます。オプションの保有者は，権利を行使することで利益が得られれば権利を行使し，利益が得られなければ（損をするような状況であれば），権利を放棄することになります。逆に，オプションの売り手は，オプションの買い手が権利を行使した場合，これを受ける義務が発生することになります。

## コール・オプションの損益

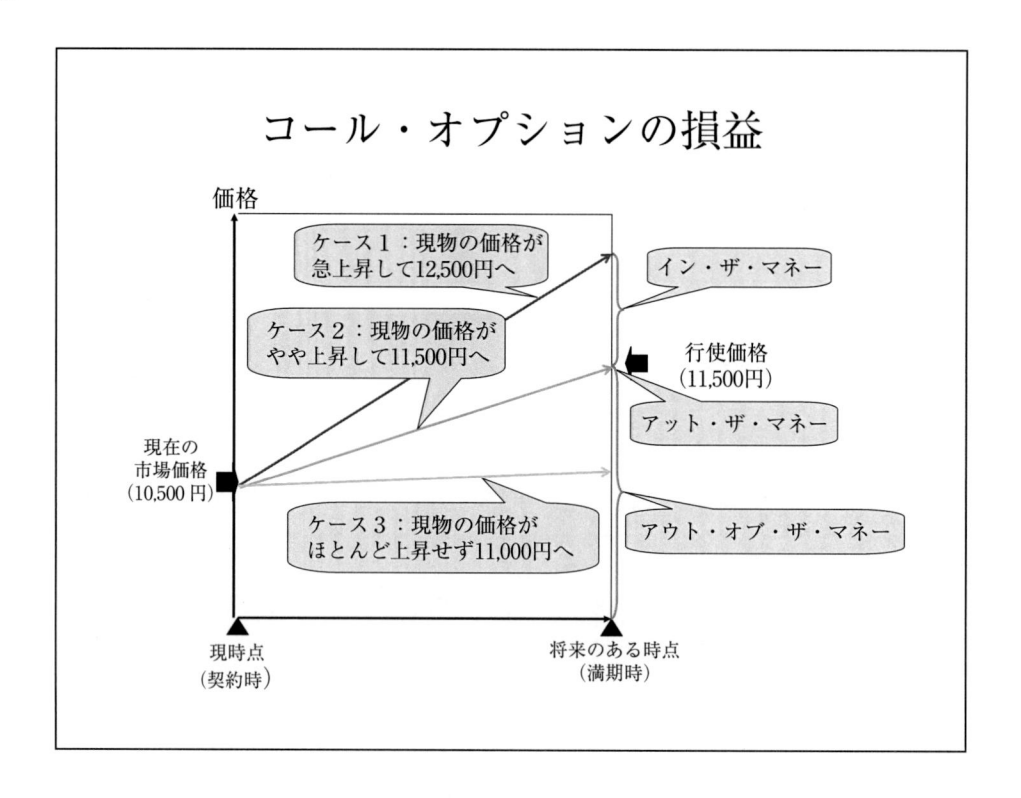

価格

- ケース1：現物の価格が急上昇して12,500円へ → イン・ザ・マネー
- ケース2：現物の価格がやや上昇して11,500円へ → 行使価格（11,500円）アット・ザ・マネー
- ケース3：現物の価格がほとんど上昇せず11,000円へ → アウト・オブ・ザ・マネー

現在の市場価格（10,500円）

現時点（契約時） ─ 将来のある時点（満期時）

　コール・オプションの損益は，契約時点で決定された行使価格を，オプション行使日時点で，原資産価格が上回っているかどうかで異なってきます。原資産価格が行使価格と等しいときは行使してもしなくても損益はゼロです。この状態を，アット・ザ・マネー（ATM：at the money）といいます。行使価格を上回るときは利益が出るのでオプションを行使します。利益は，原資産の価格と行使価格の差になりますので，原資産の価格が上昇すればするほど利益が大きくなります。この状態を，イン・ザ・マネー（ITM：in the money）といいます。行使価格を下回るときは，行使すると損失発生してしまうので，オプションは行使しません。この状態を，アウト・オブ・ザ・マネー（OTM：out of the money）といいます。

　プット・オプションの場合は逆に，行使価格に比べて原資産価格が低いほど価値が高くなります。原資産価格が行使価格と等しいときはアット・ザ・マネー，下回るときはイン・ザ・マネー，上回るときはアウト・オブ・ザ・マネーとなります。

## スワップ取引とは

> 比較的期間の長い金利，及び為替の変動リスクを回避するために広く利用されている

定められた期間内で発生するキャッシュフローを，あらかじめ定められた方法で，契約当事者間で「交換」する取引のこと

すなわち

取引時点で現在価値の等しい，ある「キャッシュフロー」と別の「キャッシュフロー」を交換する取引のこと

同一通貨間のキャッシュフローの交換をする金利スワップ，異通貨間のキャッシュフローの交換をする通貨スワップの2つが取引の中心

　定められた期間内で発生するキャッシュフローを，あらかじめ定められた方法で，契約当事者間で「交換」する取引のことをスワップ取引といいます。スワップは，比較的期間の長い金利，為替の変動リスクを回避するために広く利用されています。すなわち，取引時点で現在価値の等しい「あるキャッシュフロー」と「別のキャッシュフロー」を交換する取引のことです。同一通貨間のキャッシュフローの交換をする金利スワップ，異通貨間のキャッシュフローの交換をする通貨スワップの2つが取引の中心となっています。

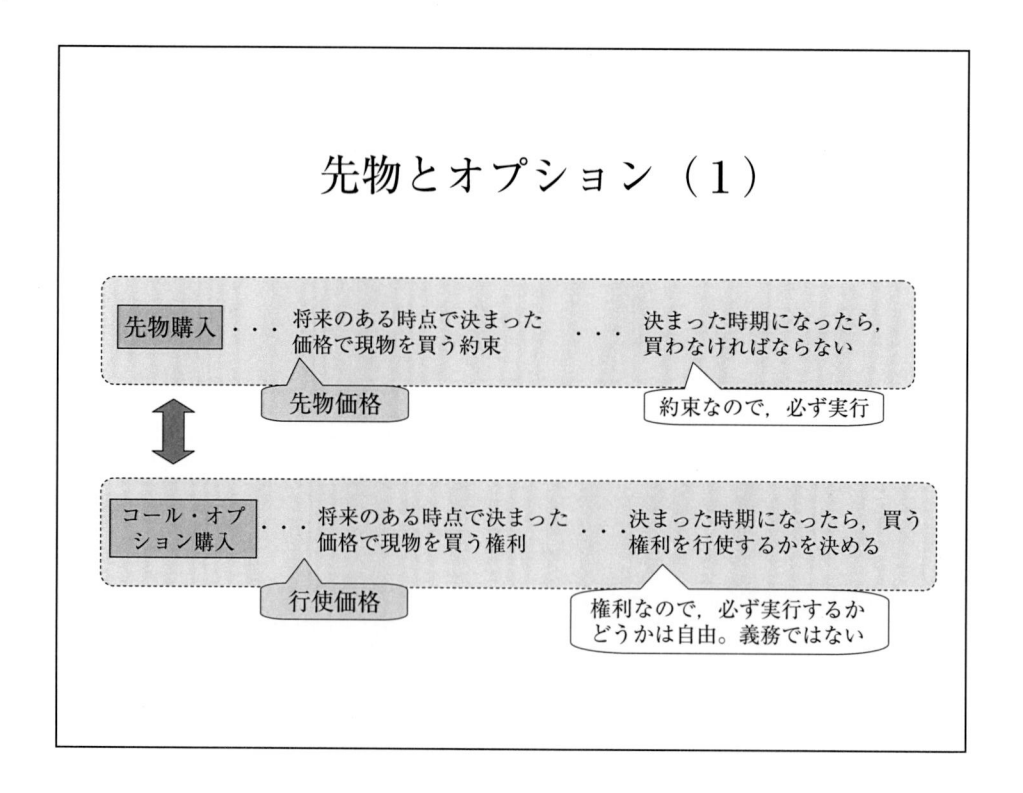

## 先物とオプション（1）

```
┌─────────────────────────────────────────────────────────────┐
│ [先物購入] … 将来のある時点で決まった  …  決まった時期になったら，│
│              価格で現物を買う約束              買わなければならない │
│                    ↑                                         │
│                 [先物価格]                   約束なので，必ず実行 │
└─────────────────────────────────────────────────────────────┘
                          ↕
┌─────────────────────────────────────────────────────────────┐
│ [コール・オプ] … 将来のある時点で決まった  …  決まった時期になったら，買う│
│   ション購入      価格で現物を買う権利          権利を行使するかを決める │
│                    ↑                                         │
│                 [行使価格]              権利なので，必ず実行するか │
│                                         どうかは自由。義務ではない │
└─────────────────────────────────────────────────────────────┘
```

　ここで，確認のために，先物とオプションを比較してみます。まず，先物ですが，先物を購入（あるいは売却）するということは，将来のある時点で決まった価格（先物価格）で現物を購入（あるいは売却）約束をすることになります。したがって，決まった時期になったら，あらかじめ決められた価格で買わなければ（あるいは売らなければ）なりません。

　次に，コール・オプションですが，コール・オプションを購入することは，将来のある時点で決まった価格（行使価格）で現物を買う権利を購入することになります。したがって，決まった時期になったら，買う権利を行使するかを決めることになります。権利なので，行使するかどうかは権利の保有者の自由です。義務ではありません。

## 先物とオプション（2）

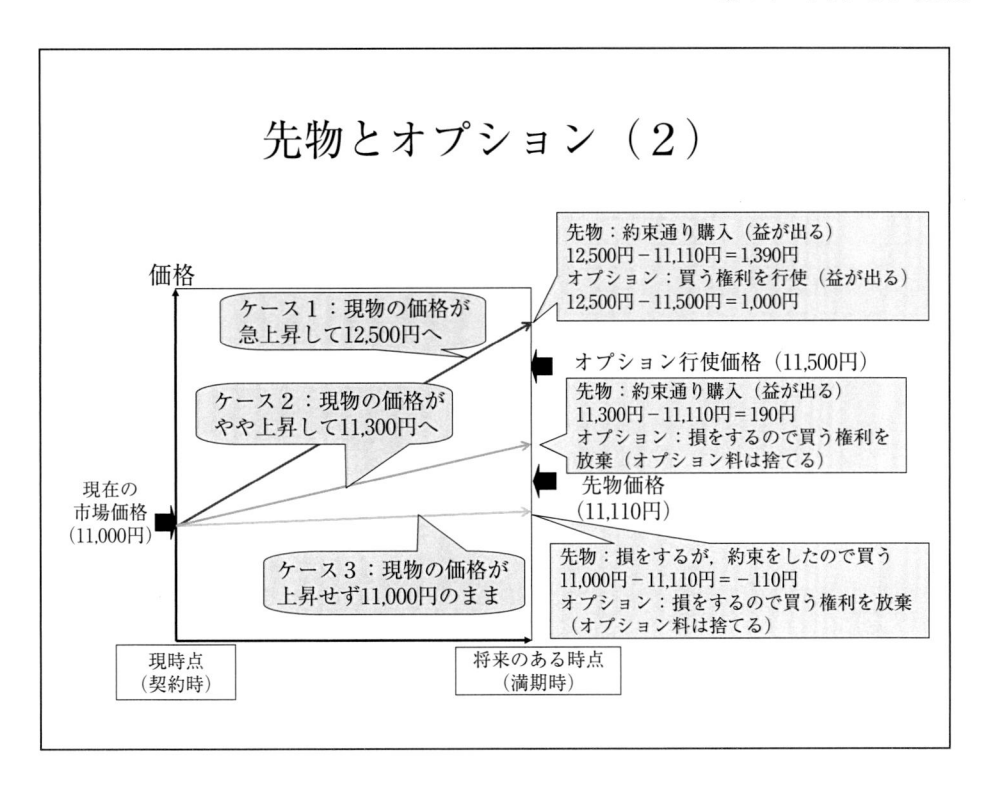

```
価格
                                    ┌──────────────────────────────┐
                                    │ 先物：約束通り購入（益が出る）      │
                                    │ 12,500円−11,110円＝1,390円       │
                                    │ オプション：買う権利を行使（益が出る）│
     ケース1：現物の価格が                │ 12,500円−11,500円＝1,000円       │
     急上昇して12,500円へ               └──────────────────────────────┘
                                    ◀ オプション行使価格（11,500円）
     ケース2：現物の価格が               ┌──────────────────────────────┐
     やや上昇して11,300円へ              │ 先物：約束通り購入（益が出る）      │
                                    │ 11,300円−11,110円＝190円         │
                                    │ オプション：損をするので買う権利を   │
 現在の                               │ 放棄（オプション料は捨てる）       │
 市場価格                              └──────────────────────────────┘
 (11,000円)                          ◀ 先物価格（11,110円）
                                    ┌──────────────────────────────┐
     ケース3：現物の価格が               │ 先物：損をするが，約束をしたので買う │
     上昇せず11,000円のまま              │ 11,000円−11,110円＝−110円       │
                                    │ オプション：損をするので買う権利を放棄│
                                    │ （オプション料は捨てる）           │
                                    └──────────────────────────────┘
  現時点                         将来のある時点
 （契約時）                      （満期時）
```

次に，先物とコール・オプションの満期時点での損益を，株式を例として確認します。現在の市場価格が 11,000 円であり，満期時点でのコール・オプションの行使価格が 11,500 円，先物価格が 11,110 円であるとします。

まず，現物の価格が急上昇して 12,500 円になった場合を考えます（ケース 1）。このとき，先物契約では現物を 11,110 円で購入する約束になってますので，約束通り購入して，12,500 円− 11,110 円＝ 1,390 円の益が出ます。一方，コール・オプションは，買う権利で，このケースでは 12,500 円− 11,500 円＝ 1,000 円の益が出ます。

次に，現物の価格がやや上昇して 11,300 円になった場合を考えます（ケース 2）。このとき，先物契約により，約束通り購入して，11,300 円− 11,110 円＝ 190 円の益が出ます。一方，コール・オプションは買う権利で，このケースでは行使価格が現物価格を上回っているので権利を行使すると損をしてしまいます。したがって，権利を放棄することになります。

最後に，現物の価格が変わらず，11,000 円のままであった場合について考えます（ケース 3）。このとき，先物契約により，約束通り購入して，11,000 円− 11,110 円＝− 110 円の損が出ます。一方，コール・オプションは，買う権利で，このケースでは行使価格が現物価格を上回っているので権利を行使すると損をしてしまいます。したがって，権利を放棄することになります。

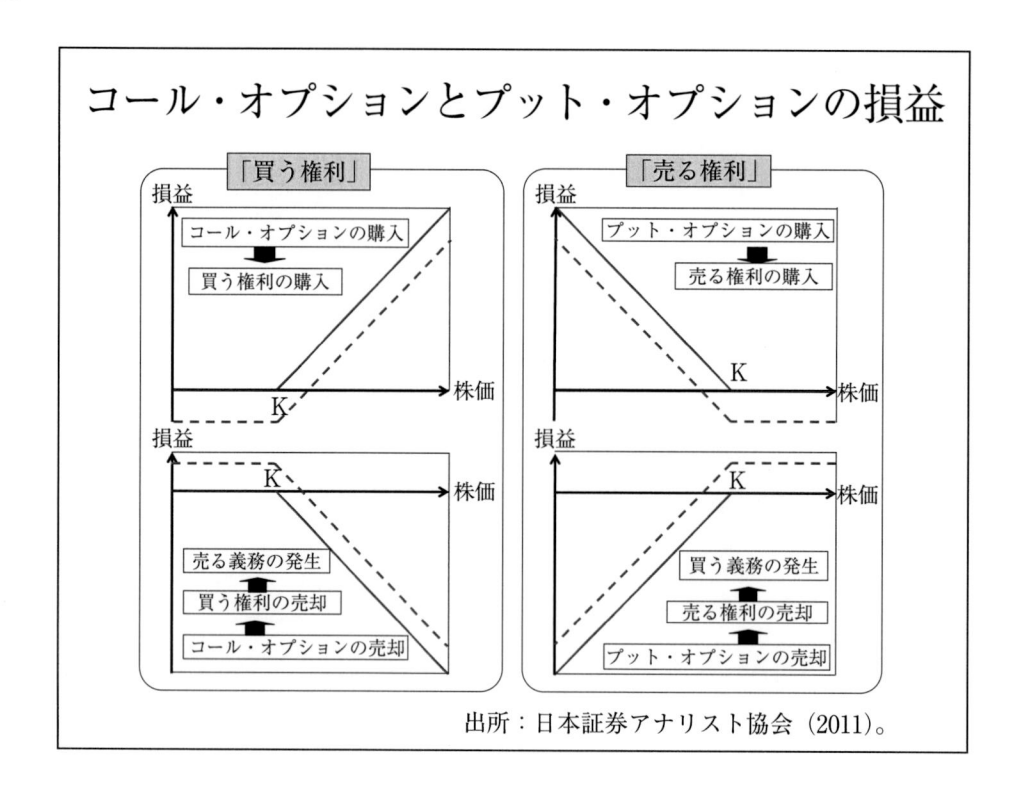

## コール・オプションとプット・オプションの損益

**「買う権利」**

損益／株価／K
- コール・オプションの購入
- 買う権利の購入

損益／株価／K
- 売る義務の発生
- 買う権利の売却
- コール・オプションの売却

**「売る権利」**

損益／株価／K
- プット・オプションの購入
- 売る権利の購入

損益／株価／K
- 買う義務の発生
- 売る権利の売却
- プット・オプションの売却

出所：日本証券アナリスト協会（2011）。

　これまでは，買う権利，すなわちコール・オプションの買いについてみてきましたが，コール・オプションの売りとプット・オプションの買いと売りについても，その損益を確認します。コール・オプションはこれまでの説明通りで，図の左上が損益（実線）です。行使価格Kよりも株価が高ければ，差額が利益となります（株価がK以下では利益は出ませんが，損失も発生しません）。損益を表す実線を平行に下にシフトした破線は，オプション料を含めたコール・オプションの損益曲線を表しています。コール・オプションの売りの損益は，図の左下のように買いの損益と反対のポジションになります。

　プット・オプションの買いの損益は，図の右上にありますが，行使価格Kよりも株価が低ければ差額が利益となります（株価がK以上では利益は出ませんが損損も発生しません）。プット・オプションの売りの損益は，上図の左下のように，買いの損益と反対のポジションになります。

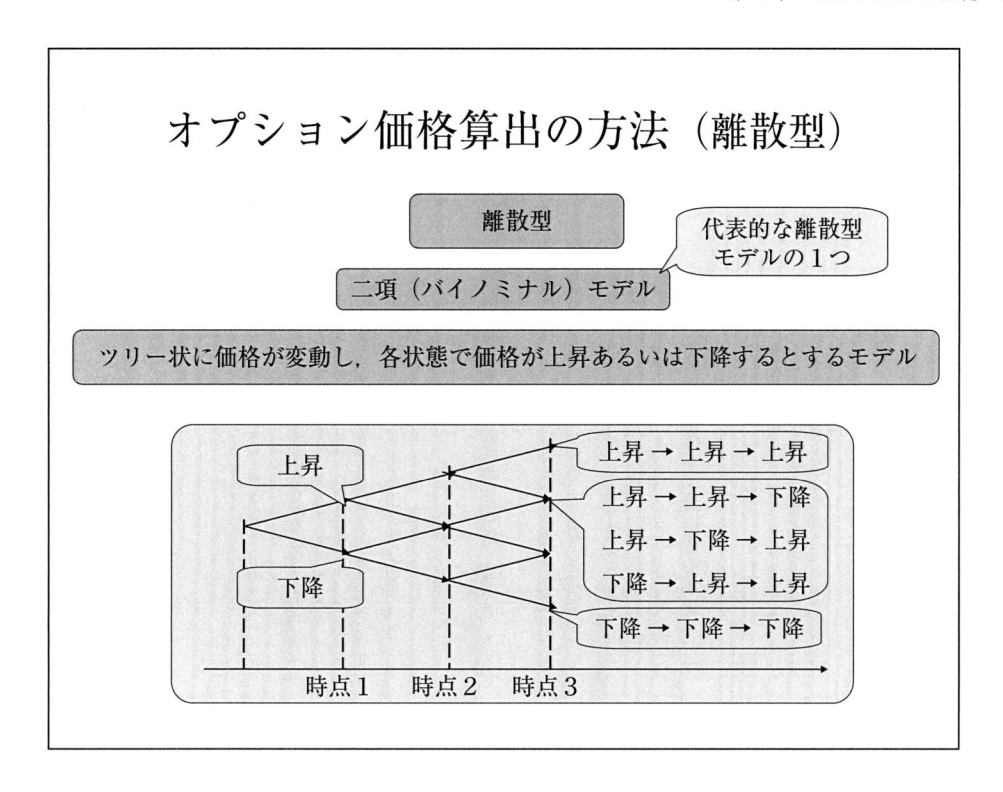

## オプション価格算出の方法（離散型）

```
                    離散型
                                    代表的な離散型
              二項（バイノミナル）モデル    モデルの1つ

  ツリー状に価格が変動し，各状態で価格が上昇あるいは下降するとするモデル
```

図：
- 上昇 → 上昇 → 上昇
- 上昇 → 上昇 → 下降
- 上昇 → 下降 → 上昇
- 下降 → 上昇 → 上昇
- 下降 → 下降 → 下降

時点1　時点2　時点3

　オプション価値を算出する方法には，2つの方法が考えられています。1つの方法は離散型（取る値が有限個しかないこと，すなわち，連続的でないこと）の二項モデルを使い，もう1つの方法は連続型（取り得る値が無限個あり，稠密に値を取り得ること）のブラック・ショールズ・モデルを使います。二項モデルは，上にあるようにツリー状に価格が変動し，各状態で価格が上昇あるいは下降するとするモデルを基本とし，これをつなげることで複雑なオプション価値を算出することができます。たとえば，3期間を考えれば，時点3での一番上の状態は，毎期上昇したことを表しています（上昇 → 上昇 → 上昇）。単純なモデルですが，便利で強力な考え方です。時点3（満期）での各状態の価格が確定するので，これらを時点2での各々の状態に割り戻します。同様に，時点1，時点0と割り引き計算を繰り返すと現時点（時点0）でのオプション価値が計算できます。

## オプション価格算出の方法（連続型）

連続型

ブラック・ショールズ・モデル

コール・オプション： $C_0 = S_0 \cdot N(d_1) - K \cdot e^{-r_f \cdot T} \cdot N(d_2)$

プット・オプション： $P_0 = -S_0 \cdot N(-d_1) + K \cdot e^{-r_f \cdot T} \cdot N(-d_2)$

$$d_1 = \frac{l_n(S_0/K) + \left(r_f + \frac{\sigma^2}{2}\right)T}{\sigma\sqrt{T}}$$

$d_2 = d_1 - \sigma\sqrt{T}$
$S_0 =$ 原資産の現時点での株価
$T =$ 満期までの時間
$r_f =$ 無リスク金利
$\sigma =$ 原資産のボラティリティ
$N() =$ 標準正規分布の累積密度関数
$K =$ 行使価格

　オプション価値を算出するもう1つの方法に，連続型のブラック・ショールズ・モデルがあります。導出の方法は，本書の範囲を超えます（導出の基本的な考え方は，二項モデルと同じで，株式オプションの場合は，無リスク金利と現物株式でオプションのキャッシュフローを複製すればよいのですが，導出が複雑です）ので，解説はせず，公式のみを示します。複雑な式になっていますが，5つの入力変数（原資産の現時点での価格，行使価格，満期までの時間，ボラティリティ，無リスク金利）が推定できれば，Excel等の表計算ソフトを使い，簡単にオプション価値を簡単に計算できます

　なお，コール・オプションとプット・オプションの間には，プット・コールパリティと呼ばれる関係式が成立し，一方の価値がわかれば，もう一方の価値も計算できます。

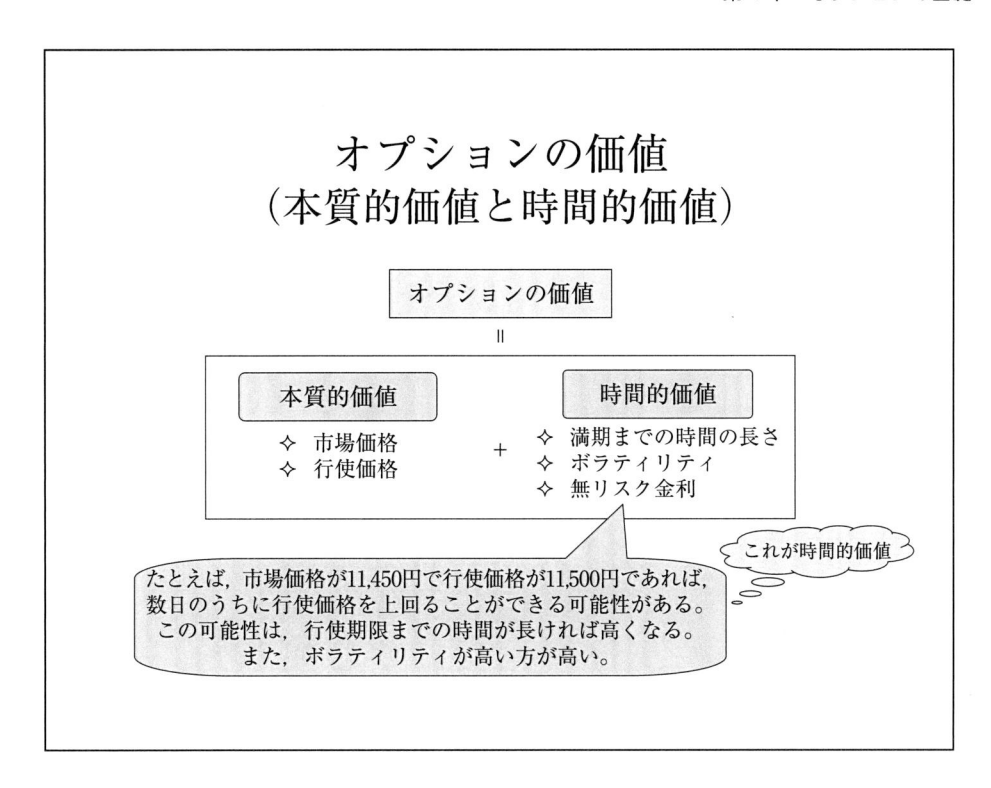

## オプションの価値
### （本質的価値と時間的価値）

```
          オプションの価値
              ＝
   ┌─────────────┬─────────────┐
   │  本質的価値  │   時間的価値  │
   │ ◇ 市場価格   │ ◇ 満期までの時間の長さ │
   │ ◇ 行使価格   │ ◇ ボラティリティ │
   │             │ ◇ 無リスク金利 │
   └─────────────┴─────────────┘
```

たとえば，市場価格が11,450円で行使価格が11,500円であれば，数日のうちに行使価格を上回ることができる可能性がある。この可能性は，行使期限までの時間が長ければ高くなる。また，ボラティリティが高い方が高い。

（これが時間的価値）

　これまでは満期時点の損益のみに焦点を当ててきましたが，これはオプションの本質的価値といわれるもので，満期時点での市場価格と行使価格の差により決定されます（満期時点ではオプションはこの価値しかありません）。

　しかし，満期までに時間があるときは，オプションの本質的価値に加えて時間的価値といわれるものがあります。この時間的価値は，満期日までの時間が長ければ長いほど，原資産の価格変動（ボラティリティ）が大きければ大きいほど，満期時点で行使価格を大きく上回る可能性が高まります。また，無リスク金利が大きいと金利コストが高まり，オプション価格に影響を与えます。これが時間的価値といわれるものです。

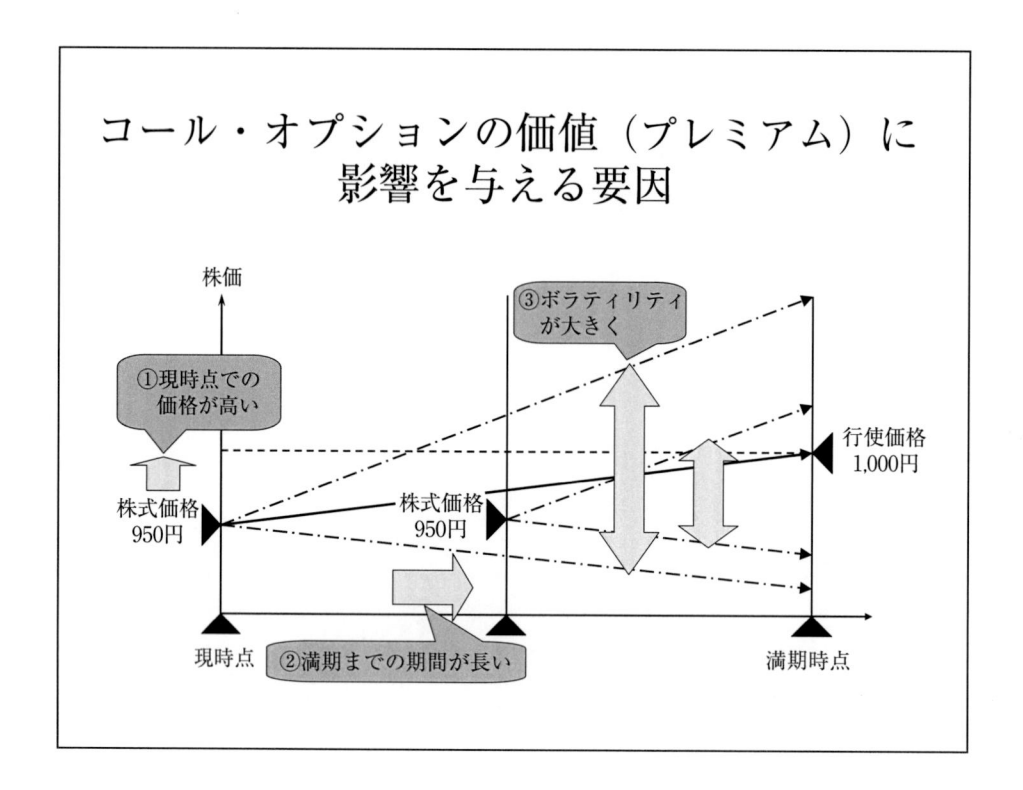

## コール・オプションの価値（プレミアム）に影響を与える要因

（図：株価を縦軸、時間を横軸にとり、現時点の株式価格950円、満期時点の行使価格1,000円を示す。①現時点での価格が高い、②満期までの期間が長い、③ボラティリティが大きく、の3要因を図示）

　株式を原資産としたコール・オプションを例に考えます。現時点での株価が高ければ高いほど，満期時点で行使価格を上回る可能性が高まるので，コール・オプションの価値（プレミアム）の価格も高くなり，現時点での株価が低くなればコール・オプションの価値（プレミアム）の価格も低くなります。また，満期までの期間が長いと，満期時点で行使価格を上回る可能性が高まるので，コール・オプションの価値（プレミアム）の価格も高くなり，期間が短くなるとコール・オプションの価値（プレミアム）の価格も低くなります。さらに，株価のボラティリティ（変動性の大きさ）が大きければ，満期時点で行使価格を上回る可能性が高まるので，コール・オプションの価値（プレミアム）の価格も高くなり，株価のボラティリティが低ければコール・オプションの価値（プレミアム）の価格も低くなります。プット・オプションについても，同様のことがいえます。

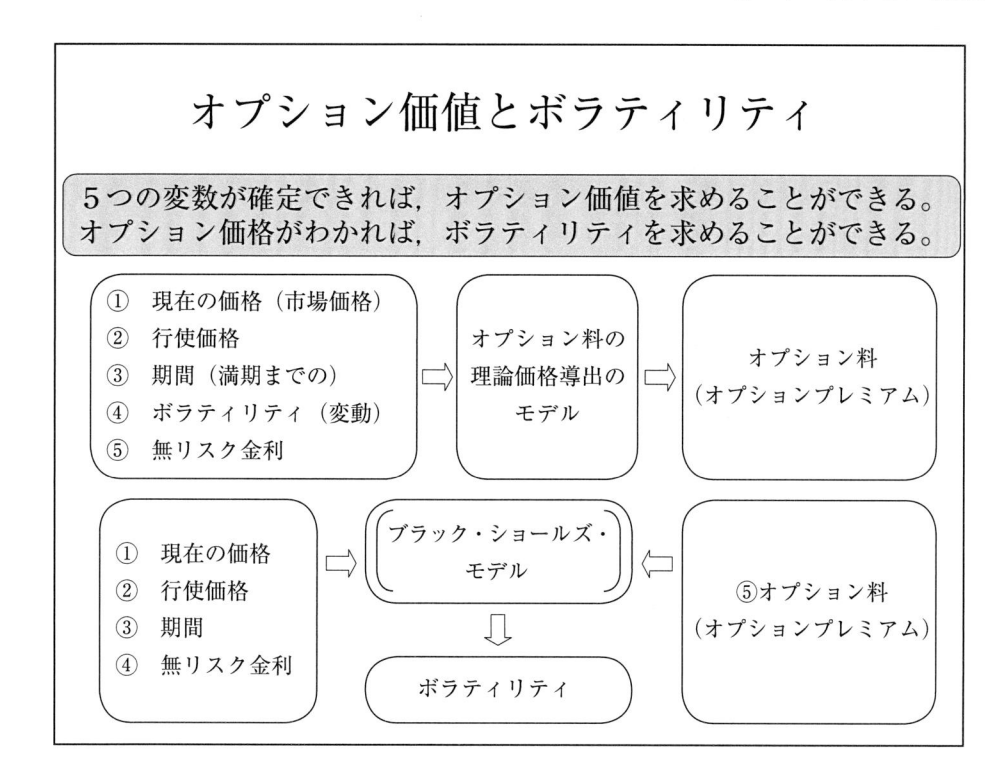

## オプション価値とボラティリティ

5つの変数が確定できれば，オプション価値を求めることができる。
オプション価格がわかれば，ボラティリティを求めることができる。

① 現在の価格（市場価格）
② 行使価格
③ 期間（満期までの）
④ ボラティリティ（変動）
⑤ 無リスク金利
→ オプション料の理論価格導出のモデル → オプション料（オプションプレミアム）

① 現在の価格
② 行使価格
③ 期間
④ 無リスク金利
→ ブラック・ショールズ・モデル ← ⑤オプション料（オプションプレミアム）
↓
ボラティリティ

　これまでの説明から，オプション価値を算出するために，市場価値（現在の価値），行使価格，満期までの時間の長さ，原資産の価格変動（ボラティリティ），無リスク金利の5つの変数がわかればよいということになります。これら5つが入力変数で，オプション価値が出力変数となります。

　実際にはブラック・ショールズ・モデルを使ってオプション価値を算出するよりも，オプションが市場で売買されているので，この売買されている市場価格を使うことで，ブラック・ショールズ・モデルを逆に使って投資家が考えているボラティリティを推定（インプライド・ボラティリティ）する場合が少なくありません。

　ボラティリティの計算方法には，原資産の過去のリターン変動から求めるヒストリカル・ボラティリティと，このインプライド・ボラティリティがあります。

> ## ブラック・ショールズ・モデル導出の仮定について
>
> ブラック・ショールズ・モデルは，以下の前提条件のもとに導出している。
>
> > ① ボラティリティ一定
> > ② 無リスク金利一定
> > ③ 原資産の収益率の分布が正規分布に従う
> > ④ オプションの行使は満期日のみ
> >   （ヨーロピアン・オプション）
>
> ➢これらの条件は，原資産が株式や通貨の場合は，それほど問題にならないものの，金利派生商品の場合などには，注意が必要である（たとえば，債券は，満期が近づくとボラティリティが小さくなり，ボラティリティは一定とはならない）。

　ブラック・ショールズ・モデルは，①ボラティリティ（資産価格の変動性）一定，②無リスク金利一定，③原資産の収益率の分布が正規分布に従う，④オプションの行使は満期日のみ（ヨーロピアン・オプション）といった強い条件を前提として導出されています。これらの条件は，原資産が株式や通貨の場合は，それほど大きな問題にはなりませんが，金利派生商品の場合などには注意が必要です（たとえば，債券は，満期が近づくとボラティリティが小さくなり，ボラティリティは一定とはなりません）。

# 第5章
# 資本コスト

---

**本章の概要**

　第5章の「資本コスト」では，コーポレート・ファイナンスで最も重要な役割を果たす資本コストについて考えます。具体的には，まず資本コストとは何か，どのような特徴をもっているかを確認し，次に資本コストを構成する株主資本コストとは何か，推定方法としてどのようなものがあるかについて解説します。さらに，株主資本コストを計算するうえで必要となる無リスク金利と株式リスク・プレミアムの具体的な推定方法や問題点について述べることとします。そして最後に，資本コストを構成するもう1つの要素である負債コスト，株主資本コストと負債コストから計算される加重平均資本コスト（WACC）について説明を行います。

---

**ポイント**

1. 資本コストとは何か
2. 株主資本コストとは何か
3. 株主資本コストの推定方法
4. 負債コストとは何か
5. 加重平均資本コスト

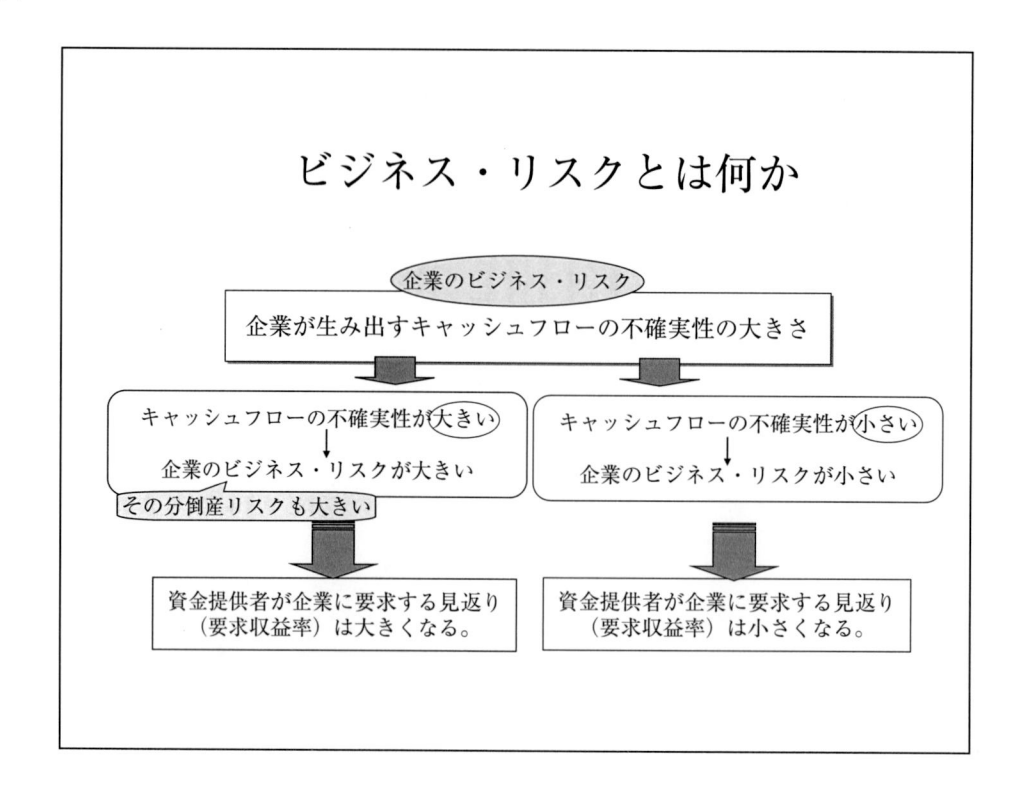

## ビジネス・リスクとは何か

```
           企業のビジネス・リスク
    企業が生み出すキャッシュフローの不確実性の大きさ
       ↓                              ↓
キャッシュフローの不確実性が大きい    キャッシュフローの不確実性が小さい
   企業のビジネス・リスクが大きい      企業のビジネス・リスクが小さい
   その分倒産リスクも大きい
       ↓                              ↓
資金提供者が企業に要求する見返り    資金提供者が企業に要求する見返り
（要求収益率）は大きくなる。       （要求収益率）は小さくなる。
```

　企業が事業活動を永続的に行うなかで発生する「ビジネス・リスク」とは，企業が生み出すキャッシュフローの不確実性の大きさとなります。このキャッシュフローの不確実性が大きければ，ビジネス・リスクは大きく，不確実性が小さければ，ビジネス・リスクは小さいということになります。

　ビジネス・リスクが大きいということは，企業の倒産するリスク（デフォルトリスク）が大きいということになります。資金提供者である投資家がこういったビジネス・リスクの大きい企業に投資しようとすると，リスクの大きさに見合う分だけ，ビジネス・リスクの小さい企業に投資する場合よりも高いリターンを要求することになります。このことは投資の原則である「リスクとリターンのトレードオフの関係」から考えると当然のことです。

## 資本コストとは（1）

投資家が要求する収益率のこと

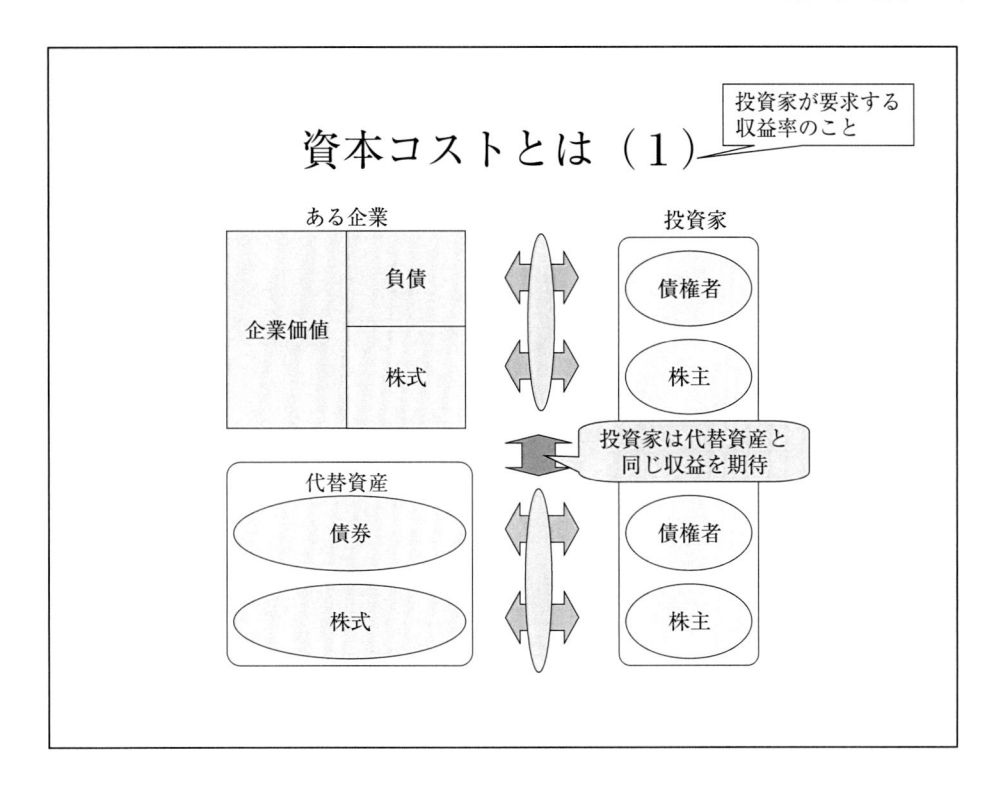

ある企業：企業価値（負債・株式）
投資家：債権者・株主
投資家は代替資産と同じ収益を期待
代替資産：債券・株式
債権者・株主

　企業が事業活動のために集めた資本提供者からの資金には，負担するビジネス・リスクの大きさに応じたコストが発生します。すなわち，債権者と株主には，リスク負担の大きさに応じたコストを支払う必要があります。このコストの大きさは，投資家側からみれば，この企業と同じリスクをもった代替資産への投資に対する要求収益率と同じ収益率を期待するはずです。株主であれば，この企業と同じようなリスクをもつ企業への株式投資の際に期待する収益率と同じ収益率を要求することになります。

## 資本コストとは（2）

資本コスト ⇒ 企業への資本提供者 が要求する機会費用

「株主」や「債権者」　　opportunity cost of capital

・株主が要求する機会費用 ＝ 株主資本コスト
・債権者が要求する機会費用 ＝ 負債コスト

企業の資本コストは，
「株主資本コスト」と「負債コスト」を合計したもの

資本コスト（特に株主資本コスト）は，コーポレート・ファイナンスの基本概念であり，実務ではほとんどの評価で必須の入力項目である。

資本コストの2つの側面

資本提供者が要求する収益率 ⇔ 企業が事業から上げるべき収益率

　この株主が要求する収益率を株主資本コストといいます。同様に，債権者が要求する収益率のことを負債コストといいます。資本コストは cost of capital の訳ですが，正確には opportunity cost of capital で，資本の機会コストを意味します。そして，企業の資本コストは「株主資本コスト」と「負債コスト」を合計したものになります。資本コスト（特に株主資本コスト）は，コーポレート・ファイナンスの基本概念であり，重要な役割を果たします。
　一方，資金の提供を受けた企業側からみると，資本コストは企業が最低限上げなければならないハードル・レートということになります。したがって，資本コストには2つの側面があることになります。すなわち，1つは資本の提供をする投資家側からみた「資本提供者が要求する収益率」，すなわち投資家の要求収益率で，もう1つは資本の提供を受ける企業側からみた「企業が事業から上げるべき収益率」です。両者は同じものを異なる方向からみたもので，同じものになります。

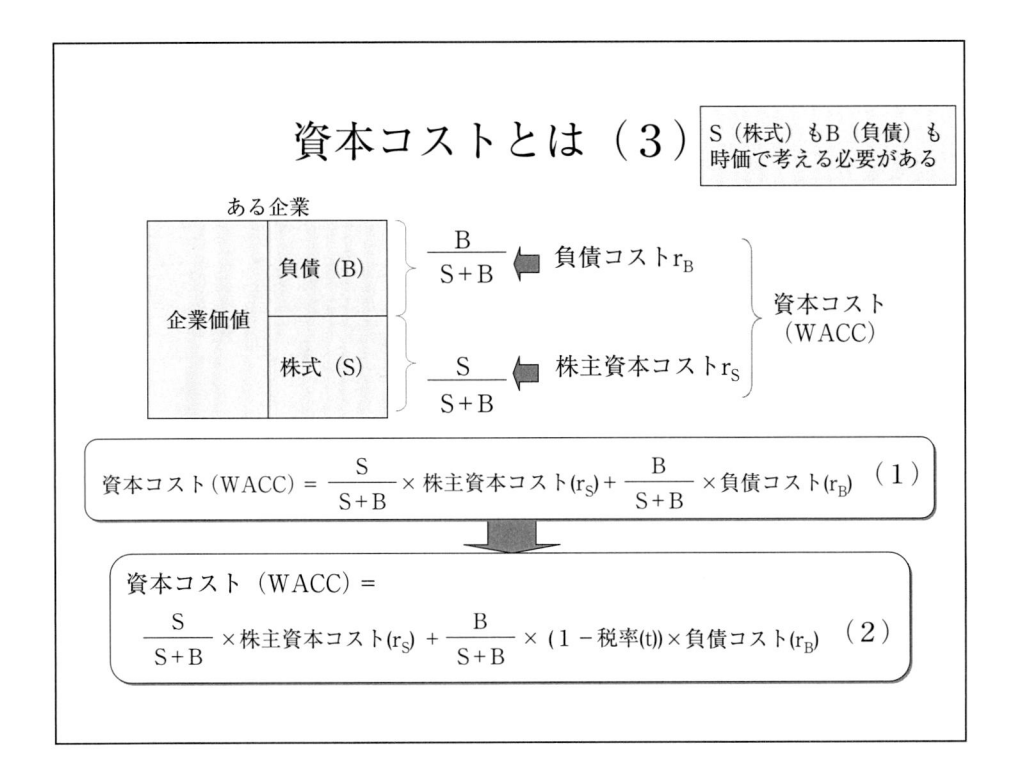

## 資本コストとは（3）

S（株式）もB（負債）も時価で考える必要がある

ある企業：企業価値 = 負債（B） + 株式（S）

$\dfrac{B}{S+B}$ ← 負債コスト $r_B$

$\dfrac{S}{S+B}$ ← 株主資本コスト $r_S$

資本コスト（WACC）

$$\text{資本コスト（WACC）} = \dfrac{S}{S+B} \times \text{株主資本コスト}(r_S) + \dfrac{B}{S+B} \times \text{負債コスト}(r_B) \quad (1)$$

$$\text{資本コスト（WACC）} = \dfrac{S}{S+B} \times \text{株主資本コスト}(r_S) + \dfrac{B}{S+B} \times (1-\text{税率}(t)) \times \text{負債コスト}(r_B) \quad (2)$$

　企業が預かった資金は，株式と負債に大まかに分類されます。したがって企業全体としての資本コストは，両者を合計したものと考えられます。具体的な合計の方法は負債額（時価）と株式価値（時価）の割合で，負債コストと株主資本コストを重み付けしたものが使われます。こうして計算された資本コストは，加重平均資本コスト（WACC：Weighted Average of Cost of Capital）と呼ばれ，具体的な計算式は（1）式の通りです。

　一方，現実の世界では，税金が存在し，（1）式は税率を考慮した形に修正する必要があります。導出の方法は省略しますが，税率を考慮して修正した結果は，（2）式のようになります。負債コストは，税率の分だけ負担が軽くなり，企業全体の資本コストも低く抑えられます。

　なお，負債と株式の価値は，通常，時価を使うことが理論的に正しい考え方です。

## 資本コストとマーケットからの情報の活用

- 株主の期待収益率は株価に反映
- 債権者の期待収益率は社債の利回りに反映

↓

マーケット情報から資本コスト推定に必要な情報が得られる

　資本コストを推定しようとすると，推定の難しい変数が数多く存在することに気付きます。たとえば，株主の期待収益率や債権者の期待収益率を推定することは簡単ではありません。しかし，株主の期待収益率は株価に反映されます。また，債権者の期待収益率は社債の利回りに反映されます。すなわち，マーケット情報から資本コスト推定に必要な情報が得られる場合があります。

　もちろん，該当企業が上場していなければ株価はわかりません。また，上場していても，社債を発行していなければ，社債の利回りはわかりません。別の方法で推定する必要があります。しかし，マーケット情報からは信頼性の高い情報が得られやすいので，これらの情報を最大限活用することで，より妥当な資本コストの推定が可能となります。

## 株主資本コストとは

株主の要求収益率とは
- ＝該当企業と同じ大きさのリスクをもった代替資産に要求する収益率
- ＝その企業のリスク負担への対価

株式の価値算出に必要な割引率の推定は難しい
- 代表的な株主資本コストの推定方法がいくつか存在

代表的な方法を示すと
① 資本資産価格評価モデルによる方法
② 配当割引モデルによる方法
③ 残余利益モデルによる方法
④ Fama and French（1993）の3ファクターモデルによる方法　等

　株主資本コスト，すなわち株主要求収益率は，該当企業と同じ大きさのリスクをもった代替資産に要求する収益率と同じであり，その企業のリスク負担への対価です。株式の価値算出に必要な割引率の推定は難しいものの，代表的な株主資本コストの推定方法がいくつか存在し，実際に使われています。具体的には，株主資本コスト推定の代表的な方法として，①資本資産価格評価モデルによる方法，②配当割引モデルによる方法，③残余利益モデルによる方法，④ Fama and French（1993）の3ファクターモデルによる方法などがあります。これらのなかで広く使われているのは，資本資産価格評価モデルによる方法です。

## 資本資産価格評価モデルによる推定

最も広く使われているのは資本資産価格評価モデルによる方法

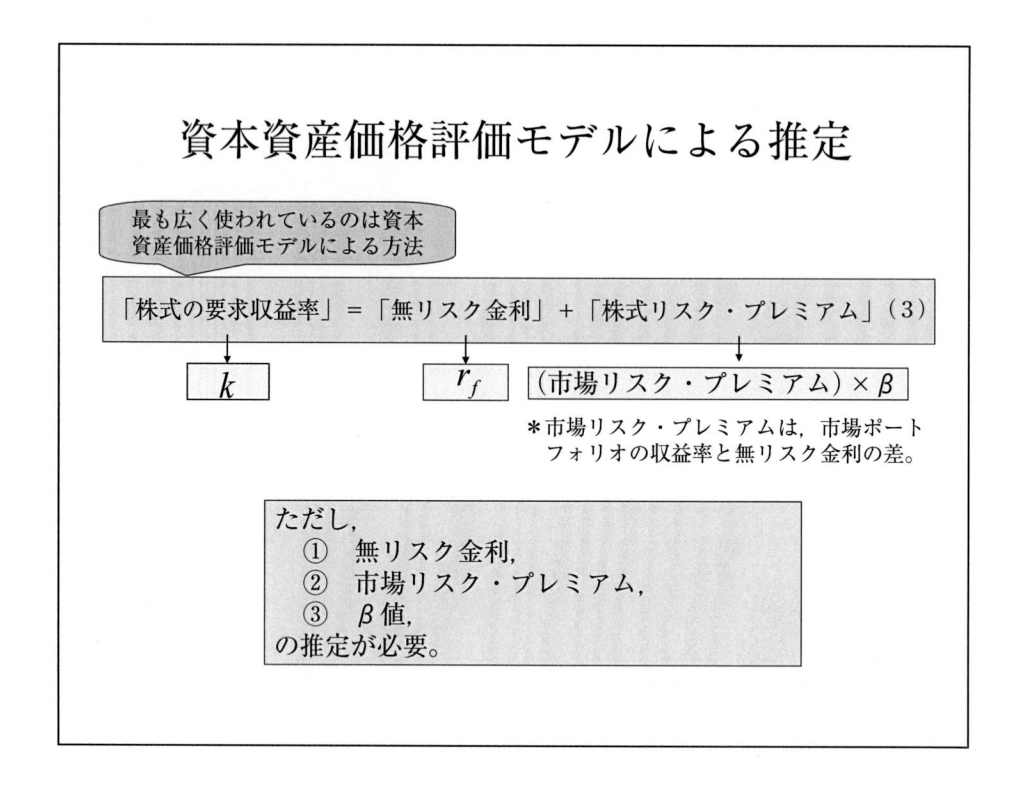

「株式の要求収益率」 = 「無リスク金利」 + 「株式リスク・プレミアム」　(3)
　　　　↓　　　　　　　　　　↓　　　　　　　　　　↓
　　　　$k$　　　　　　　　　$r_f$　　　　（市場リスク・プレミアム）× $\beta$

＊市場リスク・プレミアムは，市場ポートフォリオの収益率と無リスク金利の差。

ただし，
① 無リスク金利，
② 市場リスク・プレミアム，
③ $\beta$ 値，
の推定が必要。

　資本資産価格評価モデルをもとに，株式の要求収益率を推定する方法について解説します。(3)式にあるように，株式の要求収益率は，無リスク金利と株式リスク・プレミアム（株式リスク・プレミアムは株式市場の市場（リスク）プレミアムと$\beta$値から計算されます）の和で表すことができます。ここで，$\beta$値は，株式市場全体の収益率に対する該当企業の収益率の感応度を示しています。
　実際に，株式の要求収益率を計算しようとすると，①無リスク金利，②市場リスク・プレミアム，③$\beta$値，の推定が必要となります。

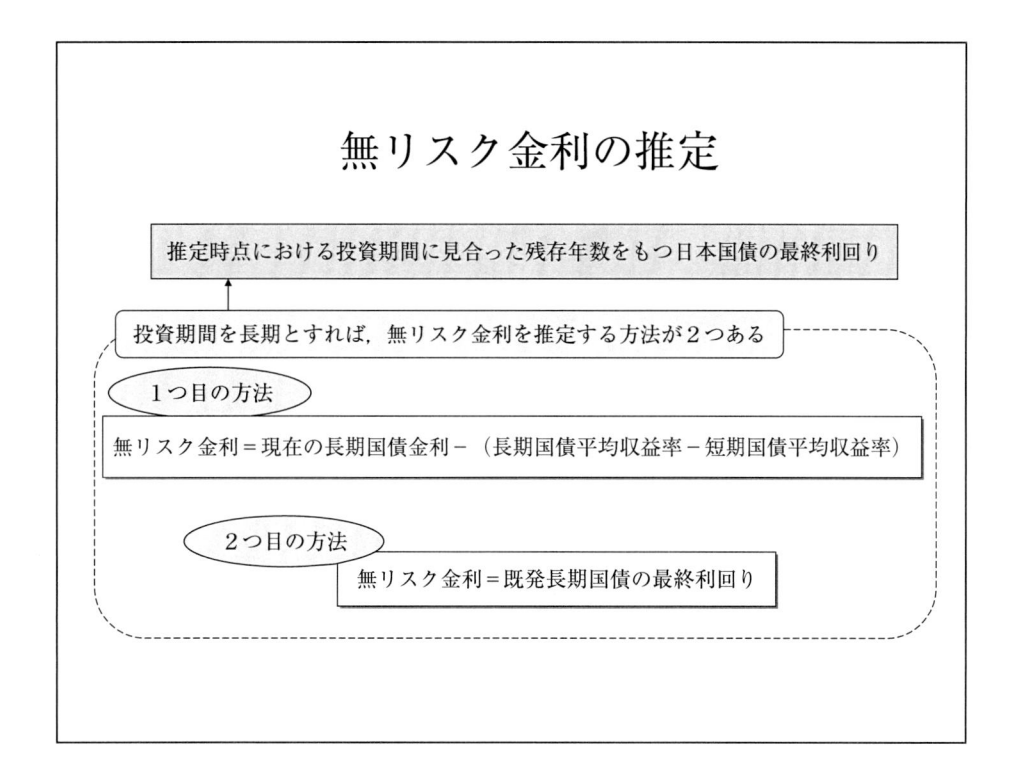

```
┌─────────────────────────────────────────────────────────────┐
│                                                             │
│                   無リスク金利の推定                         │
│                                                             │
│      ┌──────────────────────────────────────────────────┐   │
│      │ 推定時点における投資期間に見合った残存年数をもつ日本国債の最終利回り │   │
│      └──────────────────────────────────────────────────┘   │
│       ┌──────────────────────────────────────────┐          │
│       │ 投資期間を長期とすれば，無リスク金利を推定する方法が２つある │          │
│       └──────────────────────────────────────────┘          │
│        ╭──────╮                                             │
│        │1つ目の方法│                                          │
│        ╰──────╯                                             │
│        ┌──────────────────────────────────────────────┐      │
│        │ 無リスク金利＝現在の長期国債金利－（長期国債平均収益率－短期国債平均収益率） │      │
│        └──────────────────────────────────────────────┘      │
│            ╭──────╮                                         │
│            │2つ目の方法│                                      │
│            ╰──────╯                                         │
│            ┌────────────────────────────┐                    │
│            │ 無リスク金利＝既発長期国債の最終利回り │                    │
│            └────────────────────────────┘                    │
└─────────────────────────────────────────────────────────────┘
```

　無リスク金利を推定する際には，一般に国債を用いますが，その際に用いる国債は，割引く対象のキャッシュフローの期間の長さを基準に選定することになります。

　短期の投資プロジェクト評価には満期の短い国債を，企業や事業部門の評価には満期の長い国債を選ぶのが合理的と考えられます（短期国債の金利は金融政策の影響を大きく受けるので，一般的には，長期キャッシュフローを割引くための株主資本コストには適さないと考えられます。なお，理論上，株主資本コストは金利の期間構造に従い，年毎に変化することになります）。

　無リスク金利の具体的な推定には，①発行済み長期国債の金利から長期国債と短期国債の平均収益率スプレッドの差を取る，②発行済み長期国債の最終利回りを利用するという２つの方法が推奨されます。

## 株主資本コスト
### (株式リスク・プレミアムの推定)

> 過去のデータをもとに，将来の株式リスク・プレミアムを推定する

過去の状況が将来も続くという前提の下で，過去の株式リスク・プレミアムの平均から将来の株式リスク・プレミアムを推定する。

過去の株式リスク・プレミアムは一般に，
> 市場インデックスの実績収益率
> 短期または長期国債の実績収益率

の年ごとの差を平均して計算する。

> ただし，この推定方法には次のような問題点がある。
> ・どれくらいの期間の平均をとるか，
> ・生存バイアスにより上方に偏っていないか

　次に，株式リスク・プレミアムの推定ですが，過去のデータをもとに，将来の株式リスク・プレミアムを推定する方法が広く採用されています。この方法は，過去の状況が将来も続くという前提の下で，過去の株式リスク・プレミアムの平均から将来の株式リスク・プレミアムを推定するという考え方です。
　過去の株式リスク・プレミアムは一般に市場インデックスの実績収益率と短期または長期の国債の実績収益率の年ごとの差を平均して計算されます。しかしこの過去データを使った推定方法には，平均する期間の長さをどれくらいにするか，生存バイアスがないかといった問題があります。また，市場インデックスの選定にも注意が必要です。

## 株主資本コストの推定

個々の株式の株主資本コストを推定するため、市場のリスク・プレミアムに、個別株式の市場ポートフォリオに対する感応度を表す「β係数」を掛ける。

- β係数は、インデックス収益率に対して企業の株式収益率を回帰することで得られた直線の傾きである。
- 将来のβの適切な推定値を導くために、たとえば、Blume（1971）の修正方法に従い修正を加えるなどの工夫が必要。

（株主資本コスト）
＝（10年満期国債の利回り）＋（株式リスク・プレミアム）×（企業のβ）

　次に、個々の株式の資本コストを推定するため、市場のリスク・プレミアムに、個別株式の市場ポートフォリオに対する感応度を表す「β係数」をかけることになります。β値は、インデックス収益率に対して企業の株式収益率を回帰することで得られた直線の傾きです。ただし、将来のβの適切な推定値を導くために、Blume（1971）の修正方法に従い修正を加えるなど、工夫が必要になります。こうして求められたβ値を使い、株式リスク・プレミアムに（修正した）β値を掛け、たとえば10年満期国債の利回りを加えることで、株主資本コストが得られます。

（注）Blume（1971）の修正は、「修正後 $\beta$ = 0.333 + 修正前 $\beta$ × 0.667」より計算。

## 株主資本コストの推定

個別銘柄の収益率から β 値を求めることが基本。不安定な場合は，該当する企業の業種に着目して，該当業種の収益率から β 値を求め，これを個別銘柄の β 値として使用する方法もある。

（個別銘柄の収益率データから推定した β 値は，安定性に欠ける）

$$R_{i,t} - R_{f,t} = \alpha_i + \beta_i(R_{m,t} - R_{f,t}) + \varepsilon_{i,t}$$

$R_{i,t}$：銘柄 $i$ の $t$ 時点での収益率
$R_{f,t}$：$t$ 時点での無リスク金利
$\alpha_i$：銘柄 $i$ の $\alpha$ 値
$\beta_i$：銘柄 $i$ の $\beta$ 値
$R_{m,t}$：$t$ 時点でのTOPIXの収益率
$\varepsilon_{i,t}$：誤差項

（企業によっては，業種の特定が難しい企業や事業規模が大きく異なることもあり，機械的な作業では，適切な β 値の推定はできないことに注意が必要）

　ベータ値の推定は，個別銘柄の収益率データから求めることが基本です。しかし，推定した β 値は，安定性に欠けることが多いことが知られています。その場合，個別銘柄の収益率から β 値を求める代わりに，該当する企業の業種に着目して，該当業種の収益率から β 値を求め，これを個別銘柄の β 値として使用する方法もあります。ただし，企業によっては，業種の特定が難しかったり，同じ業種でも事業規模が大きく異なることもあり，適切な β 値の推定はできない場合もあることに注意が必要です。

## 株主資本コストの推定
### （CAPMの拡張）

#### Fama and French（1993）の研究

・CAPMの$\beta$は，期待収益率をほとんど説明できていない。
・期待収益率を説明する要素は$\beta$以外に2つある。
　① 時価総額を尺度とした企業の規模
　② 簿価時価比率の高さ

Fama and French（1993）は，CAPMよりも3ファクターモデルの方がクロスセクションでの株式収益率を説明することを示した。

---

　CAPM以外にも，個別株式の収益率を説明しようとするモデルが考えられますが，実証的に説明力の高いモデルとして，Fama and French（1993）が示した3ファクターモデルがあります。

　Fama and French（1993）は，CAPMの$\beta$は，期待収益率をほとんど説明できていないこと，期待収益率を説明する要素は$\beta$以外に2つあることを示しました。この2つの要素とは，①「時価総額を尺度とした企業の規模（簿価時価比率）」と②「簿価時価比率の高さ（規模）」で，「時価総額を尺度とした企業の規模」は，規模の小さい企業は$\beta$値の大きさで調整した以上に平均収益が高くなること，「簿価時価比率の高さ」は簿価比率の高い企業ほど，平均収益率は高い傾向があることを示しました。

　Fama and French（1993）は，CAPMよりも3ファクターモデルの方がクロスセクションでの株式収益率を説明することを実証的に示しました。

## 株主資本コスト推定の留意点

① 回帰分析の結果は分析期間の長さや時期により大きく変わり不安定
② 個別銘柄の収益率データから$\beta$値を推定すると統計的に有意な$\beta$値が求まりにくい
③ ブルームの修正や業種$\beta$を使う方法で，より安定的な$\beta$値推定が試みられているが，十分ではない。
④ 回帰分析では，データ数を増やすと統計的に有意になりやすくなるが，長期のデータを使うことには注意が必要（企業の体質が変化している可能性がある）

↓

株主資本コスト推定に画一的，機械的な方法は存在しない。
分析者が細心の注意を払い，妥当な方法をみつけ，推定する必要がある。

---

　株主資本コスト推定に際しては，たとえば，①回帰分析の結果は分析期間の長さや時期により大きく変わり不安定，②個別銘柄の収益率データから$\beta$値を推定すると統計的に有意な$\beta$値が求まりにくい，③ブルームの修正や業種$\beta$を使う方法で，より安定的な$\beta$値推定が試みられているが，十分ではない，④回帰分析では，データ数を増やすと統計的に有意になりやすくなるが，長期のデータを使うことには注意が必要（構造変化している可能性がある）など，留意すべき点がいくつかあります．

　株主資本コスト推定に際しては，画一的，機械的な方法は存在しないと考えられています。分析者が細心の注意を払い，妥当な方法をみつけ，推定する必要があります。

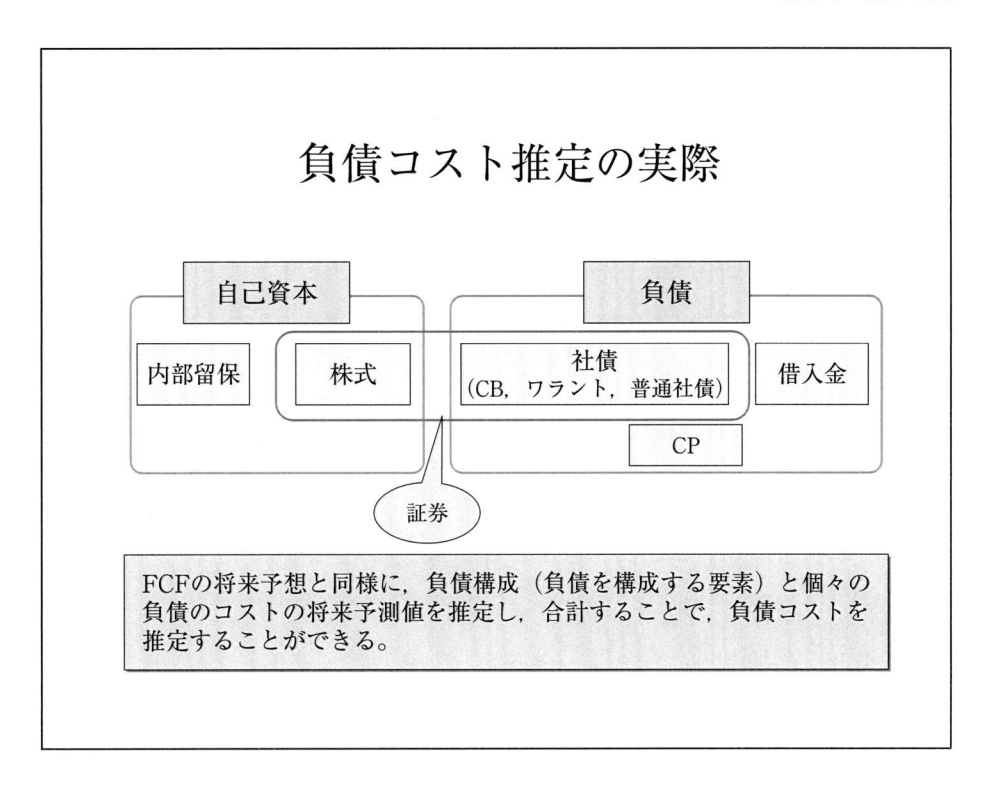

## 負債コスト推定の実際

```
┌─────────自己資本─────────┐  ┌──────────負債──────────┐
│  ┌──────┐  ┌──────┐  │  │  ┌──────────────┐  ┌──────┐
│  │内部留保│  │ 株式 │  │  │  │   社債       │  │借入金│
│  └──────┘  └──────┘  │  │  │(CB,ワラント,普通社債)│  └──────┘
└───────────────────────┘  │  └──────────────┘            │
                            │              ┌────┐          │
                            │              │ CP │          │
                            │              └────┘          │
                            └─────────────────────────────┘
                    証券
```

FCFの将来予想と同様に，負債構成（負債を構成する要素）と個々の負債のコストの将来予測値を推定し，合計することで，負債コストを推定することができる。

　ここで，負債コストの推定方法について考えます。負債を構成する要素として，普通社債，転換社債型新株予約件付社債（略してCB：Convertible Bond），ワラント（以上は社債として分類），借入金，コマーシャル・ペーパーなどがあります。

　フリー・キャッシュフローの将来予想と同様に，負債構成（負債を構成する要素）と個々の負債のコストの将来予測値推定し合計することで，負債コストを推定することができます。

　しかし，負債の構成要素を将来に渡って予測することは簡単ではないため，推定時点での構成要素と比率から負債コストを計算してこれをそのまま将来の負債コストとして利用することが一般的です。

## 資本構成の実際

市場に上場されていて，市場での評価が適切であれば，株式時価総額を利用

企業価値＝株式時価総額＋負債時価総額

簿価と時価の差は株式と比較して小さいと想定されるので，簿価が使われている

$$\text{株主資本コストに対応した割合} = \frac{\text{株式時価総額}}{\text{企業価値}}$$

$$\text{負債コストに対応した割合} = \frac{\text{負債時価総額}}{\text{企業価値}}$$

　前述の通り，加重平均資本コストの計算をする際，株主資本コストと負債コストを重み付けする必要があります。このとき，株主資本コストに対応した割合は，該当企業が市場に上場されていて，市場での評価が適切であれば，株式時価総額を利用し，これを企業価値（株式時価総額と負債時価総額の和）で割ったものになります。負債コストに対応した割合は，負債時価総額が必要になりますが，一般に負債の時価の推定も簡単ではありません。簿価と時価の差が株式と比較して小さいと想定して，簿価が使われます。すなわち，負債時価の代わりに負債簿価を利用して，これを企業価値で割ったものが負債コストに対応した割合になります。

## 法人税率の推定

```
負債の節税効果を考慮するための法人税が必要
          ↓
法定法人税率を使うと，法人税を支払っていない企
業の節税効果を過大評価してしまう可能性がある。
          ↓
個々の企業に対して，適切な法人税率を推定する必要がある。これ
が不可能であれば，限界税率を適用するなどの工夫が必要となる。
          ↓
（1単位当たりの課税所得が発生した
ときに生まれる法人税の現在価値）

WACCを推定する際には，法定法人税率を安易に適用する
のではなく，適切な法人税率を設定する必要がある。
```

　資本コストを加重平均資本コストから計算するためには，負債の節税効果を考慮するための法人税率の推定が必要となります。このとき，法定法人税率を使ってしまうと，法人税を支払っていない企業の節税効果を過大評価してしまう可能性があります。そのため，企業アナリストが将来キャッシュフローを予測する際には，法人税率についても同様のレベルでの予測を行うことが適切となります。しかし，こういった精緻な予測作業をすることができない場合には，限界税率（1単位当たりの課税所得が発生した時に生まれる法人税の現在価値）を適用することも考えられます。

　加重平均資本コストを推定する際には，法定法人税率を安易に適用するのではなく，適切な法人税率を設定する必要があります。

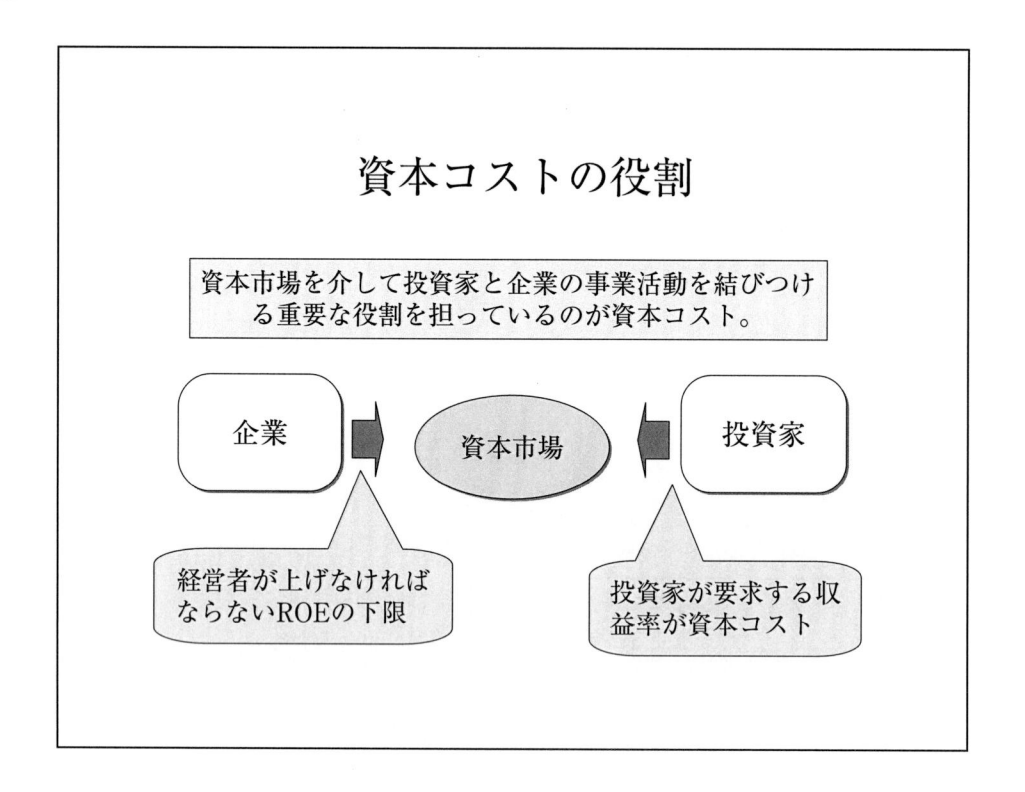

## 資本コストの役割

> 資本市場を介して投資家と企業の事業活動を結びつける重要な役割を担っているのが資本コスト。

企業 → 資本市場 ← 投資家

- 経営者が上げなければならないROEの下限
- 投資家が要求する収益率が資本コスト

　これまで解説をしてきた資本コストは，コーポレート・ファイナンスのキーワードであり，資本市場を介して投資家と企業の事業活動を結びつける重要な役割を担っていることが確認できたと思います。すなわち，投資家からみれば，資本コストは投資家が該当企業に対して要求する収益率であり，企業（経営者）からみれば，経営者が上げなければならないROEの下限（ハードルレート）を示していることになります。
　したがって，資本コストを適切に推定することは重要なことになります。

# 第6章
# 投資案件の評価

---

**本章の概要**

　企業価値を高めるためには，新規投資案件の適切な評価と選択を行うことが重要となります。この評価と選択を誤ると，企業価値を高められないどころか，企業価値を毀損してしまう恐れもあります。本章では，まず，一般に広く使われている投資案件採決の代表的な尺度を概観し，その問題点を確認します。次に，これらのなかで最も適切と考えられる正味現在価値法と内部収益率法について詳しく確認し，正味現在価値法が最良の尺度であることを示します。そして，最後に，正味現在価値法活用の留意点について確認することにします。

---

**ポイント**

1．代表的な投資案件評価方法と問題点
2．正味現在価値法とは
3．内部収益率法とは
4．内部収益率法と正味現在価値法の違い
5．正味現在価値法活用の留意点

## 投資案件採決の評価方法

企業経営者は，株式価値（企業価値）向上を目的として，新規投資の採否を決断しなければならない。

投資案件の採否を判定するためのいろいろな評価方法が存在

1．正味現在価値法（NPV：Net Present Value）
2．回収期間法（Payback Period）
3．平均投資収益率法（Average Rate of Return）
4．内部収益率法（IRR：Internal Rate of Return）

NPVがプラスの新規投資案件を採用することで，株式価値が向上することがわかる。

　企業経営者は，株式価値（企業価値）向上を目的として，企業の経営計画に基づいて提案された新規投資案件の採否を決断しなければなりません。投資案件の採否を判定するために，いろいろな基準が考えられ，使われてきました。正味現在価値法（NPV：Net Present Value），回収期間法（Payback Period），平均投資収益率法（Average Rate of Return），内部収益率法（IRR：Internal Rate of Return）などが代表的な評価方法です。以下では，正味現在価値が，単純ですが最も信頼できる指標であることを示します。NPVがプラスとなる新規投資案件は，株主価値を高めます。

## 正味現在価値

**正味現在価値（Net Present Value：NPV）**
ある投資の価値を現在時点での価値に換算したもの

$$NPV = CF_0 + \frac{CF_1}{1+r} + \frac{CF_2}{(1+r)^2} + \frac{CF_3}{(1+r)^3} + \cdots + \frac{CF_T}{(1+r)^T} \quad (1)$$

各時点のキャッシュフローは各時点の収入と支出の和であり，これを現在価値に割り引いたものの総和がこの投資の正味現在価値となる

　ある投資案件の価値を現在時点での価値に換算したものを正味現在価値（Net Present Value：NPV）といいます。すなわち，該当投資案件から生じるキャッシュフローを資本コストで現在価値に割り引いて総和を取ったものが，正味現在価値です。

　各時点のキャッシュフローは，各時点の収入と支出を合計したものであり，これを現在価値に割り引いたものの総和がこの投資の正味現在価値となります。具体的には（1）式に，各期のキャッシュフローと割引率を代入して正味現在価値を算出します。

## 正味現在価値の計算で割引く利益

NPVの計算で割引かれる利益は，会計上の利益でなく，フリー・キャッシュフロー

資金の流入から流出を引いた「ネットの利益」である

具体的なネットの利益は

営業利益×（1－法人税率）＋資金流出を伴わない費用－設備投資－正味運転資本の増分

資金流出を伴わない費用：減価償却費，繰延税金，引当金の繰り入れなど

　正味現在価値法を使い投資案件を評価する際，注意が必要となる2つの要素について考えます。まず第1に，(1)式の分子に該当する利益としては，会計上の利益でなく，資金の流出入をすべて合計したフリー・キャッシュフローと呼ばれる利益が用いられます。

　ここでいうフリー・キャッシュフローとは，「営業利益×（1－法人税率）＋資金流出を伴わない費用－設備投資－正味運転資本の増分」という4つの要素から計算されます。ここで，資金流出を伴わない費用とは，減価償却費，繰延税金，引当金の繰り入れなどを指します。

## 正味現在価値の計算で使用する割引率

NPVの計算で使用する割引率は，該当投資案件に対応した割引率

**該当企業の資本コストではない**

該当企業の資本コストが使われることが多いが，これは投資案件のリスク特性と該当企業のリスク特性が類似している場合のみ

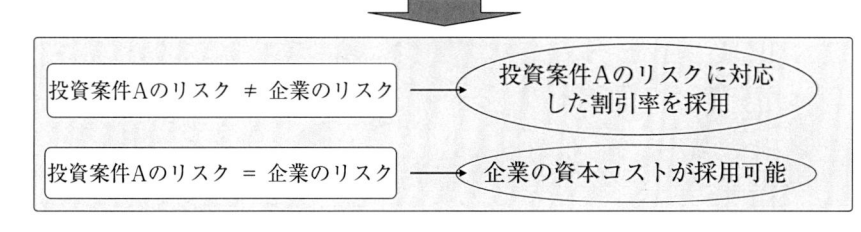

- 投資案件Aのリスク ≠ 企業のリスク → 投資案件Aのリスクに対応した割引率を採用
- 投資案件Aのリスク ＝ 企業のリスク → 企業の資本コストが採用可能

　NPV法を使い投資案件を評価する際，注意が必要となるもう1つの要素について考えます。(1) 式の分母で使用する割引率は，該当投資案件のリスクの大きさに対応した割引率が必要であり，該当企業の資本コストではありません。該当企業の資本コストが使われることがありますが，これは投資案件のリスク特性と該当企業のリスク特性が類似している場合のみ認められることになります。投資案件のリスクと該当企業のリスクが等しくなければ，投資案件に対応した割引率を推定する必要があります。

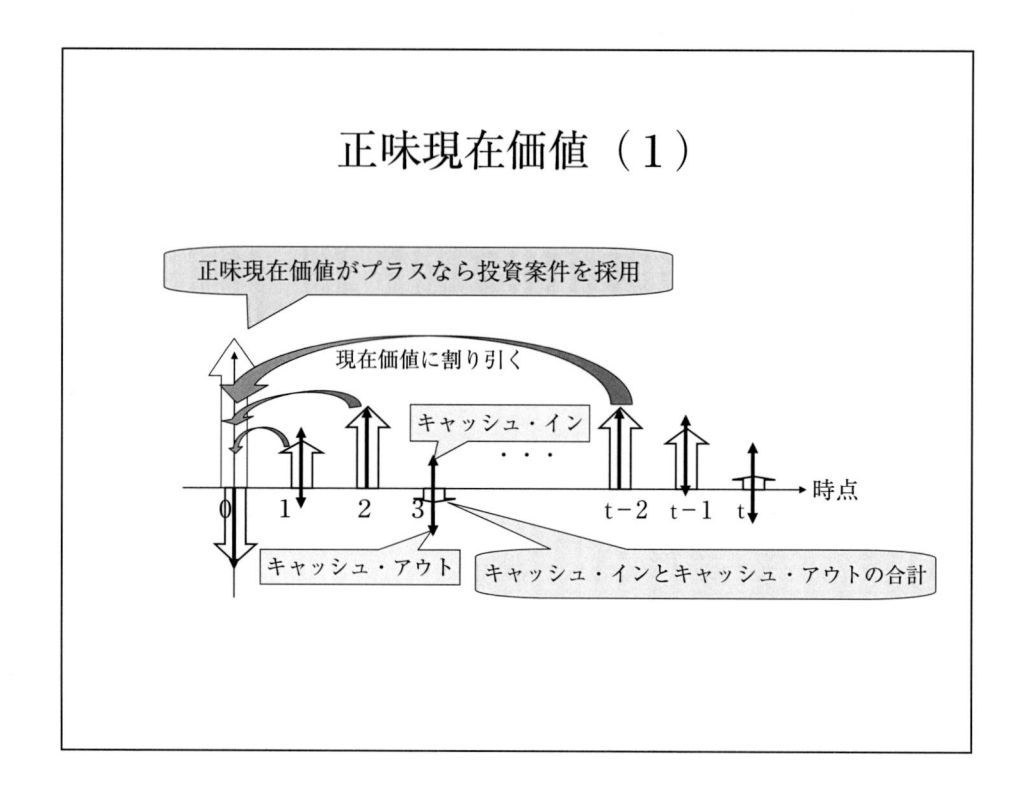

## 正味現在価値（1）

> 正味現在価値がプラスなら投資案件を採用

現在価値に割り引く

キャッシュ・イン
・・・

0　1　2　3　　　t−2　t−1　t　時点

キャッシュ・アウト　　キャッシュ・インとキャッシュ・アウトの合計

　正味現在価値を算出しようとすると，まず，上の図にあるように，キャッシュ・イン（収入）とキャッシュ・アウト（支出）を合計したフリー・キャッシュフローを各期で予測します。上を向いた細い矢印がキャッシュ・インを，下を向いた細い矢印がキャッシュ・アウトを表し，両者の合計が太い矢印になります。
　次に，各時点で計算したフリー・キャッシュフローを投資案件に対応した割引率を使い，現在価値に割り引いて合計します。この合計したものが，正味現在価値となります。この正味現在価値がプラスであれば，この案件には投資価値があり，投資案件を採用すべきことになりますし，マイナスであればこの案件には投資価値がなく，投資案件を採用すべきでないことになります。

## 正味現在価値（2）

| 年 | 0 | 1 | 2 | 3 |
|---|---|---|---|---|
| 利　益 | 0.0 | 0.6 | 0.8 | 0.8 |
| コスト | 1.0 | 0.2 | 0.2 | 0.4 |
| キャッシュフロー | −1.0 | 0.4 | 0.6 | 0.4 |

単位：億円

| 割引率 | 10.0% | NPV | 0.16 |
|---|---|---|---|

$$NPV = CF_0 + \frac{CF_1}{1+r} + \frac{CF_2}{(1+r)^2} + \frac{CF_3}{(1+r)^3} \quad (2)$$

$$NPV = -1.0 + \frac{0.4}{1+0.1} + \frac{0.6}{(1+0.1)^2} + \frac{0.4}{(1+0.1)^3} \quad (3)$$

$NPV = 0.16$ 億円

　具体的な数値例でNPVを計算してみましょう。期間は3年で，以後のキャッシュフローは発生しないと仮定します。現時点（時点0）のコスト（支出）が1.0億円です。ネットのキャッシュフローは−1.0億円となります。時点1では収入が0.6億円，コストが0.2億円です。ネットのキャッシュフローは0.4億円となります。同様に時点2，時点3のネットのキャッシュフローはそれぞれ0.6億円，0.4億円と計算できます。また割引率を10.0%として，NPVの公式（2）に代入すると（3）式となります。この式を計算すると，NPV = 0.16億円でNPV > 0となり，この投資案件は採用すべきという判断になります。

## 正味現在価値（3）

正味現在価値がプラスであれば・・・
　この投資案件は企業価値の向上に寄与　→　投資案件を採用

正味現在価値がマイナスであれば・・・
　この投資案件は企業価値を毀損　→　投資案件を不採用

正味現在価値がプラスであれば，なぜ，この投資案件が株式価値の向上に寄与するのか

正味現在価値がプラスであれば，投資案件実施に必要となるすべてのコストを差し引いた後に残る利益があることを意味する

　これまで正味現在価値の求め方を解説してきましたが，正味現在価値がプラスであれば，この投資案件は企業価値の向上に寄与することになり，投資案件を採用すべきという判断をすることになります。一方，正味現在価値がマイナスであれば，この投資案件は企業価値を毀損することになり，投資案件を不採用とすべきという判断をすることになります。

　この考え方に基づくと，薄利多売や市場シェア獲得といった考え方は直接的には企業価値を高めないどころか，企業価値を毀損してしまう可能性があるので，適切な戦略ではないということになります。

　しかし，この投資案件の正味現在価値がプラスであれば，なぜ企業価値の向上に寄与することになるのでしょうか。正味現在価値がプラスであるということは，投資案件実施に必要となるすべてのコストを差し引いた後に利益が残ることを意味します。この残った利益は，企業活動のリスクの負担者である資本提供者に帰属する利益（すなわち，資本提供者に帰属するフリー・キャッシュフロー）になりますから，株式価値の向上に寄与することになります。

---

## 回収期間法

投資案件から得られる利益で総投資額を回収できる年数

$$\text{回収期間} = \frac{\text{投資総額}}{\text{予想利益}} \quad (4)$$

> たとえば，投資総額が5,000万円で，予想利益が毎年1,000万円であるとすると，5年で予想利益の総和が投資資産の5,000万円に等しくなり，回収期間は5年となる。

本方法の問題点
① 回収期間を超えた期間の利益を無視している。
② 時間価値が考慮されていない。
③ 会計上の利益を使用している。
④ 採否の客観的基準がない。

---

　ここで，投資案件の採否を評価する別の尺度をみてみます。まず回収期間法（Payback Period）と呼ばれる尺度があります。これは，投資案件から得られる利益で総投資額を回収するのに何年かかるかを表すものです。投資案件から得られる1年当たりの予想利益が一定であれば，投資総額を1年当たりの予想利益で割引いた値が回収期間となります。

　たとえば，投資総額が5,000万円で，予想利益が毎年1,000万円であるとすると，5年で予想利益の総和が投資資産の5,000万円に等しくなり，回収期間は5年となります。

　この方法は以前から使われてきましたが，①回収期間を超えた期間の利益を無視している，②時間価値が考慮されていない，③会計上の利益を使用している，④採否の客観的基準がない（回収期間が何年であれば適切か）などの問題があり，場合によっては企業価値を毀損する判断を下してしまう可能性もあります。

## 平均投資収益率

会計上の投資予想平均利益（投資期間中）を投資資産の償却後平均簿価で割ったもの

$$\text{平均投資収益率} = \frac{\text{平均利益（1年当たり）}}{\text{投資資産の償却後平均簿価}} \quad (5)$$

➢ 平均利益が年2,000万円で投資資産の償却後平均簿価が1億円である投資案件の平均投資収益率は20％となる。

本方法の問題点
① 時間価値が考慮されていない。
② 会計上の利益を使用している。
③ 採否の客観的基準がない。

　次に，平均投資収益率という尺度について考えます。この尺度は，会計上の1年当たりの投資予想平均利益（投資期間中）を投資資産の償却後平均簿価で割ったものであり，投資案件の平均利益（1年当たり）を投資資産の償却後平均簿価で割ることにより計算されます。

　たとえば，平均利益が年2,000万円，投資資産の償却後平均簿価が1億円である投資案件の平均投資収益率は，20％となります。

　この方法も以前から使われてきましたが，①時間価値が考慮されていない，②会計上の利益を使用している，③採否の客観的基準がない（平均投資収益率が何％以上あれば適切か）といった問題があり，平均回収法と同様に，場合によって株式価値を毀損する判断をしてしまう可能性もあります。

## 内部収益率(1)

**内部収益率(Internal Rate of Return:IRR)**

現在から将来のキャッシュフローを割り引いた価値の合計が0に等しくなる割引率のこと

$$0 = CF_0 + \frac{CF_1}{1+r} + \frac{CF_2}{(1+r)^2} + \frac{CF_3}{(1+r)^3} + \cdots + \frac{CF_T}{(1+r)^T} \quad (6)$$

各時点のキャッシュフローは、各時点の収入と支出の和である

ここで求められたr(すなわち、内部収益率)が資本コストよりも大きければ、このプロジェクトを採用。

　最後に、内部収益率法(IRR：Internal Rate of Return)について確認します。この方法は、現在から将来にわたるフリー・キャッシュフローを割引いた価値の合計が0となる割引率を求めるという考え方です。すなわち、この投資案件から生まれる価値がゼロとなる資本コストを求めることになり、この投資案件のハードルレート(最低限、超えなければならない基準)としての資本コストを求めることになります。

　ここで、各時点のキャッシュフローは各時点の収入と支出の和であり、求めたr(すなわち、内部収益率)が資本コストよりも大きければこのプロジェクトは採用すべきという判断がされます。

## 内部収益率（2）

➤ 初期投資が100万円で，1年目に50万円，2年目に40万円，3年目に30万円，4年目に20万円利益が出る投資案件の内部収益率は下記の式をrについて解くことで得られる。

$$0 = -100 + \frac{50}{1+r} + \frac{40}{(1+r)^2} + \frac{30}{(1+r)^3} + \frac{20}{(1+r)^4} \quad (7)$$

上記の式をrについて解くと，r＝17.8%となる。

◆ 上記のような高次の式は，一般に解析的に解くことができないが，エクセル等の表計算ソフトを使って，数値解として解くことができる。

　ここで，内部収益率の計算例をみることにします。初期投資が100万円，1年目に50万円，2年目に40万円，3年目に30万円，4年目に20万円利益が出る投資案件の内部収益率を求めることを考えます。
　前頁の(6)式に，これらの値を代入すると(7)式が得られます。これを解くとr＝17.8%となります。このような高次の式は一般に解析的に解くことができませんが，エクセル等の表計算ソフトを使って，数値解として解くことができます。

## 内部収益率（3）

一般的なケースではNPVとIRRは同じ結果となるが、以下に示す特殊な状況下では異なる結果となり、問題が生じることがある。

**いくつかの問題点が存在**

問題点1：NPVが割引率の増加関数である場合は、資本コストより低いIRRを求める必要がある。
問題点2：キャッシュフローの符号が途中で変化した場合、その変化した回数と同じ数の解が存在する（IRRが複数存在することがある）。
問題点3：多くの選択肢からプロジェクトを選択する際、NPVとIRRの評価の順番が逆になることがある。
問題点4：IRRは、期間の長さが考慮されていないので、資本コストが期間の長さ毎に変わる場合に対処が難しくなる。

投資案件のNPVが割引率の減少関数となっていれば、IRRとNPVの結果は同じ。しかし、これらの問題点があることに留意して、活用する必要がある。

---

ここまで、内部収益率について見てきました。一般的なケースではNPVとIRRは同じ結果となりますが、特殊な状況下では異なる結果となります。

代表的な特殊な状況をあげますと、①NPVが割引率の増加関数である場合、資本コストより低いIRRを求める必要がある、②キャッシュフローの符号が途中で変化した場合、その変化した回数と同じ数の解が存在する可能性がある（IRRが複数存在することがある）、③多くの選択肢からプロジェクトを選択する際、NPVとIRRの評価の順番が逆になることがある、④IRRは期間の長さを考慮しないので、資本コストが期間の長さ毎に変わる場合、対処が難しくなるなどがあります（内部収益率にも、いくつかの問題が存在することになります）。

投資案件のNPVが割引率の減少関数となっていれば、IRRとNPVの結果は同じです。しかし、これらの問題点があることに留意して活用する必要があります。以下では、問題点のいくつかについて確認します。

## 借入れ型の投資案件の内部収益率

期初に借入れを行い，利息を毎期支払うような投資案件は，割引率は借入金利であるので，資本コストよりも低い内部収益率が好ましい。

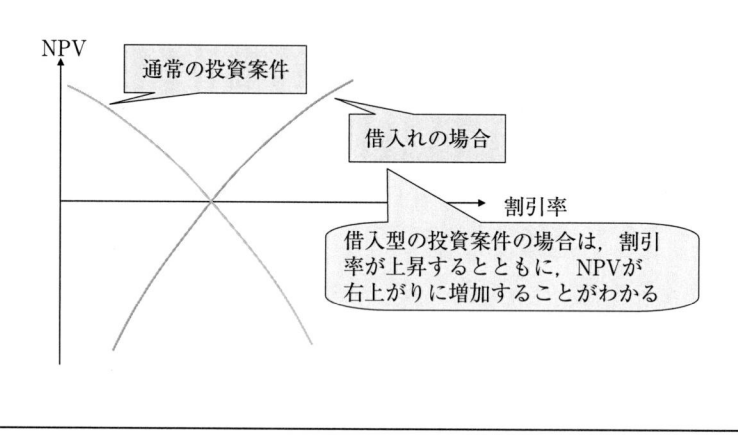

通常の投資案件

借入れの場合

借入型の投資案件の場合は，割引率が上昇するとともに，NPVが右上がりに増加することがわかる

　期初に借入れ（プラスのキャッシュフロー）を行った後，定期的に利息が発生するような投資案件には注意が必要です。NPVと割引率の関係を図に表すと，これまでの投資案件のグラフと逆の関係のグラフになることがわかります。借入型の投資案件の場合は，割引率が上昇するとともにNPVが右上がりに増加します。

　したがって，借入れ型の投資案件を評価する際には，資本コストよりも低い内部収益率を持つ案件を採用することになります。これは，正味現在価値が割引率の増加関数になっている場合の例となります。

## 2つの内部収益率

初期投資が152万円で，1年目に349万円の利益が出るが，2年目に200万円の損が出る投資案件の内部収益率は下図の通り2つ存在することになる。

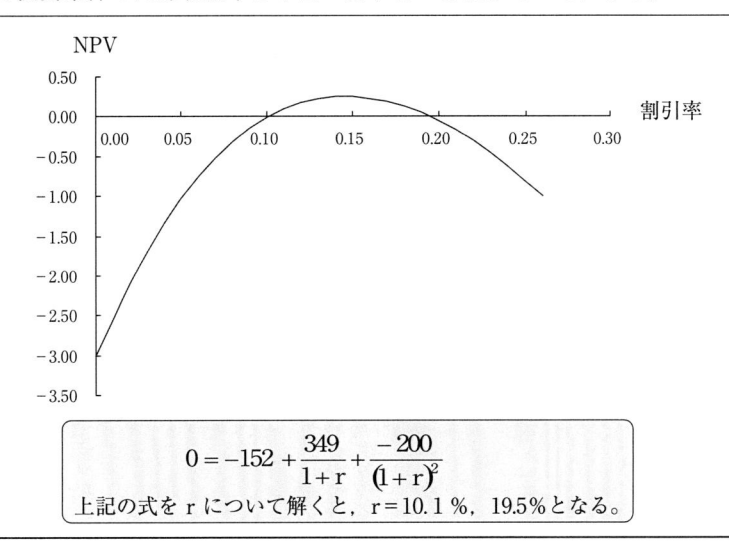

$$0 = -152 + \frac{349}{1+r} + \frac{-200}{(1+r)^2}$$

上記の式を r について解くと，r = 10.1％，19.5％ となる。

　内部収益率を計算する際，キャッシュフローの符号が複数回変わるような複雑な投資案件の場合には注意が必要となります。具体的には，内部収益率を計算する方程式の解が上図のように2つ以上存在する可能性があります。どちらの解が適切かは，個別に判断する必要があります。

　なお，解が2つ以上存在することを確認するためには，上図のような割引率を変化させた場合のNPVの値の変化をグラフ化し，NPVがゼロとなる割引率がいくつ存在するかを大雑把に確認することになります。

　ここで，たとえば，期初に152億円の支出があり，2年目に349億円の収入，3年目に200億円の支出が投資案件を考えます。この投資案件のキャッシュフローの符号は－から＋，＋から－へと2回変化しているので，NVP＝0となるIRRが2つ存在する可能性があります。rの値を0から変化させ，少しずつ大きくして上図のようなグラフを描きます。このグラフから，IRRの個数とIRRの値の見当をつけることができます。

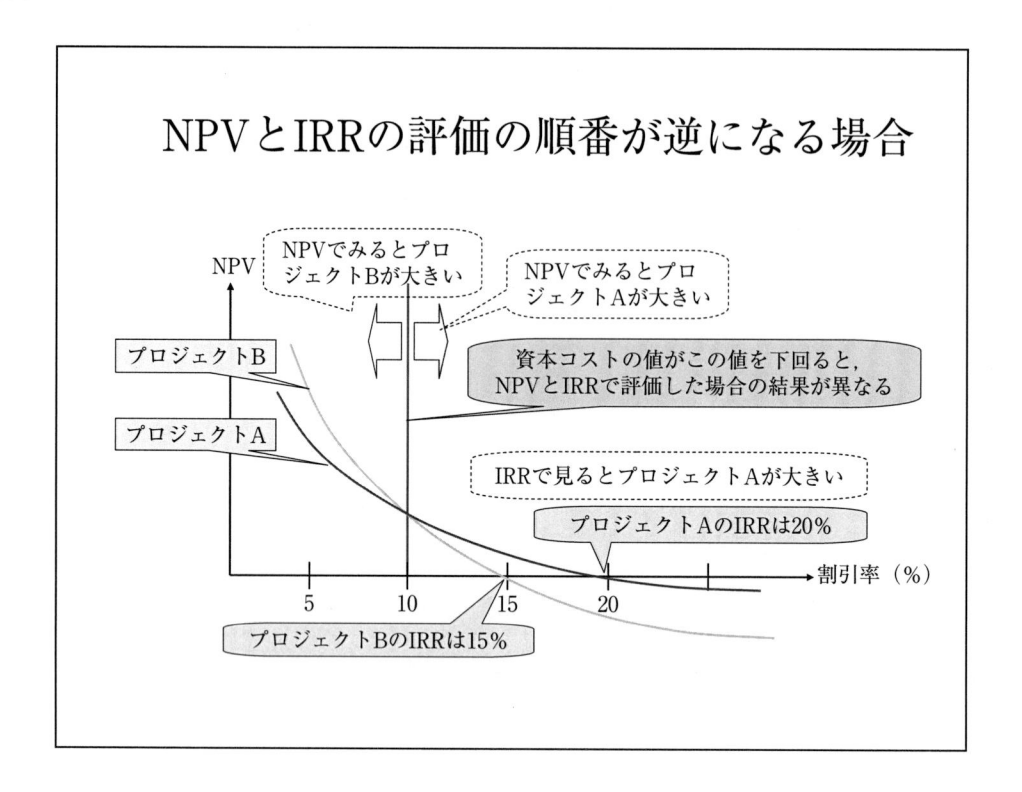

## NPVとIRRの評価の順番が逆になる場合

図中の説明:
- NPVでみるとプロジェクトBが大きい
- NPVでみるとプロジェクトAが大きい
- プロジェクトB
- プロジェクトA
- 資本コストの値がこの値を下回ると，NPVとIRRで評価した場合の結果が異なる
- IRRで見るとプロジェクトAが大きい
- プロジェクトAのIRRは20%
- プロジェクトBのIRRは15%
- 横軸：割引率（%）（5, 10, 15, 20）
- 縦軸：NPV

　次に，2つのプロジェクトAとBを考えます。プロジェクトAは太い曲線で表される割引率とNPVの関係があり，内部収益率は20％となります。プロジェクトBは細い曲線で表される割引率とNPVの関係があり，内部収益率は15％となります。内部収益率でみると，プロジェクトAの内部収益率が大きいので，2つのプロジェクトのどちらかを選択しなければいけない状況であれば，プロジェクトAを選択することになります。

　しかし，上図をみると，割引率が10％以下になると両者の曲線が交差しプロジェクトAよりもBの方が大きなNPVとなることがわかります。これは，すなわち資本コストが10％以下であれば，正味現在価値はプロジェクトBの方がAよりも大きいことになり，プロジェクトBを採用すべきということになります。

　すなわち，内部収益率法で評価した場合と正味現在価値法で評価した場合では，結果が異なることになります。内部収益率法を採用した場合には，このような点についても注意を払う必要があります。

## 投資案件の相互作用

> 投資案件には排他的な案件が多く，NPVがプラスだからといってすぐに投資案件を採用すべきでない。
>
> たとえば
>
> 今投資を行うか，少し待って後で投資を行うかでNPVが異なる。
>
> 一方を採用すると他方を採用できなくなることが多い。
>
> ◇複数の選択肢のなかから1つを選択する際，期間の長さやキャッシュフローのパターンが異なれば，現在価値を求めた後に，たとえば，等価年間費用に変換（費用を1年当たりに換算）するなどしてから比較する必要がある。

　実際の企業での投資案件の意思決定の際には，排他的な案件が多く，NPVがプラスだからといってすぐに投資案件を採用すべきでない場合が少なくありません。たとえば，今投資を行うか，少し待って，後で投資を行うかでNPVが大きく異なることもあります。

　また，一方を採用すると他方を採用できなくなることもあります。複数の選択肢のなかから1つを選択する際には，期間の長さやキャッシュフローのパターンが異なれば，現在価値を求めた後に，たとえば等価年間費用に変換（費用を1年当たりに換算）するなどしてから比較する必要があります。

## NPVの限界

正味現在価値による方法は，新規投資案件の
評価基準として最も優れた適切な手法である。

しかし，決して万能ではなく，活用時に留意すべき点もいくつか存在。

⇩　リアル・オプション活用の余地

① 経営の柔軟性が考慮できない。
② 割引く利益はフリー・キャッシュフロー
③ 割引率は新規投資案件のリスクの大きさに対応したもの

　これまで，正味現在価値による方法は，新規投資案件の評価基準としても最も優れて適切な手法であることを確認してきました。しかし，正味現在価値法も，決して万能ではなく，活用時には留意すべき点がいくつかあります。
　たとえば，正味現在価値法では，プロジェクトの途中で中断したり，拡張したりする経営の柔軟性が考慮できません。次章で解説するリアル・オプションの概念を導入する必要があります。また，割引く利益はフリー・キャッシュフローでなければなりませんし，割引率は新規投資案件のリスクの大きさに対応したものである必要があります。これらの推定は簡単ではありません。

# 第7章
# リアル・オプション

―― 本章の概要 ――

　本章では，リアル・オプションについて考えます。まず，リアル・オプションとは何かについて解説します。次に，これまで学んできた割引キャッシュフロー法（DCF法）の考え方を確認し，DCF法では評価できない要素があることを説明します。そして，このDCF法で評価できない部分（選択権，すなわちオプション）を評価する方法として，オプションによるアプローチの概要を学ぶと共に，応用例として足場固めオプションについて解説します。最後に，連続時間モデルと呼ばれるブラック・ショールズ式を利用した方法の重要性について解説します（入門書である本書では，連続時間モデルの詳細は扱いません。さらに上級のテキストで学ぶことになります）。

―― ポイント ――

1. リアル・オプションとは
2. DCF法によるアプローチ
3. オプションによるアプローチ
4. 足場固めオプションとは
5. 連続時間モデルへの拡張

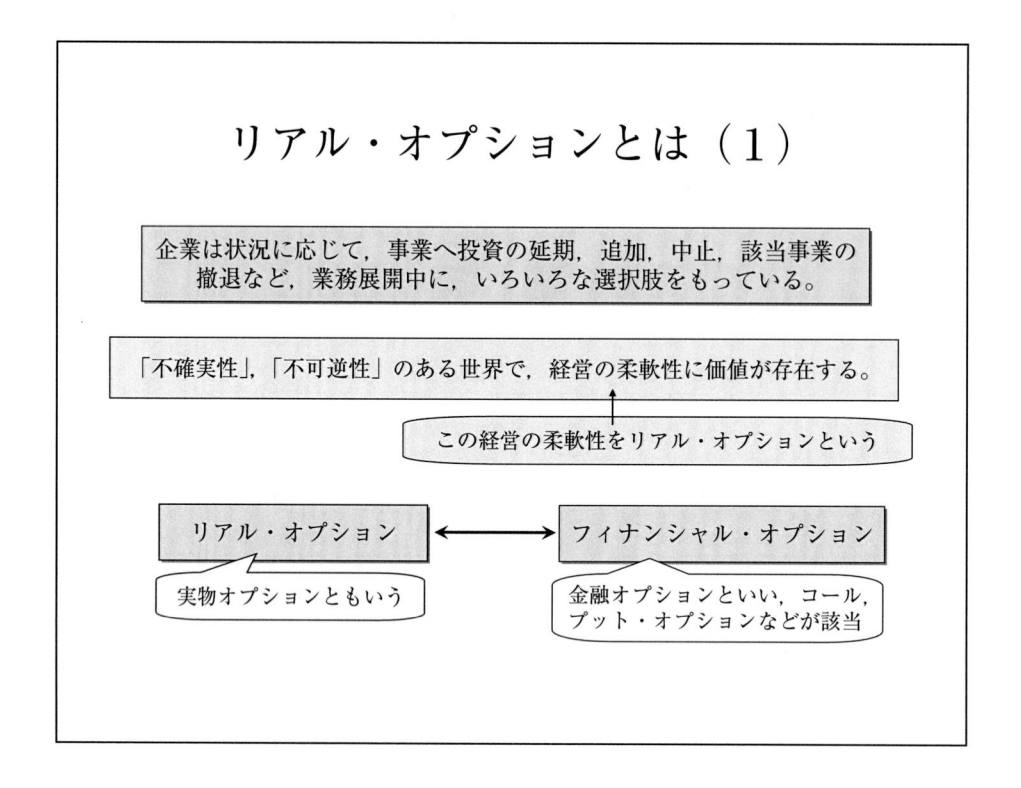

## リアル・オプションとは（1）

企業は状況に応じて，事業への投資の延期，追加，中止，該当事業の撤退など，業務展開中に，いろいろな選択肢をもっている。

「不確実性」，「不可逆性」のある世界で，経営の柔軟性に価値が存在する。

この経営の柔軟性をリアル・オプションという

リアル・オプション ←→ フィナンシャル・オプション

実物オプションともいう

金融オプションといい，コール，プット・オプションなどが該当

　これまでに述べてきた考え方は，あるプロジェクトの評価はそのプロジェクトが，永続的に続くものとして将来キャッシュフローが確定して決まると考えてきました。しかし，実際の意思決定では，経済状況等の変化でプロジェクトへの追加投資を延期したり，拡大したり柔軟な判断をします。あるいは，途中でプロジェクト自体の中止，撤退をすることもあります。こういった経営の柔軟性，あるいは選択肢のことをリアル・オプションといいます。将来の状況に不確実性が存在し，各々の状況に応じて意思決定の内容が変わることになり複雑ですが，より現実に近い形での価値評価が可能となります。

　なお，広い意味では，フィナンシャル（金融）・オプションに対する金融以外の実物にオプションを適用するという意味で，リアル（実物）・オプションということもあります。

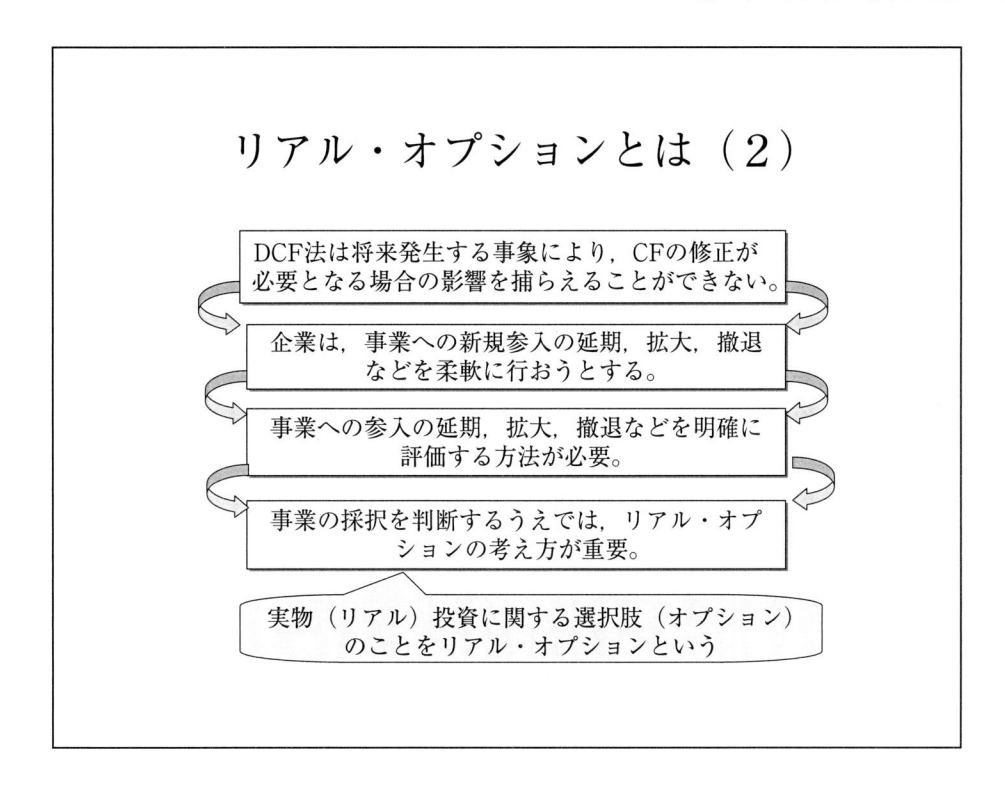

## リアル・オプションとは（2）

- DCF法は将来発生する事象により，CFの修正が必要となる場合の影響を捕らえることができない。
- 企業は，事業への新規参入の延期，拡大，撤退などを柔軟に行おうとする。
- 事業への参入の延期，拡大，撤退などを明確に評価する方法が必要。
- 事業の採択を判断するうえでは，リアル・オプションの考え方が重要。

実物（リアル）投資に関する選択肢（オプション）のことをリアル・オプションという

　これまで資産価値評価の基本的な考え方としてきた将来キャッシュフロー（CF）を現在価値に割り引くという方法（DCF法）は，将来発生する事象により，CFの修正が必要となる場合の影響を捕らえることができないという問題がありました。すでに説明したように，企業は，事業への新規参入の延期，拡大，撤退などを柔軟に行おうとします。そうなると，事業への参入の延期，拡大，撤退などを明確に評価する方法が必要となります。すなわち，事業の採択を判断するうえでは，リアル・オプションの考え方が重要となります。

## リアル・オプションとは（3）

- 参入（延期）オプション：状況が有利になるまで，投資判断を延期するオプション
- 撤退（清算）オプション：投資実行後に状況が不利になった場合に事業から撤退するオプション
- 足場固めオプション：企業が事業の足場固めとするために，比較的小額で新商品の分野に進出するオプション
- 拡大オプション：将来，しかるべき時期が到来したときに事業を拡大するオプション

他にもいくつかのリアル・オプションがあります。

　リアル・オプションには，代表的なオプションがいくつかあります。具体的には，状況が有利になるまで，投資判断を延期する参入（延期）オプション，投資実行後に状況が不利になった場合に事業から撤退する撤退（清算）オプション，企業が事業の足場固めとするために，比較的小額で新商品の分野に進出する足場固めオプション，将来，しかるべき時期が到来したときに事業を拡大する拡大オプションなどがあります。以下ではこれらのリアル・オプションの考え方を数値例を示しながら確認するこにとします。

## DCF法によるアプローチ（1）

現時点（時点0）で将来発生する事象と発生確率が決まっている場合

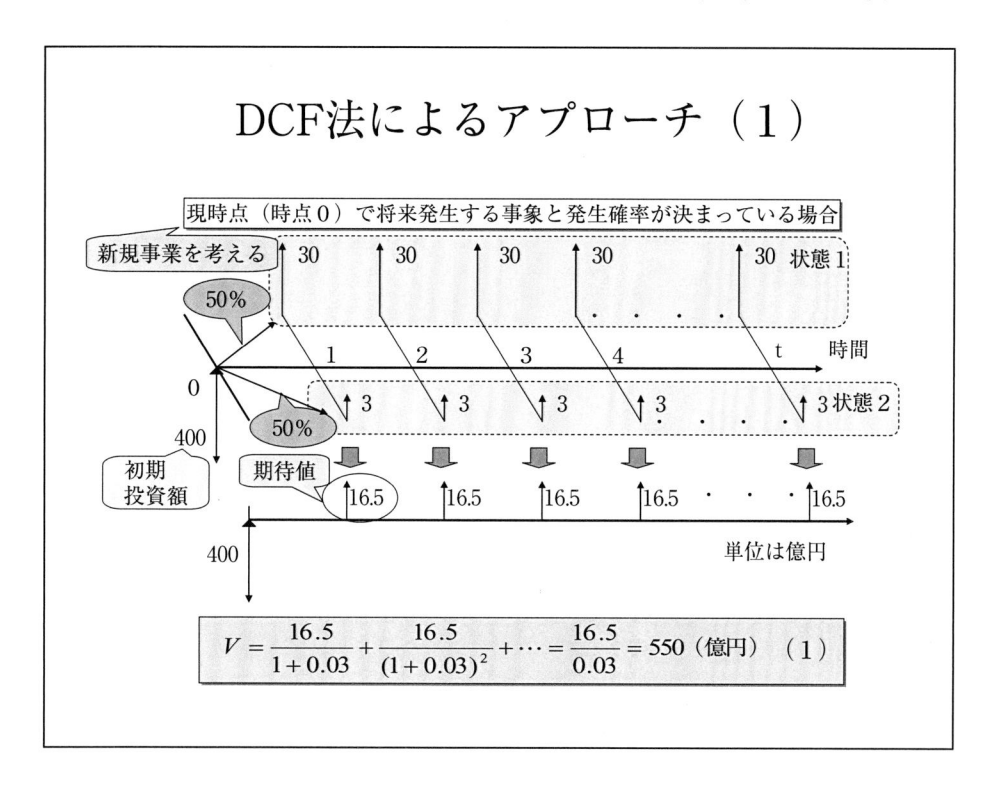

新規事業を考える
50% 状態1: 毎年30億円
50% 状態2: 毎年3億円
期待値: 16.5億円（毎年）
初期投資額: 400億円

$$V = \frac{16.5}{1+0.03} + \frac{16.5}{(1+0.03)^2} + \cdots = \frac{16.5}{0.03} = 550 \text{（億円）} \quad (1)$$

単位は億円

　リアル・オプションの説明をする前に，DCF法の考え方の確認をします。まずはじめに，ある企業に次のような事業機会があるとします。状態は2つで，1つは50％の確率で，毎年3億円のキャッシュフローが恒久的に得られます（状態1)。もう1つは，50％の確率で，毎年30億円のキャッシュフローが恒久的に得られます（状態2)。この投資は，現時点（時点0）で決断をする必要があり，初期投資額を現時点で400億円支払う必要があります。

　この投資案件の毎期の期待キャッシュフローは，1年当たり16.5億円です。したがって，割引率を3％とすれば，（1）式のように，この事業の期待価値は550億円となり，初期投資額として400億円を支払ったとしても，NPVが150億円のとなるので，価値ある投資対象ということになります。

## DCF法によるアプローチ（２）

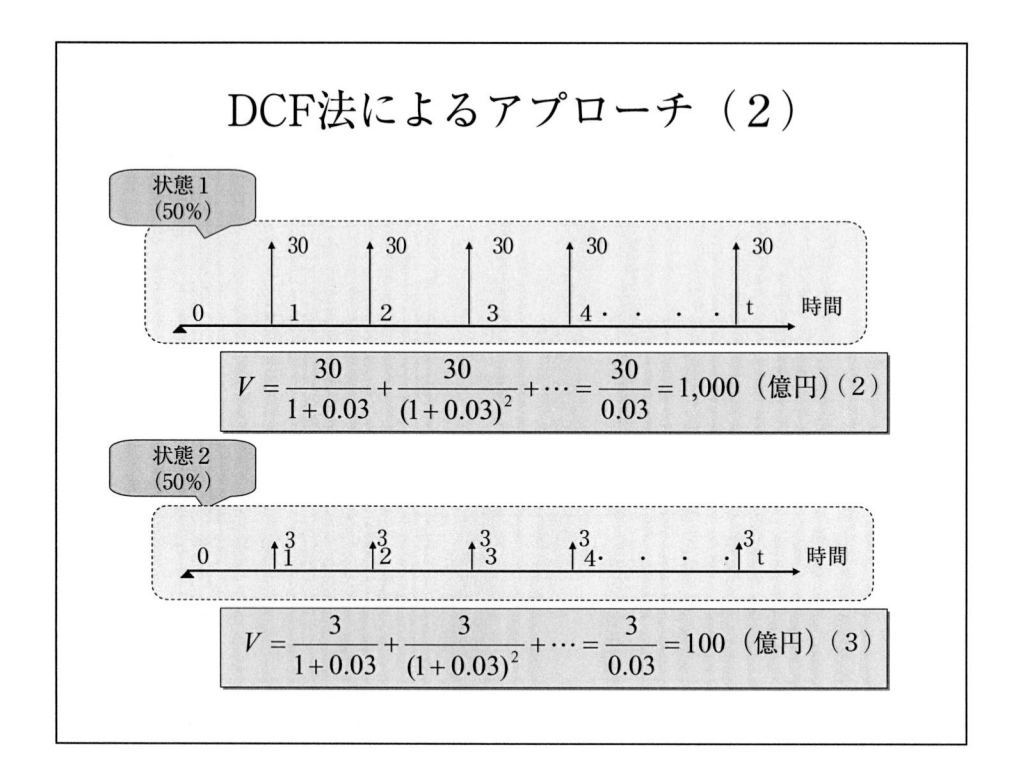

**状態1 (50%)**

時点: 0, 1, 2, 3, 4, ..., t（時間）
各期のキャッシュフロー: 30

$$V = \frac{30}{1+0.03} + \frac{30}{(1+0.03)^2} + \cdots = \frac{30}{0.03} = 1{,}000 \text{（億円）} \quad (2)$$

**状態2 (50%)**

時点: 0, 1, 2, 3, 4, ..., t（時間）
各期のキャッシュフロー: 3

$$V = \frac{3}{1+0.03} + \frac{3}{(1+0.03)^2} + \cdots = \frac{3}{0.03} = 100 \text{（億円）} \quad (3)$$

　状態1の事業の価値と状態2の事業の価値を計算してから、発生確率を掛けても同じ結果が得られることはいうまでもありません。状態1の毎期の期待キャッシュフローである30億円を割引率3％で割り引くと、(2) 式のようになり、その価値は1,000億円になります。

　また状態2の毎期の期待キャッシュフローである3億円を割引率3％で割り引くと (3) 式のようになり、その価値は100億円になります。各々の状態の発生確率は50％ですので、時点0での期待値は550億円となり、NPVは150億円となります。これは各期で期待値を取り、割り引いた結果と一致します。

## DCF法によるアプローチ（3）

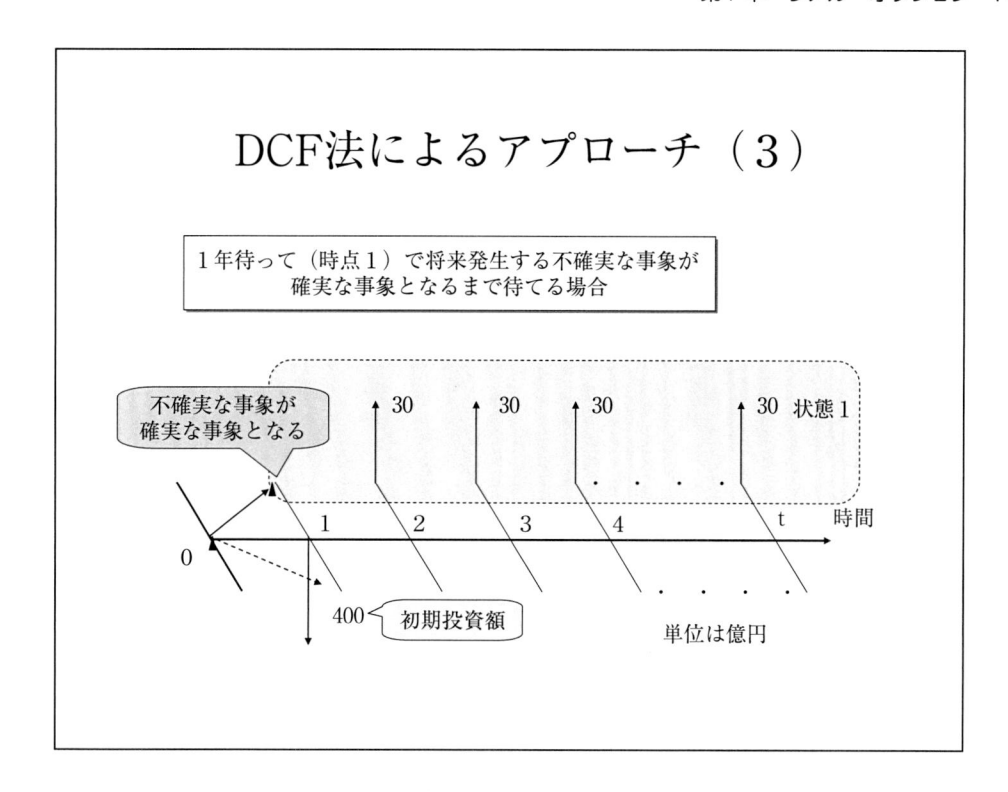

1年待って（時点1）で将来発生する不確実な事象が
確実な事象となるまで待てる場合

不確実な事象が確実な事象となる

30　30　30　……　30　状態1

400　初期投資額

単位は億円

　次に，1年待って（時点1）で将来発生する不確実な事象が確実な事象となるまで待てる場合について考えることにします（1年待った時点で，400億円を支払う必要があります）。

　時点0では，将来の状況は不確実ですが，時点が1つ進むと，不確実な事象がなくなり，確実な事象のみが残ります。このとき，1期目のキャッシュフローは得られず，2期目からのキャッシュフローとなることに注意をして，この事業の時点0での価値を計算する必要があります。

## DCF法によるアプローチ（4）

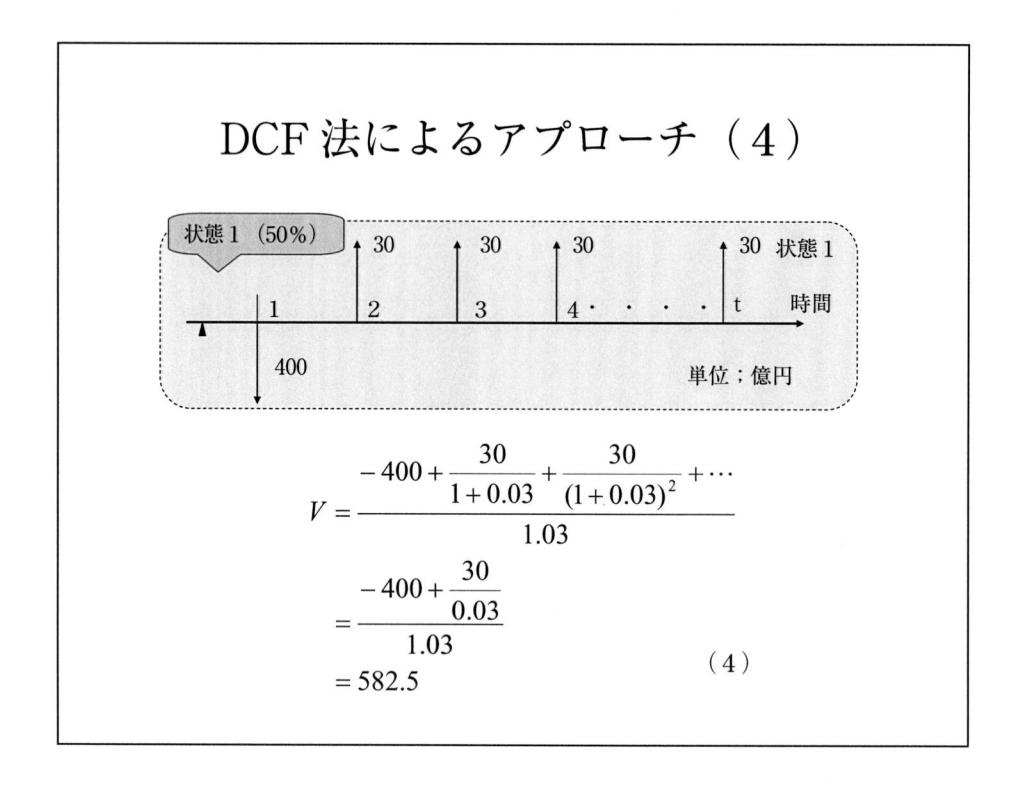

状態1（50%）  30  30  30    30 状態1
         1   2   3   4 ・・・ t  時間
         ↓
         400                     単位；億円

$$V = \frac{-400 + \dfrac{30}{1+0.03} + \dfrac{30}{(1+0.03)^2} + \cdots}{1.03}$$

$$= \frac{-400 + \dfrac{30}{0.03}}{1.03}$$

$$= 582.5 \quad (4)$$

　ここで，時点1でこの事業に投資するとすれば，この時点で400億円を支払い，時点2以降に発生するキャッシュフロー30億円を毎期受け取ることになります。この価値は（4）式から計算され，582.5億円となります（割引率を3%とする）。なお，（4）式は定配当割引モデルの導出で説明した方法と同様の方法で導出しています。ここでは，発生確率は50%ですから，291.3億円の価値があるということになります。

　もちろん，1年待っている間に状況が変わってしまうことになれば，話は変わってくることはいうまでもありません。

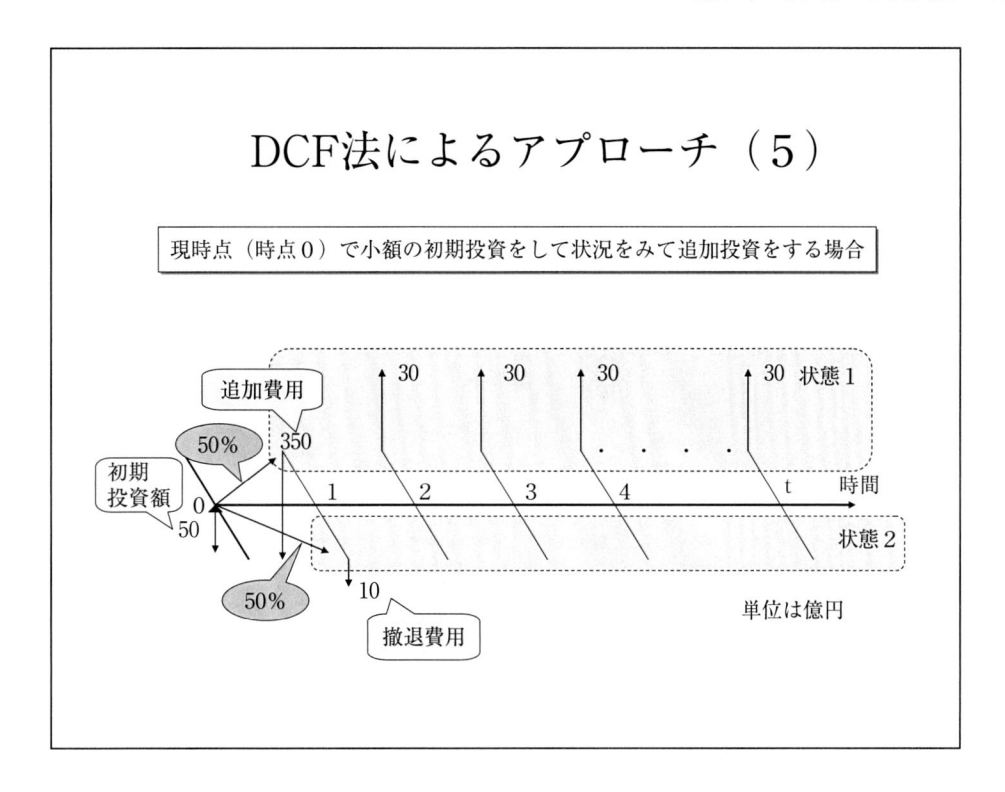

## DCF法によるアプローチ（5）

現時点（時点0）で小額の初期投資をして状況をみて追加投資をする場合

```
             追加費用
          ┌──────┐
          │ 50%  │   30    30    30    30   状態1
          └──────┘ 350 ↑    ↑    ↑    ↑
  初期         ＼   │
  投資額        ＼  │   1    2    3    4    t  時間
     50    0 ───────────────────────────→
          ／     
          │ 50%  │       ↓ 10              状態2
          └──────┘
             撤退費用                    単位は億円
```

　今度は，現時点（時点0）で小額の初期投資をして状況をみて追加投資できる段階的な投資をする場合について考えます。時点0で，初期投資額50億円必要で，1期間様子をみて，状況がよければ（状態1），時点1で残りの350億円の追加投資を行うことができるとします。また，状況がよくなければ（状態2）時点1で10億円の撤退費用が必要となります。

　ここで，状態1の時点1での価値は，将来キャッシュフローの現在価値の総和である1,000億円から追加投資費用の350億円を引いた650億円となります。状態2の時点2での価値は，10億円のマイナスになります。これらを現在価値（割引率3%）に割引き，発生確率を掛けたものに初期投資額50億円を引くと，260.7億円となります。これが，現時点（時点0）で小額の初期投資をして状況を見て追加投資をする場合の価値となります。

## これまでの評価方法の問題点

これで評価はできなくはないが‥‥

分析者が，
① 各時点の状態発生確率
② 期待キャッシュフロー
③ 割引率
を推定する必要がある。しかし，現実的には困難。

オプション・プライシング理論によるアプローチが必要

　これまでに解説してきた方法（DCF法とディシジョン・ツリーによる方法といいます）により，状況に応じて将来キャッシュフローが変化する事業の評価を行うことはできますが，実際にこれを行おうとすると困難な問題が生じます。具体的には，分析者が，①各時点の状態発生確率，②期待キャッシュフロー，③割引率を推定する必要があります。しかし，これらのことを推定するのは現実的には困難です。そこで，オプション・プライシング理論を応用して，リアル・オプションを評価することが必要となります。

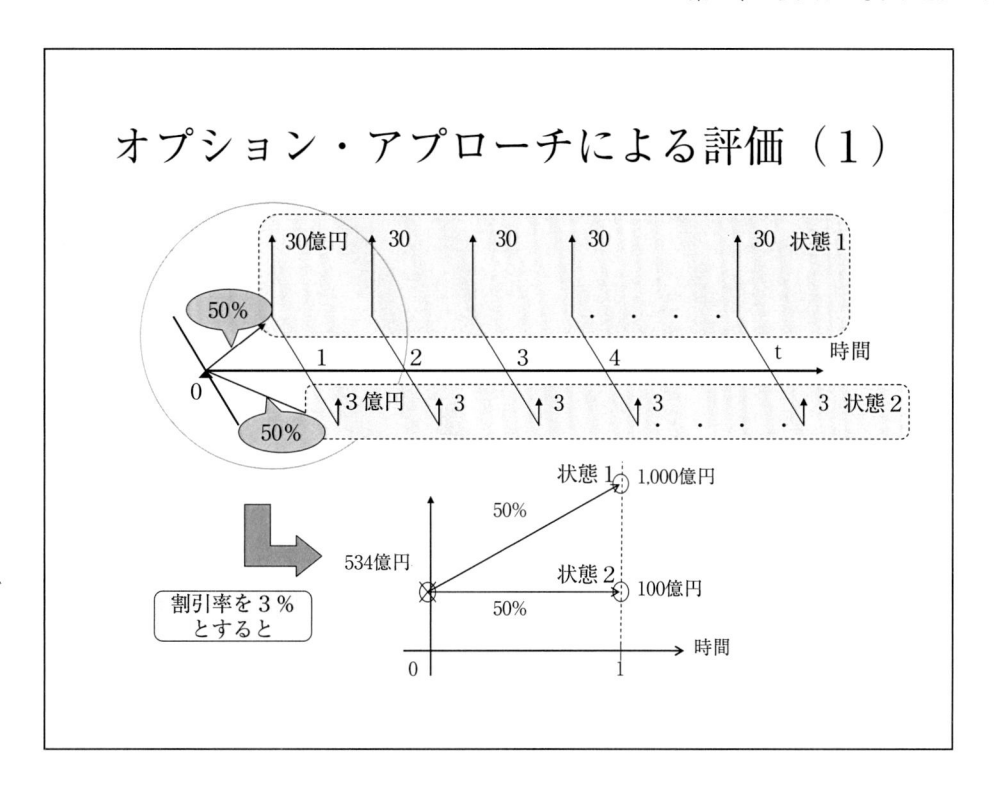

## オプション・アプローチによる評価（1）

（図：状態1では毎年30億円のキャッシュフローが確率50%で恒久的に得られ、状態2では毎年3億円のキャッシュフローが確率50%で恒久的に得られる。割引率を3%とすると、状態1の価値は1,000億円、状態2の価値は100億円、時点ゼロでの期待値は534億円となる。）

　実際に、オプション・アプローチによるリアル・オプション価値の算出方法について考えます。今、ある企業が、次のような事業機会があるとします。状態は2つで、1つは50%の確率で、毎年30億円のキャッシュフローが恒久的に得られます（状態1）。もう1つは、50%の確率で、毎年3億円のキャッシュフローが恒久的に得られます（状態2）。

　このとき、状態1の価値は、1,000億円です。状態2の価値は100億円です。発生確率は各々50%ですから、割引率を3%とすると時点ゼロでの期待値は534億円となります。このようなキャッシュフローを生む事業が存在するとします。

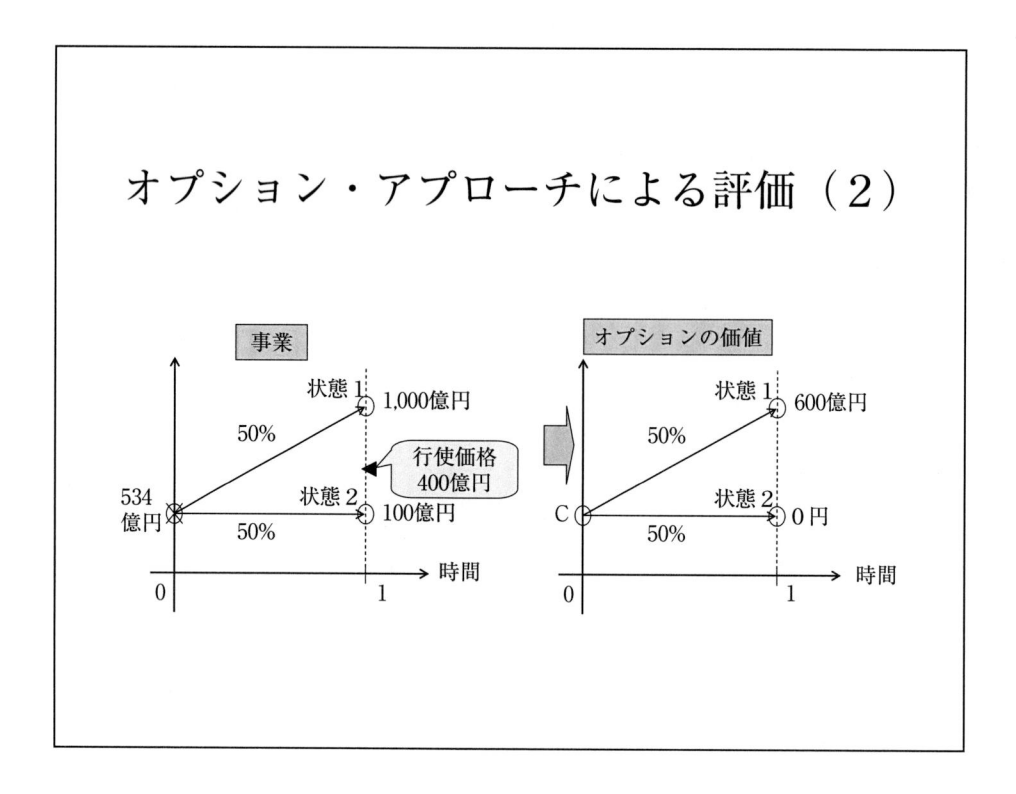

## オプション・アプローチによる評価（2）

【事業】
- 状態1：1,000億円（50%）
- 状態2：100億円（50%）
- 現在価値：534億円
- 行使価格：400億円

【オプションの価値】
- 状態1：600億円（50%）
- 状態2：0円（50%）
- 現在価値：C

　この投資は、現時点（時点0）で選択権（オプション）を購入すれば、時点1で状況をみて、事業を行うべきかの判断ができ、その時点で初期投資額を400億円支払えばよいことになっているとします。

　すなわち、事業価値が1,000億円になれば権利を行使して、400億円を支払い1,000億円の価値のある事業が手に入ります。すぐに売却すれば、600億円の利益となります。事業価値が100億円になれば、100億円の値段がついているものを400億円で購入すると損をするので、権利は行使せずに放棄します。この時の損益は0円です。これを図で表すと上のようになります。

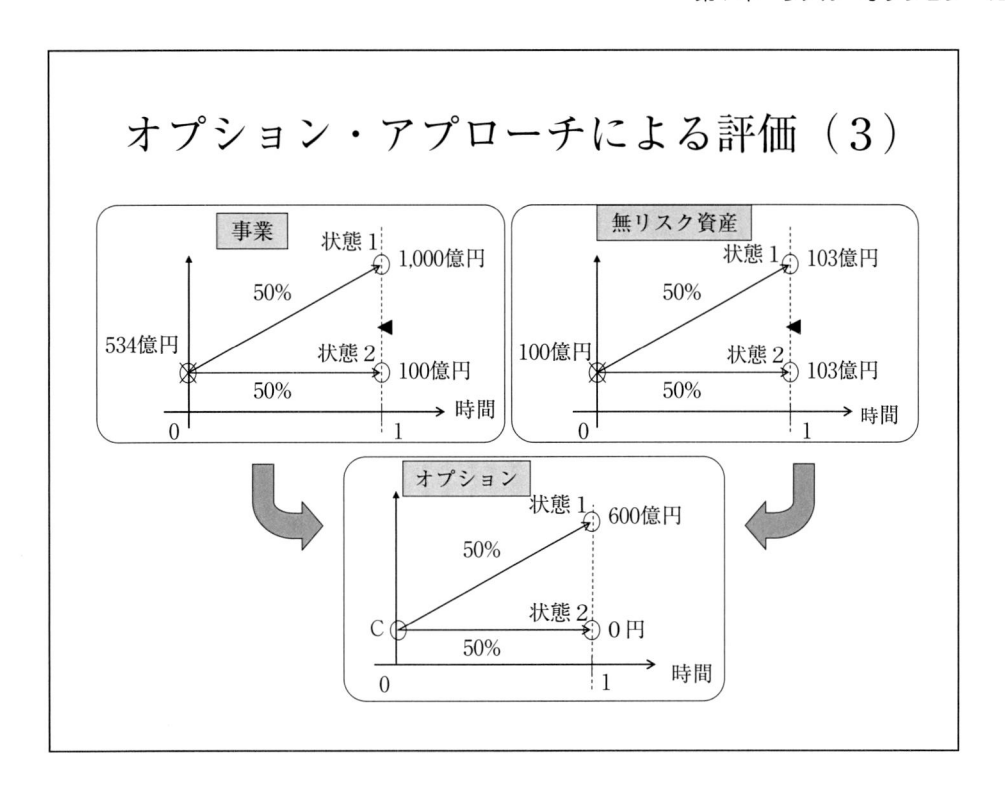

## オプション・アプローチによる評価（3）

**事業**
- 534億円（時点0）
- 50% → 状態1: 1,000億円
- 50% → 状態2: 100億円

**無リスク資産**
- 100億円（時点0）
- 50% → 状態1: 103億円
- 50% → 状態2: 103億円

**オプション**
- C（時点0）
- 50% → 状態1: 600億円
- 50% → 状態2: 0円

　第4章で解説したように，このオプションの価格Cを求めるために，原資産である事業と無リスク資産を組み合わせて，オプションと同じキャッシュフローをもつポートフォリオを考えます。

　事業価値が，時点0のとき534億円，時点1のとき，状態1で1,000億円，状態2で100億円になるとします。無リスク資産は，金利が3％で，たとえば資産が時点0で100億円あるとすれば，時点1で状態が1でも2でも103億円となります。コール・オプションと同じキャッシュフローを生むように，2つの資産を組合せることを考えればよいことになります。

> ## オプション・アプローチによる評価（４）
>
> 事業を△単位，無リスク資産を$B$とすれば
>
> 時点0で，$534 \times \Delta + B = C$　…………（5）
>
> 時点1で，事業が上昇したとすると，
>
> $1{,}000 \times \Delta + 1.03 \times B = 600$（億円）………（6）
>
> 事業が下降したとすると
>
> $100 \times \Delta + 1.03 \times B = 0$（円）…………（7）
>
> となる。（6）（7）式から
>
> $\Delta = 2/3$
>
> $B = -64.7$（億円）　（マイナスは借入れ）
>
> となる。これを（5）式に代入すると
>
> $C = 534 \times 2/3 - 64.7 = 291.3$（億円）
>
> となる。すなわち，期初に64.7億円を借入れ，事業を2/3単位買入することで，時点1でのオプション（行使価格400億円）と同じペイオフが実現できる。すなわち，オプションが複製できたことになる。

　ここで，事業を△単位（金額で$534 \times \Delta$億円），無リスク資産をB億円（借入れであればマイナス），時点0で両者の合計がC億円となるようにポートフォリオを作ります。これを式で表すと（5）式のようになります。

　このポートフォリオは時点1で状態1になれば，$1{,}000 \times \Delta + 1.03 \times B$（億円），状態2になれば，$100 \times \Delta + 1.03 \times B$（億円）となります。オプションの価値は状態1で600億円，状態2で0円になります。これを式で表すと状態1で（6）式，状態2で（7）式となります。

　すると，3つの変数（Δ，B，C）と3つの方程式が得られたことになりますので，解が求まるはずです。（6）式から（7）式を引くとΔがすぐに求まります（Δ＝2/3となります）。このΔを，（7）式に代入するとBが求まります（B＝－64.7億円になります。マイナスの符号は借り入れを意味します）。ここまでに求めたΔ，Bを（5）式に代入するとオプション価値Cが求められます（C＝291.3億円となります）。

　すなわち，期初に64.7億円を借り入れ，534億円の事業を2/3単位買入することで，時点1でのオプション（行使価格400億円）と同じペイオフが実現できたことになります。このオプションの価値は，291.3億円となります。

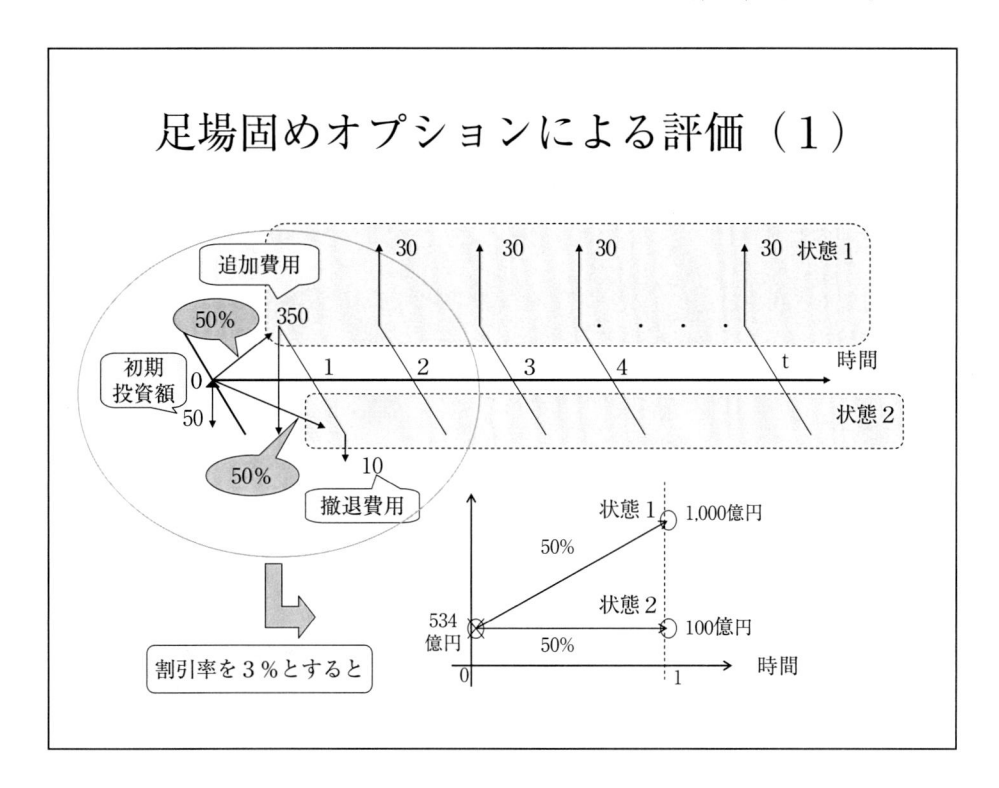

## 足場固めオプションによる評価（1）

（図：初期投資額50、追加費用350、撤退費用10、状態1が50%で30の収益継続、状態2が50%で撤退。割引率を3%とすると、時点1で状態1: 1,000億円、状態2: 100億円、現在価値534億円）

次に，足場固めオプションによる評価について考えます。初期費用が50億円，1期間待って状況が良ければ（状態1）350億円の追加投資をして，状況が悪ければ（状態2）10億円の撤退費用を支払って，事業から撤退するということになります。状態1の起こる確率は50%，状態2の起こる確率は50%です。このオプションの価値を算出することとします。

ここで，先ほどと同様に，時点1で50%の確率で1,000億円となる状態（状態1）と50%の確率で100億円となる状態（状態2）が存在する資産を考えます。割引率を3%とすれば，現在価値は534億円になります。

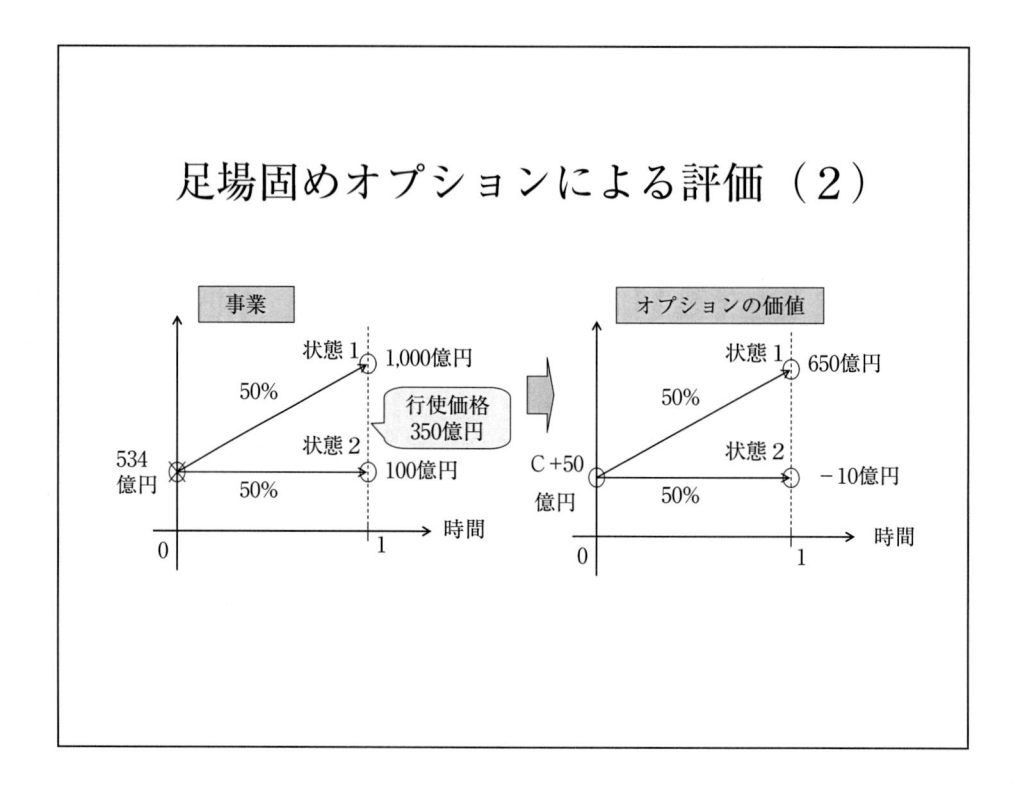

## 足場固めオプションによる評価（2）

【事業】
- 状態1：1,000億円（50%）
- 状態2：100億円（50%）
- 現在値：534億円
- 行使価格 350億円

【オプションの価値】
- 状態1：650億円（50%）
- 状態2：－10億円（50%）
- 現在値：C＋50億円

　この投資は，現時点（時点0）で50億円の初期費用を支払い，さらに選択権（オプション）を購入すれば，時点1で状況をみて，事業を行うべきかの判断ができ，その時点で初期投資額を350億円支払えばよいことになっているとします。

　すなわち，事業価値が1,000億円になれば権利を行使して，350億円を支払い1,000億円の価値のある事業が手に入ります。すぐに市場で売却すれば，650億円の利益となります。事業価値が100億円になれば，100億円の値段がついているものを400億円で購入すると損をするので，権利は行使せずに放棄します。このときの損益は－10億円です。現時点でのこのオプションの価値をCとすれば，現時点でC＋50億円を支払うことになります。これを図で表すと上のようになります。

## 足場固めオプションによる評価（3）

事業を $\Delta$ 単位，無リスク資産を $B$ とすれば

時点0で，$534 \times \Delta + B = C + 50$ ………… (8)

時点1で，事業が上昇したとすると，

$1{,}000 \times \Delta + 1.03 \times B = 650$（億円）………… (9)

事業が下降したとすると

$100 \times \Delta + 1.03 \times B = -10$（億円）………… (10)

となる。これを解くと，$\Delta = 0.733$，$B = -80.9$，$C = 260.7$ となる。

すなわち，期初に80.9億円を借入れ，事業を0.733単位買入することで，時点1でのコール・オプション（行使価格350億円）と同じペイオフが実現できる。すなわち，コール・オプションが複製できたことになる。このときのオプションの価値は260.7億円である。

　ここで，事業を $\Delta$ 単位（金額で $534 \times \Delta$ 億円），無リスク資産を $B$ 億円（借入れであればマイナス），時点0で両者の合計が $C + 50$ 億円となるようにポートフォリオを作ります。これを式で表すと (8) 式のようになります。

　このポートフォリオは時点1で状態1になれば，$1{,}000 \times \Delta + 1.03 \times B$（億円），状態2になれば，$100 \times \Delta + 1.03 \times B$（億円）となります。オプションの価値は状態1で600億円，状態2で－10円になります。これを式で表すと状態1で (9) 式，状態2で (10) 式となります。

　これを解くと，$\Delta = 0.733$，$B = -80.9$，$C = 260.7$ となります。すなわち，期初に80.9億円を借り入れ，事業を0.733単位買入することで，時点1でのコール・オプション（行使価格350億円）と同じペイオフが実現でき，コール・オプションが複製できたことになります。このオプションの価値は260.7億円となります。

## 連続時間モデル

離散時間モデル（前述の2項モデルやシュミレーション法）を使って多くのリアル・オプションは評価が可能。

しかし，参入オプションや撤退オプションを評価するためには，連続時間モデルが有効

① 事業への参入，撤退に関する裁定評価式をモデル化しやすい
② 表現にフレキシビリティがある
③ 満期が定まらないオプションも扱える
④ 価格式の解が簡単に得られる

　前述の2項モデルやシュミレーション法といった離散時間モデルを使って多くのリアル・オプションを評価することは可能です。しかし，参入オプションや撤退オプションを評価するためには，連続時間モデルが有効であるといわれています。これは，連続時間モデルにすることで，①事業への参入，撤退に関する裁定評価式をモデル化しやすい，②表現にフレキシビリティがある，③満期が定まらないオプションも扱える，④価格式の解が簡単に得られる，といったメリットがあるからです。

　したがって，より高度な評価をするためには，連続時間モデルについても精通している必要があります。入門書である本書では，連続時間モデルの詳細については解説しません。さらに上級のテキストで学んでください。

# 第8章
# 企業価値評価
# (FCFによる評価)

---

**本章の概要**

　企業経営の目的が株主価値最大化であれば，株式価値と負債価値の和である企業価値を正確に把握することが重要であることはいうまでもありません。この企業価値を把握する方法は，本質価値を求める方法と相対価値を求める方法に大別されます。

　本章では，まず企業価値評価の基本的な考え方と，この考え方を基にして企業が将来生むフリー・キャッシュフローを資本コストで現在価値に割り引いて合計するという方法を解説します。その際，詳細なデータから将来キャッシュフローを予測する期間と，それ以後の期間に分けて企業価値を計算します。次に，株式価値評価法と呼ばれる企業価値を評価するもう1つの方法を解説します。最後に，フリー・キャッシュフロー予測の際の留意点について解説します。

---

**ポイント**

1. 企業価値評価の考え方
2. フリー・キャッシュフロー予測の方法
3. 企業価値評価と継続価値算出
4. 株式価値評価の方法
5. バランスシートの修正

## 企業価値評価の基本

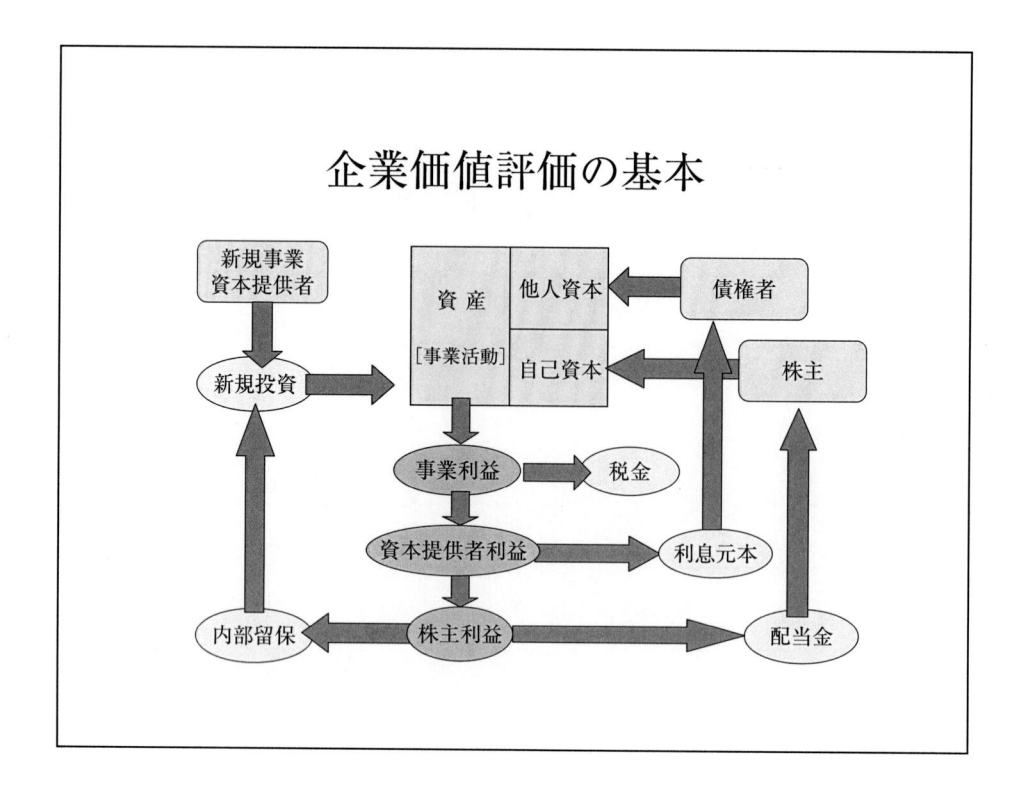

```
新規事業
資本提供者
    ↓
  新規投資 →   資 産    他人資本 ← 債権者
              [事業活動]  自己資本 ← 株主
                 ↓
              事業利益 → 税金
                 ↓
             資本提供者利益 → 利息元本
                 ↓
  内部留保 ← 株主利益 → 配当金
```

　まず，企業の資金と利益の流れについて確認します。企業は，利益獲得のための事業活動を行うために資金が必要になります。株式会社への資金の提供者の中心は株主と債権者です。企業はこの資金を元に事業を行い利益を獲得します。事業活動で得られた利益から税金を差し引いた後の利益は，株主と債権者に帰属（資本提供者利益）することになります。さらに，債権者への利息元本の支払いを差し引いた利益は株主に帰属（株主利益）することになります。このなかから企業は株主に配当を支払ったり，内部留保して新たな投資機会に投資することになります。

　配当割引モデルでは，最後の株主に直接的に支払われる配当金を将来に渡って予測し，現在価値の総和を取ることで，株式価値を求めようとするものであることがわかります。

## 企業の価値

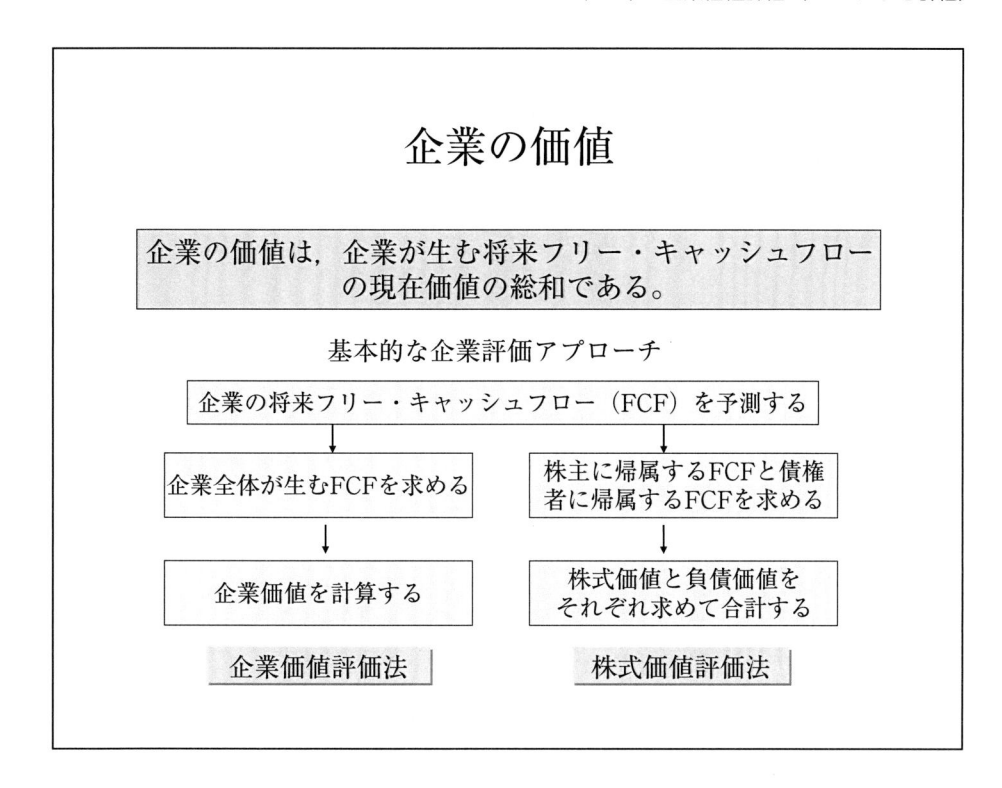

企業の価値は，企業が生む将来フリー・キャッシュフローの現在価値の総和である。

基本的な企業評価アプローチ

企業の将来フリー・キャッシュフロー（FCF）を予測する

| 企業全体が生むFCFを求める | 株主に帰属するFCFと債権者に帰属するFCFを求める |
|---|---|
| ↓ | ↓ |
| 企業価値を計算する | 株式価値と負債価値をそれぞれ求めて合計する |
| 企業価値評価法 | 株式価値評価法 |

　資産の価値は，資産を保有することによって将来得られるキャッシュフローの現在価値の総和となります。これは，ファイナンスの基本概念の1つです。

　したがって，企業価値評価の基本となる考え方は，企業が将来生むフリー・キャッシュフローを予測して，これを現在価値に割り引いて総和を取ることになります。これにより，企業全体の価値を求めることができます。株式価値を求めるためには，負債価値を推定してこれを企業価値から引きます（企業価値評価法）。

　ここで，フリー・キャッシュフローを求める際に，株主に帰属するフリー・キャッシュフローと債権者に帰属するフリー・キャッシュフローを分けて求めることもできれば，そのうちの株主に帰属するフリー・キャッシュフローのみに着目して現在価値の総和を取れば，株式価値を直接求めることができます（株式価値評価法）。同様に負債価値を計算し，両者を合わせると企業価値が求めることができます。

## 企業価値評価の基本（1）

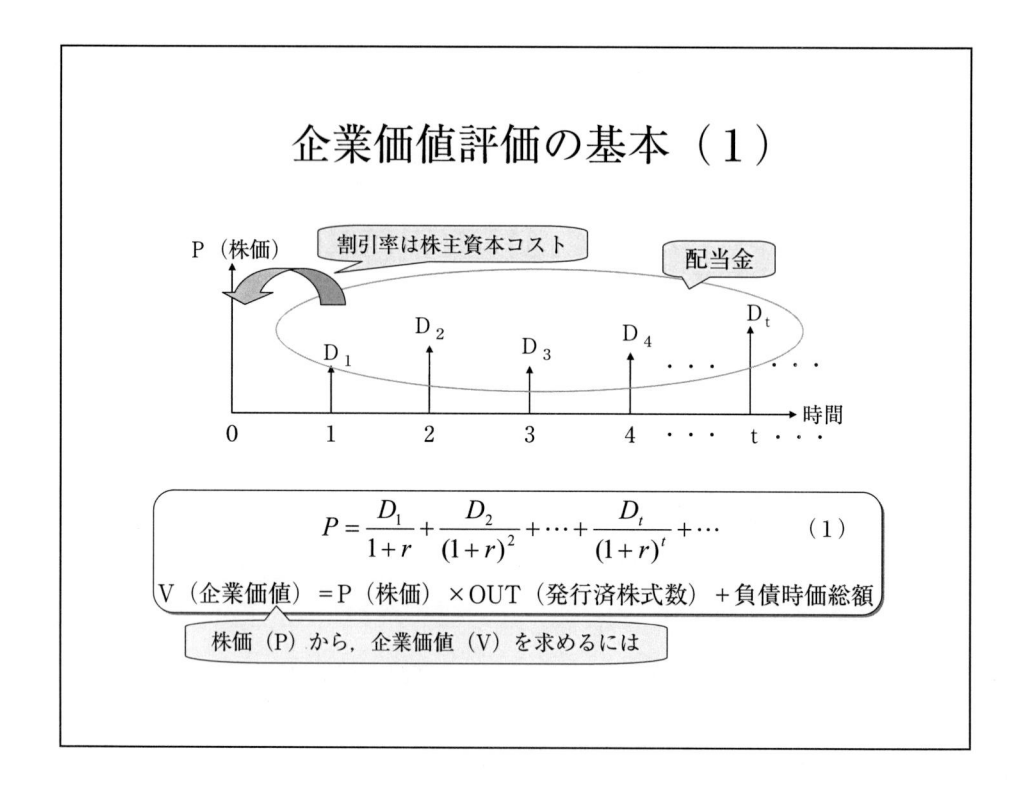

$$P = \frac{D_1}{1+r} + \frac{D_2}{(1+r)^2} + \cdots + \frac{D_t}{(1+r)^t} + \cdots \quad (1)$$

V（企業価値）＝P（株価）×OUT（発行済株式数）＋負債時価総額

株価（P）から，企業価値（V）を求めるには

　株式価値算出の基本は，（1）式で表される配当割引モデルです。投資家が将来得られる配当金を現在価値に割引き，総和を取ったものになります。この式は単純な式ですが，株式価値を算出するための基本式です。（1）式から株式価値が計算できれば，これに発行済株式数を掛けて株式時価総額が得られます。ここで，負債時価総額がわかれば，企業価値を求めることができます。

　一般に負債の時価評価が難しいという問題はありますが，負債の簿価と時価が近いこともあり，負債時価総額を負債簿価総額で代用することが多くあります。

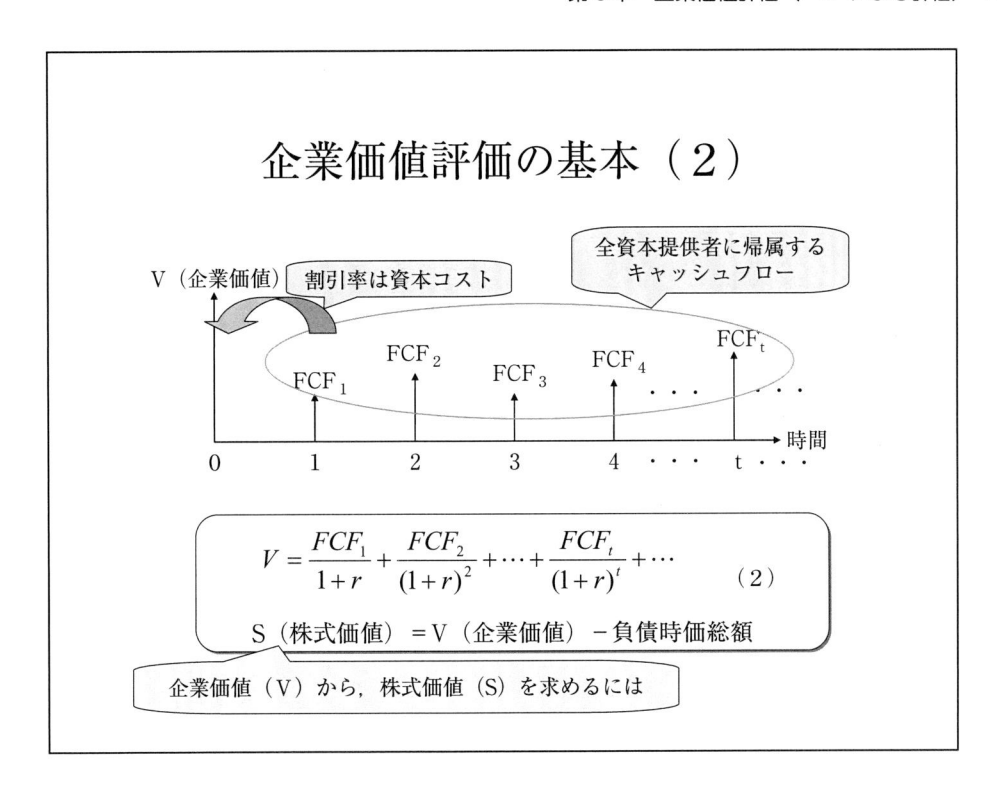

## 企業価値評価の基本（2）

$$V = \frac{FCF_1}{1+r} + \frac{FCF_2}{(1+r)^2} + \cdots + \frac{FCF_t}{(1+r)^t} + \cdots \quad (2)$$

S（株式価値）＝ V（企業価値）－負債時価総額

企業価値（V）から，株式価値（S）を求めるには

　配当割引モデルには，無配企業の評価ができなかったり，企業業績と配当金の関連性が薄いといった問題があり，実際の価格を説明しようとすると限界がありました。こういった問題に対処するためには，配当金の原資であるフリー・キャッシュフローに戻って，企業価値を算出する方法が考えられます。

　すなわち，配当金の原資であるフリー・キャッシュフローを将来に渡って推定し，配当割引モデルと同様に各々を現在価値に割り引いて総和を取ればよいことになります。このとき，このフリー・キャッシュフローが全資本提供者に帰属するフリー・キャッシュフローであれば，これらを現在価値に割り引いて総和をとることによって得られる価値は企業価値ということになります。

　企業価値から株式価値を求めるためには，ここで求めた企業価値から負債価値を引けばよいことになります。

## 企業価値評価の基本（３）

S（株式価値）
割引率は株主資本コスト
株主に帰属するキャッシュフロー

$FCFS_1$, $FCFS_2$, $FCFS_3$, $FCFS_4$, ..., $FCFS_t$

時間 0　1　2　3　4 ・・・ t ・・・

$$S = \frac{FCFS_1}{1+r} + \frac{FCFS_2}{(1+r)^2} + \cdots + \frac{FCFS_t}{(1+r)^t} + \cdots \quad (3)$$

V（企業価値） ＝ S（株式価値） ＋ 負債時価総額

S（株式価値）から，V（企業価値）を求めるには

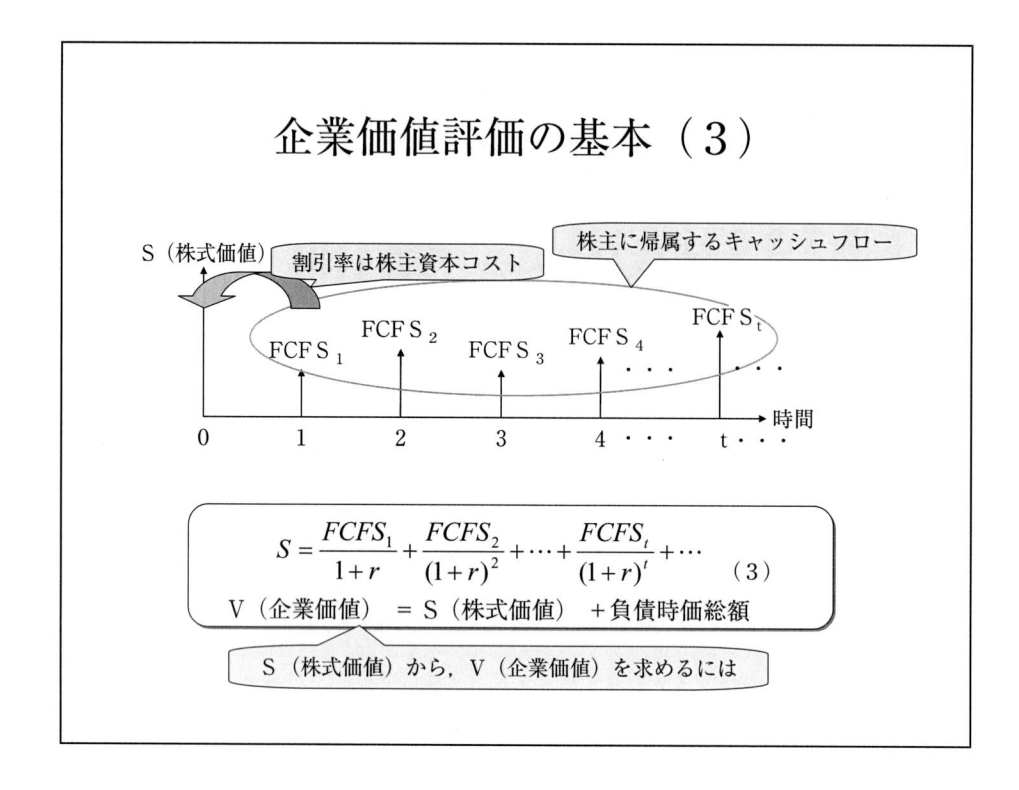

　フリー・キャッシュフローから企業価値を求めるもう１つの方法として，求めるフリー・キャッシュフローを株主に帰属するフリー・キャッシュフローとして，これを現在価値に割り引いて総和を取るという方法もあります。求められた価値は株式価値でこれに負債価値を足せば，企業価値が求まります。

　負債価値は，これまでに述べてきた通り，負債簿価総額で代用する方法もありますが，債権者に帰属するフリー・キャッシュフローが求められれば，株式価値と同様の方法で負債価値を求めることができます。

　フリー・キャッシュフローから企業価値，株式価値を求める方法については，次頁以後で詳しく解説します。

## フリー・キャッシュフローとは

フリー・キャッシュフローは，企業の利益から，税金や将来の投資費用を差し引いた後の投資家に分配可能な現金

```
┌─────────────────────────────────────────┐
│ 企業の営業活動から生まれるキャッシュフロー │
└─────────────────────────────────────────┘
            − マイナス
┌─────────────────────────────────────────┐
│ 事業を維持するために利用されるキャッシュフロー │
│ （税金支払額，生産維持のための管理費・設備投資費・ │
│ 研究開発費，将来の計画投資費など）         │
└─────────────────────────────────────────┘
            ↓
┌─────────────────────────────────────────┐
│ 企業の投資家に配分できる「フリーな」キャッシュフロー │
└─────────────────────────────────────────┘
```

　ここで，フリー・キャッシュフローとは何かを確認します。フリー・キャッシュフローは，企業の利益から税金や将来の投資費用を差し引いた後の，投資家に分配可能な現金のことです。すなわち，「企業の営業活動から生まれるキャッシュフロー」から「事業を維持するために利用されるキャッシュフロー」を引いたものです。ここで，事業を維持するために利用されるキャッシュフローとは，税金支払額，生産維持のための管理費・設備投資費・研究開発費，将来の計画投資費などを表しています。すなわち，フリー・キャッシュフローとは，企業の資本提供者に配分できる「フリーな」キャッシュフローのことを指しています。

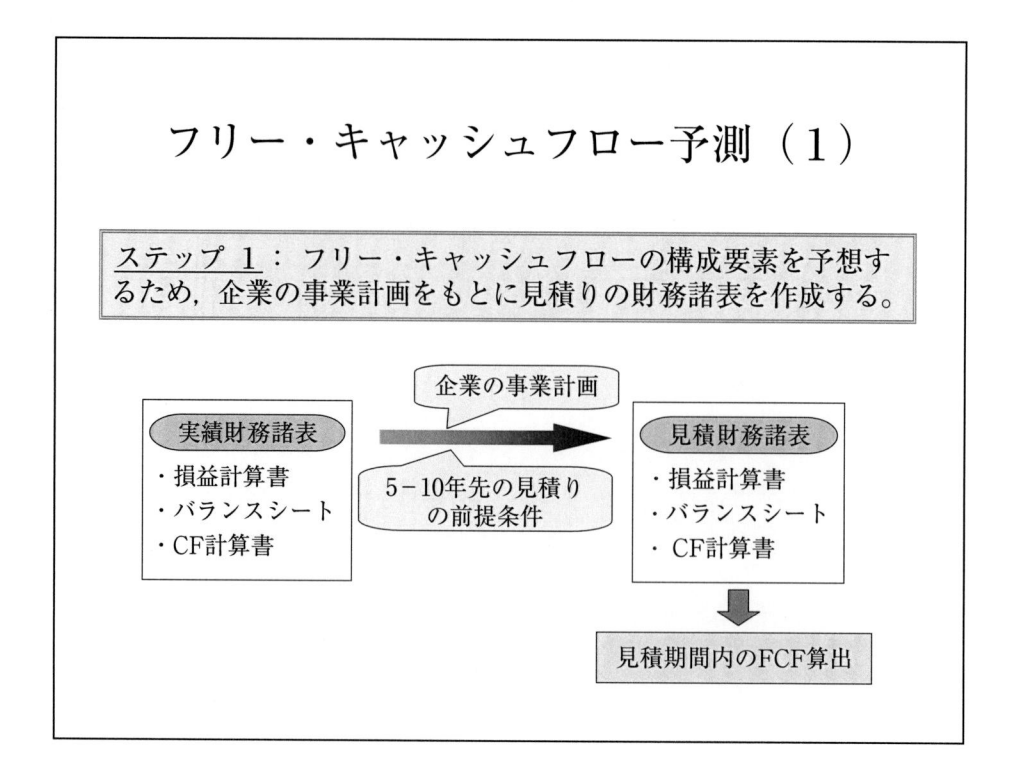

## フリー・キャッシュフロー予測(1)

ステップ1：フリー・キャッシュフローの構成要素を予想するため，企業の事業計画をもとに見積りの財務諸表を作成する。

```
実績財務諸表            企業の事業計画              見積財務諸表
・損益計算書      ─────────────────▶      ・損益計算書
・バランスシート    5-10年先の見積り             ・バランスシート
・CF計算書         の前提条件                   ・CF計算書
                                                    │
                                                    ▼
                                          見積期間内のFCF算出
```

　次に，実際にフリー・キャッシュフローを予測する手順を確認します。具体的には，次に示す2つのステップを踏むことになります。

　まず第1ステップですが，フリー・キャッシュフローの構成要素を予想するため，企業の事業計画をもとに見積財務諸表を作成します。具体的には，(5年から10年先の) マクロ見通しなどの前提条件を置いて，実績財務諸表から，企業の事業計画をもとにして将来の財務諸表を作成します。見積期間をあらかじめ決めて，見積全期間の見積財務諸表を作成します。

## フリー・キャッシュフロー予測（2）

**ステップ 2**：見積財務諸表をもとに，すべての資本提供者に帰属する各年のフリー・キャッシュフローを算出する。

例） 当期利益 を基準とする

① 正味利子費用 を加える（利益算出にあたり差し引かれるが，全証券保有者に帰属するFCF要素）。

$$正味利子費用 = （1 - 法人税）（支払利息 - 利子収入）$$

② 当期繰延税金 と 減価償却費を足し戻す（利益算出にあたり経費として引かれるものの，実際のキャッシュの流出はない）。

③ 予定されている資本支出と運転資本の増加分（追加投資額）を引く。

---

　第2ステップでは，見積財務諸表をもとに，すべての資本提供者に帰属する各年のフリー・キャッシュフローを算出します。たとえば，当期利益を基準として，これに正味利子費用を加えます。正味利子費用は，利益算出に際して差し引かれますが，資本提供者に帰属するフリー・キャッシュフローの要素の1つです。次に，当期繰延税金と減価償却費を足し戻します。これは利益算出に際して経費として引かれますが，実際にはキャッシュの流出がありません。最後に，予定されている資本支出と運転資本の増加分（追加投資額）を引きます。以上の操作を見積期間すべてについて行い，フリー・キャッシュフローを予測します。

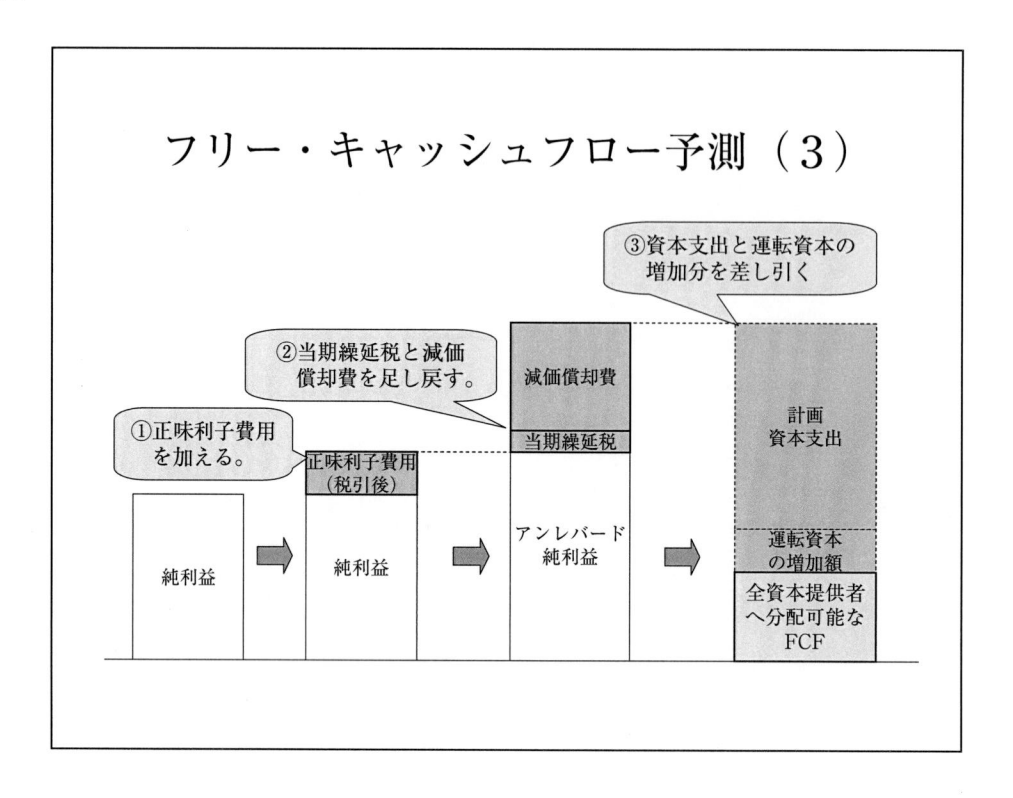

## フリー・キャッシュフロー予測（3）

① 正味利子費用を加える。
② 当期繰延税と減価償却費を足し戻す。
③ 資本支出と運転資本の増加分を差し引く

純利益 → 純利益＋正味利子費用（税引後） → アンレバード純利益＋当期繰延税＋減価償却費 → 計画資本支出、運転資本の増加額、全資本提供者へ分配可能なFCF

　これらの操作をまとめると上図のようになります。まず，純利益（左端）に正味利子費用（税引後）を加えます。この値はアンレバード純利益と呼ばれています。次に，当期繰延税と減価償却費を足し戻します。最後に，計画されている資本支出と運転資本の増加分を差し引くことで，資本提供者へ配分可能なフリー・キャッシュフローを求めることができます。

　これらの操作を行うことで，純粋に資本提供者に帰属する利益のみを抽出することができたことになります。

## フリー・キャッシュフロー予測（4）

> 継続企業は，通常，CFを明示的に予測できる期間以降も活動を続けるので，企業価値には，予測期間以降に発生するCFも計算に入れるべき。

- 合理的な期待成長率を捉えるために，明示的な予測期間は十分な長さに設定すること（通常5年から10年）。

- 予測期間以降は，予測最終時点のFCFが一定の成長率で永続的に発生すると仮定する。

- 一定の長期成長率は，業界の平均成長率に収束すると仮定する。
  （競争と模倣により，多くの企業は長期的に業界の平均値に回帰するため）
  あるいは，楽観的な予測を避けるために，実質成長ゼロ（つまり，インフレと同率で成長する）と仮定する。

　以上が，フリー・キャッシュフローの具体的な予測方法です。しかし，企業は通常，フリー・キャッシュフローを明示的に予測できる期間以降も活動を続けるので，企業価値には，予測期間以降に発生するフリー・キャッシュフローも計算に入れる必要があります。まず，合理的な期待成長率を捉えるために，明示的な予測期間は十分な長さに設定する必要があります。通常，5年から10年の明示的な予測期間を設定します。

　予測期間以降は，予測最終時点のフリー・キャッシュフローが一定の成長率で永続的に発生すると仮定することが一般的です。また，企業間の競争と模倣により，多くの企業は一般に長期的に業界の平均値に回帰すると考えることができるため，一定の長期成長率は業界の平均成長率に収束すると仮定したり，楽観的な予測を避けるために，実質成長ゼロ（つまり，その国の期待インフレと同率で成長する）と仮定します。

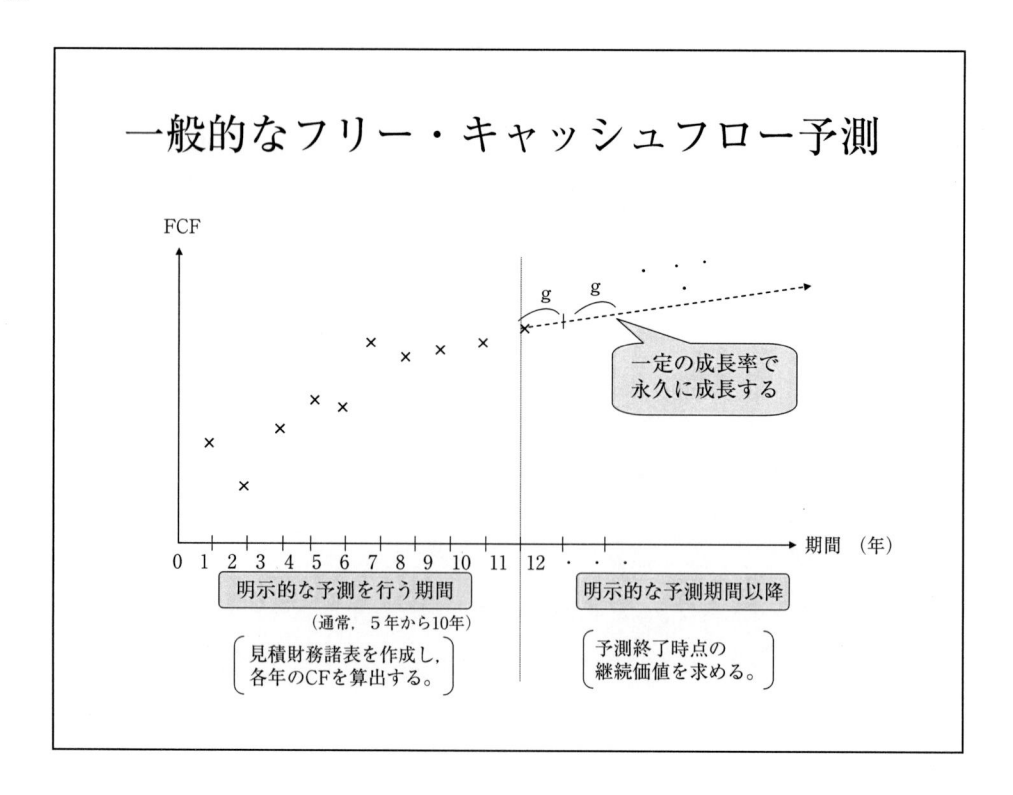

## 一般的なフリー・キャッシュフロー予測

（図：縦軸 FCF、横軸 期間（年）。0〜11年までが「明示的な予測を行う期間（通常，5年から10年）」で，見積財務諸表を作成し，各年のCFを算出する。12年以降は「明示的な予測期間以降」で，予測終了時点の継続価値を求める。成長率 $g$ で一定の成長率で永久に成長する。）

　フリー・キャッシュフロー予測に関するこれまでの話をイメージとしてまとめたものが上の図です。

　「明示的な予測を行う期間」として，詳細な見積財務諸表を作成し，各年のフリー・キャッシュフローを予測する期間を 5 年から 10 年とします（図の例では10年）。「明示的な予測を行う期間以後の期間」は，明示的な予測を行う最後の年のフリー・キャッシュフローが，その後，一定の（保守的な）成長率で成長すると仮定して，予測終了時点での継続価値を求めます。

## 企業価値の評価（1）

企業価値は、将来のフリー・キャッシュフロー（FCF）を企業のWACC（加重平均コスト）で割引いた現在価値の総和

企業価値（期待将来FCFの現在価値）
= 明示的な予測期間内のFCFの現在価値 + 明示的な予測期間終了時点のCV（継続価値）の現在価値

$$= \frac{FCF_1}{1+WACC} + \frac{FCF_2}{(1+WACC)^2} + \cdots + \frac{FCF_n}{(1+WACC)^n} + \frac{CV_n}{(1+WACC)^n} \quad (4)$$

　資産価値算出の考え方に従えば、企業価値は将来のフリー・キャッシュフローを企業のWACC（加重平均資本コスト）で割引いた現在価値の総和です。したがって、企業価値は「明示的な予測期間内のフリー・キャッシュフローの現在価値の総和」と「明示的な予測期間終了時点の継続価値（$CV_n$）の現在価値」との和となります。具体的には、i期目のフリー・キャッシュフローを$FCF_i$、資本コストをWACC、明示的な予測期間をn、n時点での継続価値（n＋1時点以降のフリー・キャッシュフローのn時点での価値）を$CV_n$とすれば、企業価値は（4）式で表すことができます。

## 企業価値の評価(2)
### (パラメータ推定に対する感応度)

- 成長率,売上マージン,資本コストなどのパラメータの推定を誤ると,企業価値の推定に大きな影響を与える。
- 継続価値は企業価値の大きな割合を占めていることが一般的であり,予測期間以降で前提とする一定成長率は企業価値に大きな影響を与える。

WACCおよび成長率に対する感応度

|  |  | 成長率 | | |
|---|---|---|---|---|
|  |  | 5.0% | 6.0% | 7.0% |
| WACC | 9.0% | 1,706.1 | 2,296.4 | 3,477.1 |
|  | 10.0% | 1,364.9 | 1,722.3 | 2,318.1 |
|  | 11.0% | 1,137.4 | 1,377.9 | 1,738.6 |

WACC,成長率の変化によって企業価値が大きく変化する。

---

　実際のフリー・キャッシュフロー予測で,前提条件となる予測期間以降の成長率,売上マージン,資本コストなどのパラメータの推定を誤ると,企業価値の推定に大きな影響を与えることになります。

　また,継続価値は企業価値の大きな割合を占めていることが一般的であり,予測期間以降で前提とする一定成長率は企業価値に大きな影響を与えます。たとえば6期以後の継続価値を考えるとします。5期でのフリー・キャッシュフローが100億円として,資本コスト(WACC)が9.0%,10.0%,11.0%,成長率が5.0%,6.0%,7.0%という3×3の9通りの値を取るとします。各々の継続価値を計算すると,上の表のようになります。資本コストが10%,成長率が6%の場合の継続価値は1,722.3億円ですが,WACCと成長率の変化によって大きく変化することがわかります。

## 企業価値の評価（3）
（EBITDA 倍率との比較）

予測した継続価値からEBITDA倍率を求め，ほかの類似企業の市場価値から求めた倍率と比べることで，前提とする入力情報の合理性を測る。

$$EBITDA倍率 = \frac{継続価値}{明示的な予測期間が終了した年の翌年のEBITDA} \quad (5)$$

継続価値の予測値から求めたEBITDA倍率

|  |  | 成長率 | | |
|---|---|---|---|---|
|  |  | 5.0% | 6.0% | 7.0% |
|  | 9.0% | 6.8 | 9.2 | 13.9 |
| WACC | 10.0% | 5.5 | 6.9 | 9.3 |
|  | 11.0% | 4.5 | 5.5 | 7.0 |

導かれたEBITDA倍率が現在の業界の平均値から乖離している場合，評価の前提の妥当性を再検討する必要がある。

　ここで，予測した継続価値からEBITDA倍率を求め，ほかの類似企業の市場価値から求めた倍率と比べることで，前提とする入力情報の妥当性を確認することができます。

　具体的には，EBITDA倍率は，（5）式で与えられますので，明示的な予測期間が終了した年の翌年のEBITDAを250億円とし，前ページの例と同様に，継続価値算出に用いる成長率を5.0％，6.0％，7.0％，資本コスト（WACC）を9.0％，10.0％，11.0％とすると，EBITDA倍率は上の表のように計算できます。ここで，導かれたEBITDA倍率が現在の業界の平均値から乖離している場合，評価の前提の妥当性を検討する必要があります。

## 企業価値の評価（4）
### （もうひとつの評価アプローチ）

**株式価値評価法からのアプローチ**
企業のキャッシュフローを株主CFと債権者CFに分けてそれぞれの価値を合計する方法

**企業のフリー・キャッシュフロー**

= 株主に帰属するフリー・キャッシュフロー ＋ 債権者に帰属するフリー・キャッシュフロー

株主に帰属するフリー・キャッシュフロー：
- 純利益
- ＋）非現金項目
- －）資本支出
- －）正味運転資本の増加分
- ＋）負債の増加分

債権者に帰属するフリー・キャッシュフロー：
- 税引後利息
- －）負債の増加分

　すでに述べた通り，企業価値を算出する方法として，企業価値評価法以外に，株式価値評価法があります。これは，企業のフリー・キャッシュフローを株主に帰属するフリー・キャッシュフローと債権者に帰属するフリー・キャッシュフローに分けてそれぞれの価値を合計する方法です。すなわち，企業が生むフリー・キャッシュフローは，株主に帰属するフリー・キャッシュフローと債権者に帰属するフリー・キャッシュフローの和となります。株主に帰属するフリー・キャッシュフローは，純利益に非現金項目を加え，資本支出，正味運転資本の増加分を差し引き，負債の増加分を加えることで計算できます。債権者に帰属するフリー・キャッシュフローは，税引後利息から負債の増加分を引くことで計算します。

## 企業価値の評価(5)
### (もうひとつの評価アプローチ)

**株主に帰属するフリー・キャッシュフロー(株式価値)の評価**

$$\text{株式価値} = \frac{FCFE_1}{1+k} + \frac{FCFE_2}{(1+k)^2} + \cdots + \frac{FCFE_5}{(1+k)^5} + \frac{FCFE_5(1+g)}{(1+k)^5(k-g)} \quad (6)$$

$FCFE_i$ : i年の株主に帰属するフリー・キャッシュフロー
$k$ : 株主資本コスト
$g$ : フリー・キャッシュフローの成長率

**債権者に帰属するフリー・キャッシュフロー(負債価値)の評価**

$$\text{負債価値} = \frac{FCFD_1}{1+r} + \frac{FCFD_2}{(1+r)^2} + \cdots + \frac{FCFD_5}{(1+r)^5} + \text{純負債残高の現在価値} \quad (7)$$

$FCFD_i$ : i年の債権者が受け取るフリー・キャッシュフロー
$r$ : 負債コスト

$$\boxed{\text{企業価値}} = \boxed{\text{株式価値}} + \boxed{\text{負債価値}} \quad (8)$$

この値は,全資金提供者のフリー・キャッシュフローをWACCで割り引く方法から得られた値に等しい。

　明示的な予測期間を5年とした場合,株主に帰属する将来フリー・キャッシュフローを推定することができれば,(6)式に従って,この企業の株式価値を計算できます。ここで,$FCFE_i$はi年度の株主に帰属するフリー・キャッシュフロー,kは株主資本コスト,gはフリー・キャッシュフローの成長率を表します。

　次に,債権者に帰属する将来フリー・キャッシュフローを推定すると,(7)式に従って,この企業の負債価値を計算できます。ここで$FCFD_i$は,i年度の債権者に帰属するフリー・キャッシュフロー,rは負債コストを表します。

　ここで,個々に求めた株式価値と債券価値の和は企業価値となります。この値は,始めに企業全体が生む将来キャッシュフローをWACCで割り引いて求めた企業価値と等しくなります。この関係は厳密に成り立つ関係で,どちらの方法で計算しても,同じ結果が得られることになります。したがって,分析者が分析しやすい方法を選択すればよいことになります。

> ## バランスシートの修正
>
> 企業の資産や負債のなかには，キャッシュフローが見積もれないためキャッシュフロー評価法で評価できないものがある。
>
> ⇩
>
> バランスシートの詳細な分析，FCF評価の対象外とされた項目の確認や評価が必要となる。
>
> ---
>
> （例）
> - 遊休資産（利用する予定のない不動産など）
>   → これらの支出はFCF予測から除外し，売却費や税金を控除した後の処分価格を個別に評価して，企業価値に考慮する。
> - 長期投資からの配当金
>   → 配当の期待成長やシステマティックリスクが中核事業とかけ離れている場合，市場価格をもとに個別に評価する。
> - 偶発債務（訴訟結果に左右される債務，売掛債務，条件付き支払い債務など）
>   → 運転資本により相殺されるので，企業価値には組み込まない。

　次に，フリー・キャッシュフローを計算するうえでの留意点を述べます。バランスシートの修正が必要な場合です。企業の資産や負債のなかには，キャッシュフローが見積もれないため，キャッシュフロー評価法で評価できないものがあります。たとえば利用する予定のない不動産などの遊休資産については，これらの支出をFCF予測から除外し，売却費や税金を控除した後の処分価格を個別に評価して，企業価値に考慮する必要があります。また長期投資からの配当金については，配当の期待成長やシステマティックリスクが中核事業とかけ離れている場合，市場価格をもとに個別に評価する必要がありますし，訴訟結果に左右される債務，売掛債務，条件付き支払い債務などは運転資本により相殺されるので，企業価値には組み込みません。バランスシートの詳細な分析，FCF評価の対象外とされた項目の確認や評価が必要となります。

# 第9章
# 企業価値評価
## （その他の手法による評価）

---

**本章の概要**

　本章では，第8章のフリー・キャッシュフローバリュエーションモデルに続いて，残余利益モデルの概要を解説し，次に企業価値のみならず企業経営を考えるうえで重要な経済的付加価値について説明します。そして両モデルの考え方の違いも確認します。さらに，本章では配当割引モデルと4つの企業価値評価モデルの関係について，整理，確認をすることとします。そして，最後に古くから企業の相対価値評価に広く使われていた評価倍率法（マルチプル）についても，簡単に概要を解説します。

---

**ポイント**

1. 残余利益モデルとは何か
2. 経済的付加価値とは何か
3. EVAと残余利益との関係
4. 企業価値評価モデルの全体像の把握
5. 代表的な評価倍率（マルチプル）

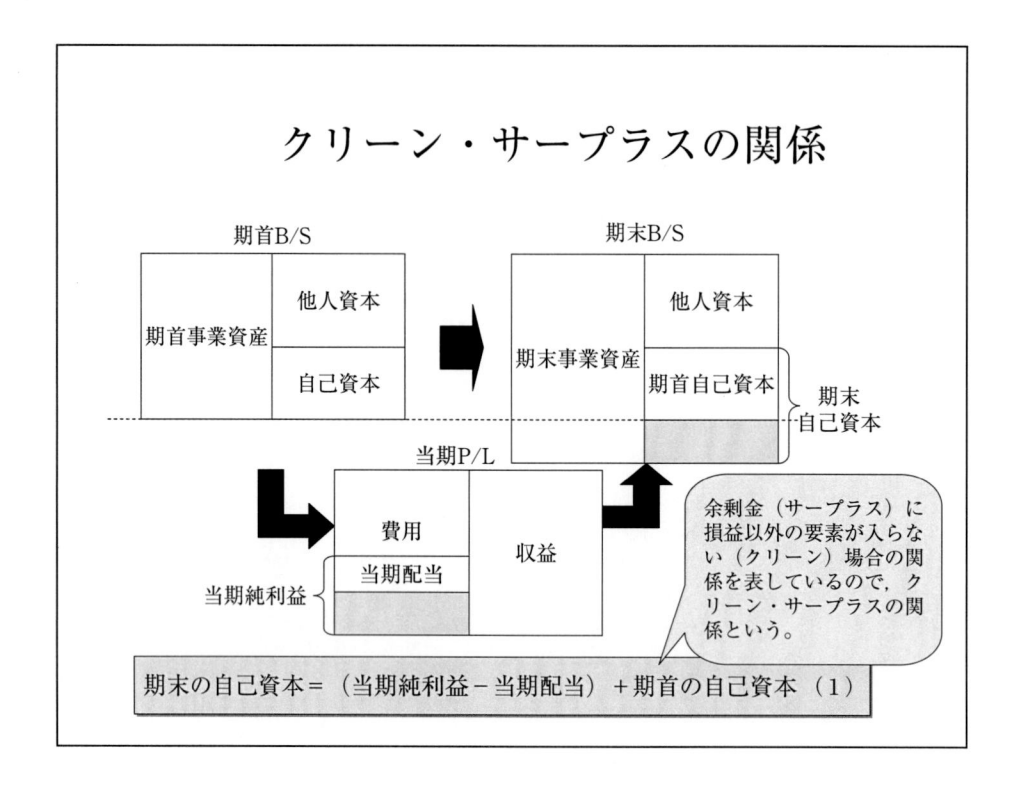

```
┌─────────────────────────────────────────────────────────────┐
│              クリーン・サープラスの関係                      │
│                                                             │
│        期首B/S                   期末B/S                     │
│   ┌────────┬────────┐       ┌────────┬────────┐             │
│   │        │ 他人資本│       │        │ 他人資本│             │
│   │期首事業│        │  ➡    │期末事業│        │             │
│   │  資産  ├────────┤       │  資産  ├────────┤ ┐期末        │
│   │        │ 自己資本│       │        │期首自己│ │自己資本    │
│   │        │        │       │        │  資本  │ │            │
│   └────────┴────────┘       │        ├────────┤ ┘            │
│                             └────────┴────────┘             │
│              当期P/L                                         │
│          ┌────────┬────────┐                                 │
│          │  費用  │  収益  │  ┌──────────────────┐           │
│     ➡    ├────────┤        │  │余剰金（サープラス）│          │
│          │当期配当│        │  │に損益以外の要素が │          │
│  当期純利益└────────┴────────┘  │入らない（クリーン）│          │
│                                │場合の関係を表して │          │
│                                │いるので，クリーン・│          │
│                                │サープラスの関係と │          │
│                                │いう。             │          │
│                                └──────────────────┘         │
│                                                             │
│   期末の自己資本＝（当期純利益－当期配当）＋期首の自己資本（１）│
└─────────────────────────────────────────────────────────────┘
```

　（1）式に示したように，期首の自己資本に当期純利益から当期配当金を引いた金額を加えると期末の自己資本となる関係を，クリーン・サープラスの関係といいます。余剰金（サープラス）に損益以外の要素が入らない（クリーン）場合の関係を表しているので，クリーン・サープラスの関係と呼ばれています。期中に増資などがあれば，クリーン・サープラスの関係は成立しないことになります（この関係が成立しないことをダーティ・サープラスといいます）。

　このクリーン・サープラスの関係式は，次ページ以後で説明する新しい企業価値モデルを導出するうえで，重要となります。

## 残余利益モデル（１）

配当割引モデルにクリーン・サープラスの関係式を代入して，株式価値を求めようとしたもの。

クリーンサープラス → [t期の自己資本] [t期の純利益] [t期の配当]

$$B_t = B_{t-1} + NI_t - D_t \quad (2)$$

配当割引モデルに代入すると

$$P = \frac{B_0 + NI_1 - B_1}{1+r} + \frac{B_1 + NI_2 - B_2}{(1+r)^2} + \frac{B_2 + NI_3 - B_3}{(1+r)^3} + \cdots \quad (3)$$

$$= B_0 + \frac{NI_1 - rB_0}{1+r} + \frac{NI_2 - rB_1}{(1+r)^2} + \cdots + \frac{NI_t - rB_{t-1}}{(1+r)^t} - \frac{B_t}{(1+r)^t} + \cdots \quad (4)$$

　配当割引モデルにクリーン・サープラスの関係式を代入して株式価値を求めようとする考え方を残余利益モデルといいます。具体的には（２）式で表されるクリーン・サープラスの関係式を変形して配当額を自己資本と純利益で表し，これを配当割引モデルの基本式に代入すると（３）式が得られます。（３）式の右辺を変形すると（４）式のようになります。この式の右辺は，第一項が０時点での自己資本で第二項以降は自己資本から資本にかかるコストを引いた値を現在価値に割り引いたものの総和と ｔ 期の自己資本を現在価値に割り引いたものの差の形になっていることがわかります。

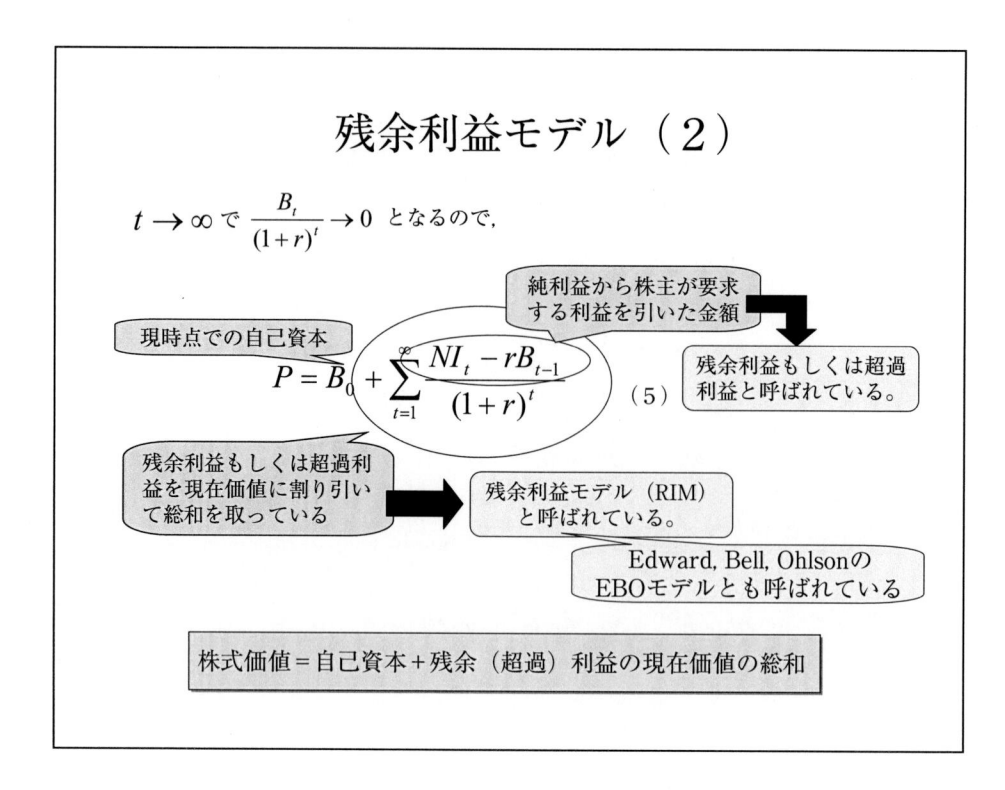

## 残余利益モデル（2）

$t \to \infty$ で $\dfrac{B_t}{(1+r)^t} \to 0$ となるので，

$$P = B_0 + \sum_{t=1}^{\infty} \dfrac{NI_t - rB_{t-1}}{(1+r)^t} \quad (5)$$

- 現時点での自己資本：$B_0$
- 純利益から株主が要求する利益を引いた金額 → 残余利益もしくは超過利益と呼ばれている。
- 残余利益もしくは超過利益を現在価値に割り引いて総和を取っている → 残余利益モデル（RIM）と呼ばれている。
- Edward, Bell, Ohlson の EBO モデルとも呼ばれている

株式価値＝自己資本＋残余（超過）利益の現在価値の総和

ここで，n の値を大きくして無限大にすると，(4) 式の右辺の最終項はゼロに近づくので，整理すると (5) 式のようになります。(5) 式の右辺の第二項（Σ の項）の分子は，純利益から株主が要求する利益を引いた金額で，残余利益もしくは超過利益と呼ばれています。(5) 式の右辺の第二項全体は，残余利益もしくは超過利益を現在価値に割り引いて総和を取っていることがわかります。(5) 式で表されたモデルは残余利益モデル（RIM）と呼ばれています。あるいは，このモデルを考えた Edward, Bell, Ohlson の名前から，EBO モデルとも呼ばれています。

この関係から，株式価値が残余（超過）利益の現在価値の総和と自己資本の和になっていることがわかります。

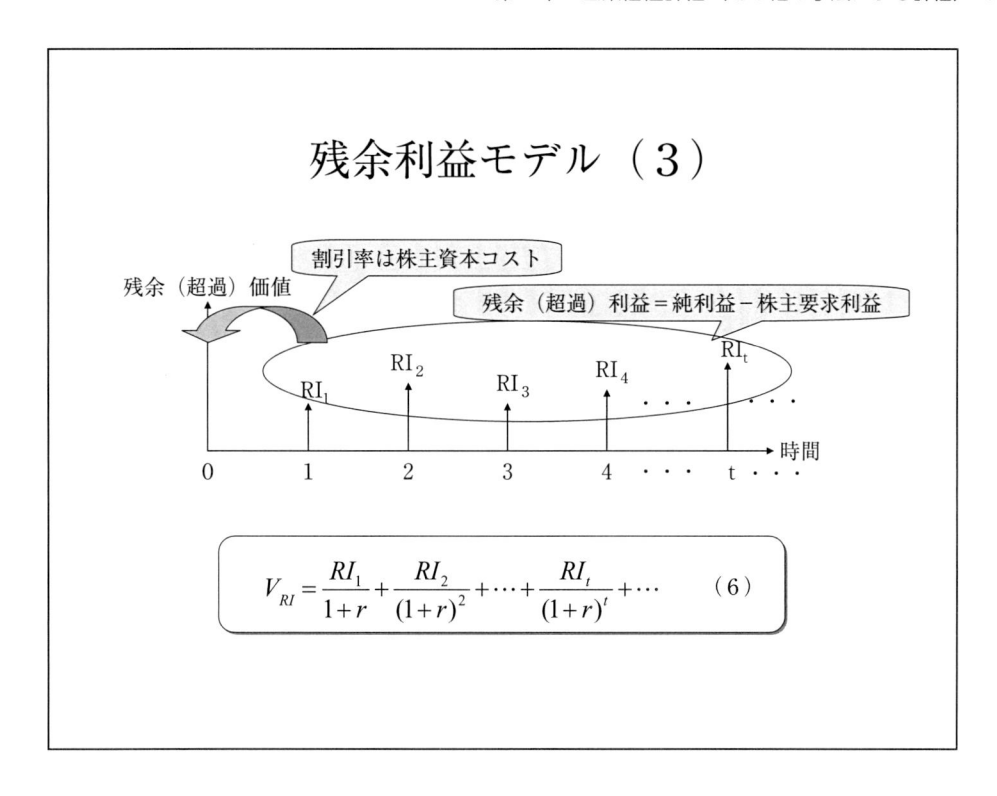

## 残余利益モデル（3）

割引率は株主資本コスト

残余（超過）利益＝純利益－株主要求利益

$$V_{RI} = \frac{RI_1}{1+r} + \frac{RI_2}{(1+r)^2} + \cdots + \frac{RI_t}{(1+r)^t} + \cdots \quad (6)$$

　この残余（超過）利益モデルの考え方は，上図のように純利益から株主要求利益（株主資本に株主資本コストを掛けたもの）を引き，現在価値に割引き，総和を取ったものとなります。具体的には（6）式を計算することにより，現時点での価値を計算することができます。この値は，余剰価値とも呼べるものです。この値が大きい企業の株主価値は高いということになります。

　なお，純利益はあくまで会計上の利益で，フリー・キャッシュフローとは考え方が異なることに注意が必要です。

## 残余利益モデル（4）

ここで，株主資本利益率（ROE）が毎期一定とすると，・・・

$$P = B_0 + \sum_{t=1}^{\infty} \frac{(ROE - r) \times B_t}{(1+r)^t} \quad (7)$$

ROEが株主資本コストを上回らなければ，株主価値は高まらない。

⬇

ROEが株主資本コストを下回ると，株主価値は自己資本を下回る（価値毀損）ことになる。

株主資本利益率（ROE）は重要な経営評価の尺度

　ここで，株主資本利益率（ROE：Return on Equity）が毎期一定として，この関係を（5）式右辺の第二項の分子に代入すると，（7）式のように表すことができます。（7）式の第二項の分子は，「ROEが株主資本コストを上回らなければ，株主価値は高まらない」こと，「ROEが株主資本コストを下回ると，株主価値は自己資本を下回る（価値毀損）ことになる」という企業経営上，重要なメッセージを示してくれています。このことからも，株主資本利益率（ROE）は重要な経営評価の尺度であることがわかります。

## 残余利益モデル（5）

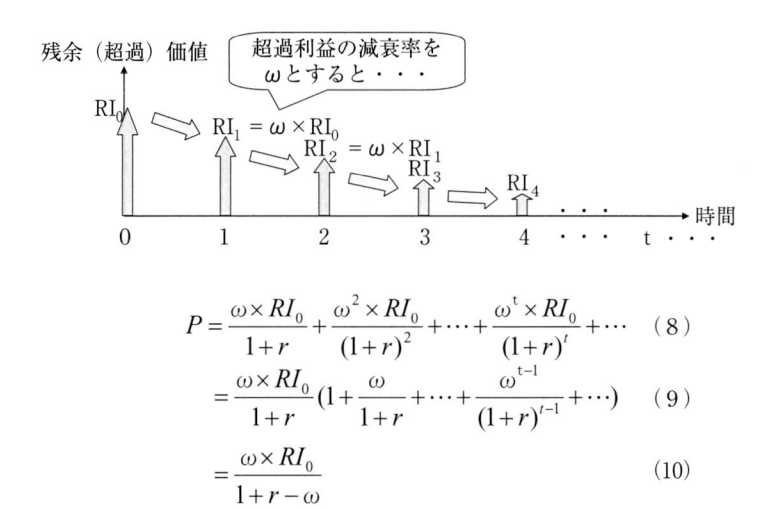

超過利益の減衰率を $\omega$ とすると・・・

$$P = \frac{\omega \times RI_0}{1+r} + \frac{\omega^2 \times RI_0}{(1+r)^2} + \cdots + \frac{\omega^t \times RI_0}{(1+r)^t} + \cdots \quad (8)$$

$$= \frac{\omega \times RI_0}{1+r}\left(1 + \frac{\omega}{1+r} + \cdots + \frac{\omega^{t-1}}{(1+r)^{t-1}} + \cdots\right) \quad (9)$$

$$= \frac{\omega \times RI_0}{1+r-\omega} \quad (10)$$

　ここで，競争社会のなかで，超過利益を上げていた企業は，同業企業の追随を受け，徐々に超過利益が得られなくなっていくと仮定します。具体的には，毎期 $\omega$ ずつ，超過利益が減少していくと仮定します（このとき，$\omega$ を減衰率と呼びます）。すると，次期以降の超過利益は，(8) 式のように表すことができ，この式の共通部分を括り出すと，(9) 式が得られます。この式は，$\omega$ を $(1+r)$ で割った値を比率とする等比無限級数です。無限等比級数の公式から，残余利益は (10) 式のように表すことができます。

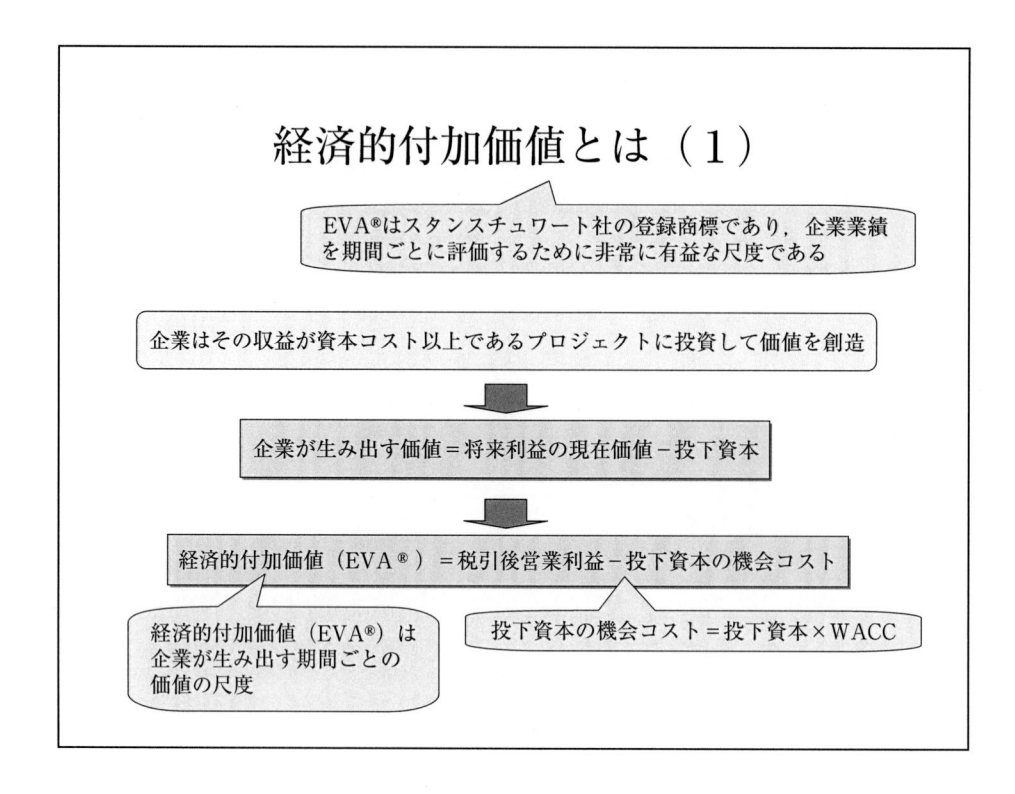

## 経済的付加価値とは（1）

- EVA®はスタンスチュワート社の登録商標であり，企業業績を期間ごとに評価するために非常に有益な尺度である
- 企業はその収益が資本コスト以上であるプロジェクトに投資して価値を創造
- 企業が生み出す価値＝将来利益の現在価値－投下資本
- 経済的付加価値（EVA®）＝税引後営業利益－投下資本の機会コスト
- 投下資本の機会コスト＝投下資本×WACC
- 経済的付加価値（EVA®）は企業が生み出す期間ごとの価値の尺度

　ここで，企業経営の評価で利用されている経済的付加価値，すなわちEVA®（Economic Value Added）について考えることにします。EVA®はスタンスチュワート社の登録商標であり，企業業績を期間ごとに評価するために非常に有益な尺度です。

　企業はその収益が資本コスト以上であるプロジェクトに投資して価値を創造します。ここで，企業が生み出す価値は，期間ごとの税引き後営業利益から投下資本を引いたものを現在価値に割り引いたものの総和と考えます。したがって，経済的付加価値（EVA）は税引後営業利益から投下資本の機会コスト（投下資本の機会コスト＝投下資本×WACC）を引いたものということになります。すなわち，経済的付加価値（EVA）は企業が生み出す期間に対応した価値の尺度ということになります。

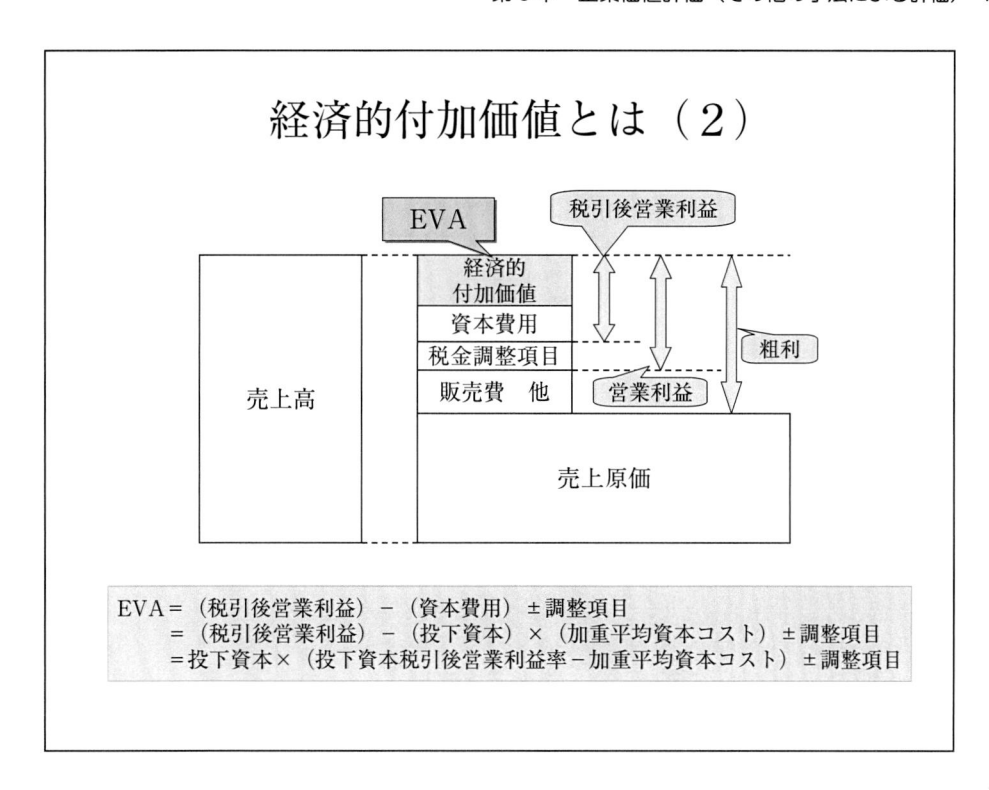

## 経済的付加価値とは（2）

```
EVA =（税引後営業利益）−（資本費用）±調整項目
    =（税引後営業利益）−（投下資本）×（加重平均資本コスト）±調整項目
    =投下資本×（投下資本税引後営業利益率−加重平均資本コスト）±調整項目
```

前述の通り，EVA は，税引後営業利益から資本費用を引き，実際には，さらに調整項目を加減したものと定義されます。これは，税引後営業利益から投下資本費用（投下資本額×加重平均資本コスト）に調整項目を加減したものです。すなわち，投下資本利益率から加重平均資本コストを引いたものに投下資本額を掛けて調整項目を加減したものということになります。ここで，投下資本額とは，短期借入金，固定負債と株主資本を合計したものになります。なお，調整項目には，引当金増加額，営業権償却額，後入れ先出し法による在庫勘定減少効果などが含まれます。

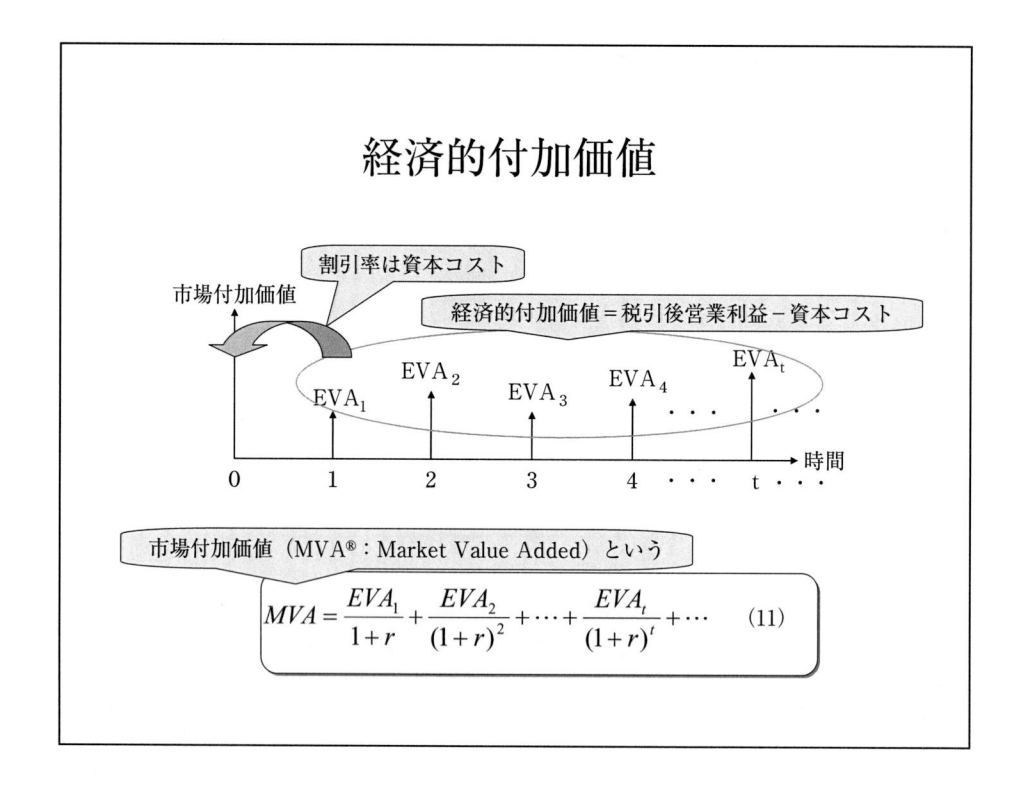

## 経済的付加価値

割引率は資本コスト

市場付加価値

経済的付加価値＝税引後営業利益－資本コスト

$EVA_1$, $EVA_2$, $EVA_3$, $EVA_4$, ..., $EVA_t$, ...

0　1　2　3　4　・・・　t・・・　時間

市場付加価値（MVA®：Market Value Added）という

$$MVA = \frac{EVA_1}{1+r} + \frac{EVA_2}{(1+r)^2} + \cdots + \frac{EVA_t}{(1+r)^t} + \cdots \quad (11)$$

　ここで，EVA®から生まれる現時点での価値は，上図のように税引後営業利益から資本にかかる費用（総資本に資本コストを掛けたもの）を引き，現在価値に割引き，総和を取ったものとなります。具体的には，(11) 式から計算することができます。この値は，企業の余剰価値とも呼べるもので，市場付加価値（MVA®：Market Value Added）といいます。MVA®もスタンスチュワート社の登録商標です。この値が大きい企業の企業価値は高いということになります。

　なお，税引後営業利益は，純利益と同様に，あくまでも会計上の利益で，フリー・キャッシュフローとは考え方が異なることに注意が必要です。

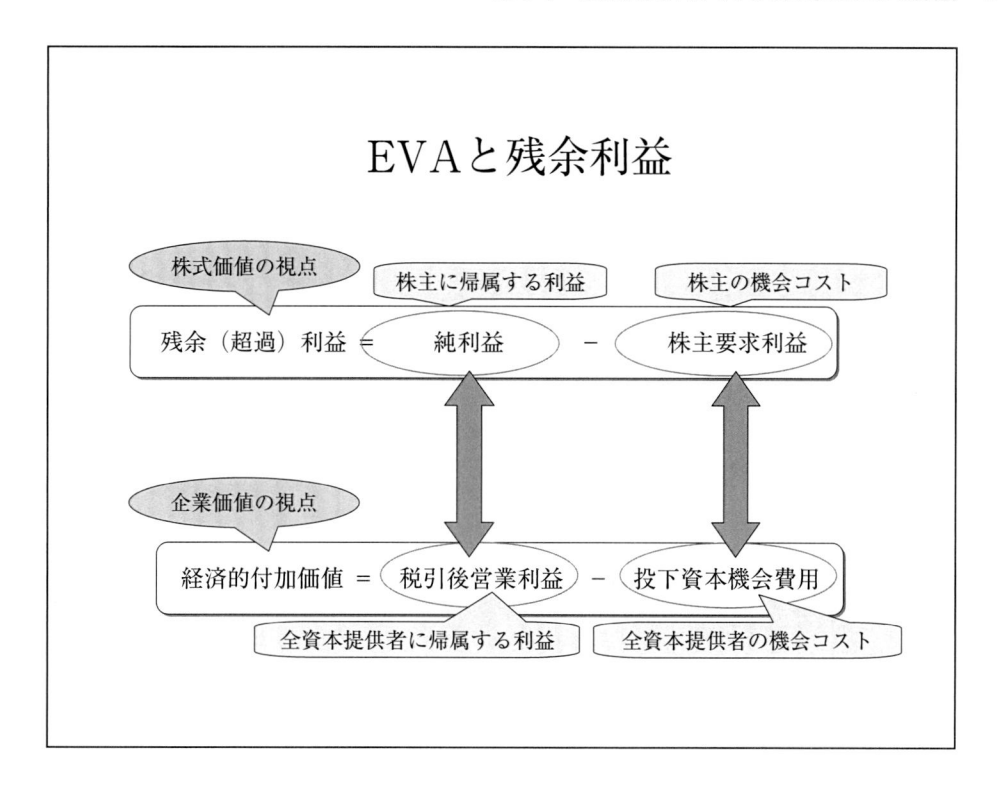

## EVAと残余利益

**株式価値の視点**

残余（超過）利益 ＝ 純利益 − 株主要求利益

- 純利益 → 株主に帰属する利益
- 株主要求利益 → 株主の機会コスト

**企業価値の視点**

経済的付加価値 ＝ 税引後営業利益 − 投下資本機会費用

- 税引後営業利益 → 全資本提供者に帰属する利益
- 投下資本機会費用 → 全資本提供者の機会コスト

　EVAと残余利益の関係は，これまでの説明でわかるように，株式価値の視点で株主資本コストに対する超過利益に焦点を当てたものが残余（超過）利益であり，企業価値の視点で資本コストに対する超過利益に焦点を当てたものが経済的付加価値ということになります。

　したがって，株主価値の視点に立った余剰（超過）利益は株主に帰属する利益である純利益から株主の機会コストである株主要求利益を引いたものになります。また，企業価値の視点に立った余剰（超過）利益（経済的付加価値のこと）は全資本提供者に帰属する利益である税引後営業利益から全資本提供者の機会コストである投下資本機会費用を引いたものになります。

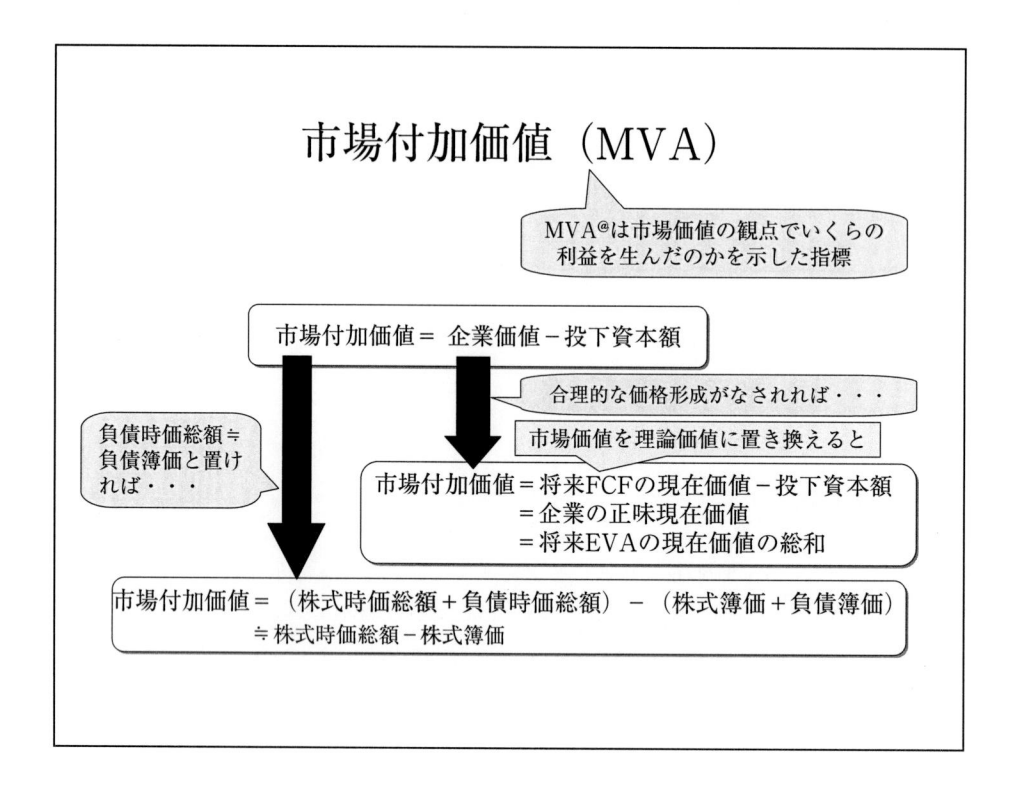

## 市場付加価値（MVA）

> MVA®は市場価値の観点でいくらの利益を生んだのかを示した指標

市場付加価値＝企業価値－投下資本額

> 合理的な価格形成がなされれば・・・
> 市場価値を理論価値に置き換えると

市場付加価値＝将来FCFの現在価値－投下資本額
　　　　　　＝企業の正味現在価値
　　　　　　＝将来EVAの現在価値の総和

> 負債時価総額≒負債簿価と置ければ・・・

市場付加価値＝（株式時価総額＋負債時価総額）－（株式簿価＋負債簿価）
　　　　　　≒株式時価総額－株式簿価

　市場付加価値は，一般には，市場価値の観点でいくらの利益を生んだのかを示した指標である企業価値から投下資本額を引いたものと定義されます。ここで，合理的な価格形成がなされれば，市場価値を理論価値に置き換えることができるので，市場付加価値は，将来FCFの現在価値から投下資本額を引いたものになり，これは企業の正味現在価値，すなわち「将来EVAの現在価値の総和」になります。市場付加価値は「株式時価総額＋負債時価総額」から「株式簿価総額＋負債簿価総額」を引いたものになり，負債時価総額≒負債簿価と仮定できれば，市場付加価値は，株式時価総額から株式簿価総額を引いたものになります。

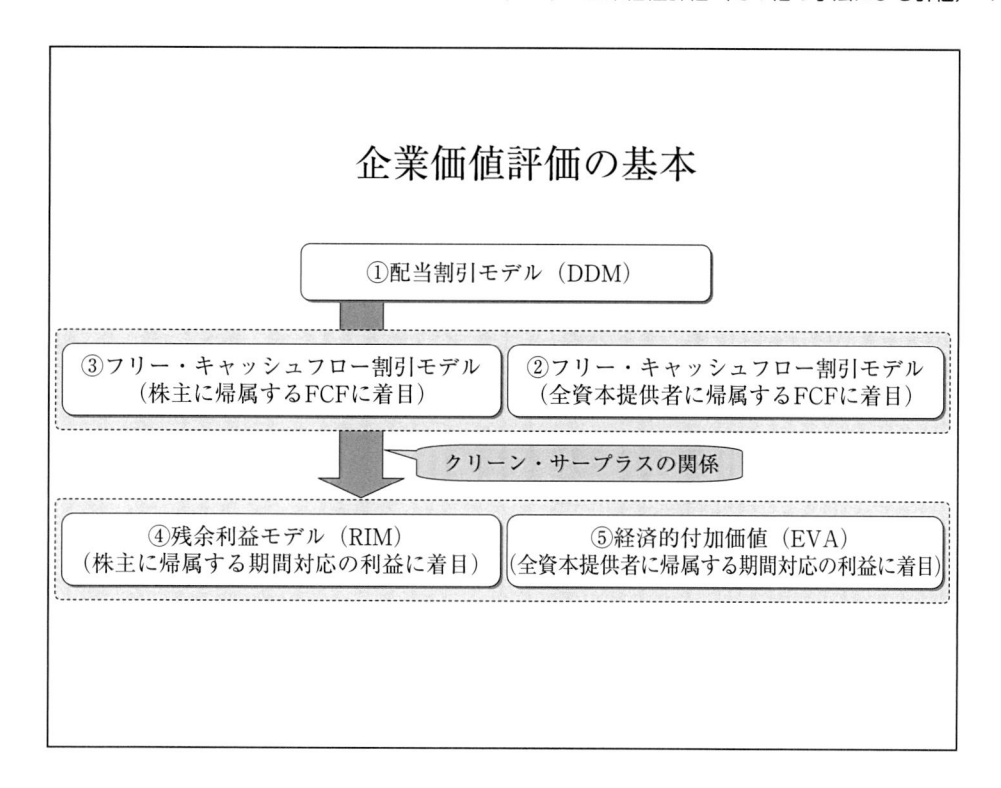

## 企業価値評価の基本

①配当割引モデル（DDM）

③フリー・キャッシュフロー割引モデル
（株主に帰属するFCFに着目）

②フリー・キャッシュフロー割引モデル
（全資本提供者に帰属するFCFに着目）

クリーン・サープラスの関係

④残余利益モデル（RIM）
（株主に帰属する期間対応の利益に着目）

⑤経済的付加価値（EVA）
（全資本提供者に帰属する期間対応の利益に着目）

　これまでの絶対価値を求める企業価値評価の方法を整理すると，まず最も基本となるモデルが配当割引モデルでした。配当割引モデルは株主に直接支払われる配当に着目したものでしたが，配当の原資に着目したフリー・キャッシュフロー割引モデルが広く使われています。このフリー・キャッシュフロー割引モデルには，全資本提供者に帰属するフリー・キャッシュフローに着目したモデルと株主に帰属するフリー・キャッシュフローに着目したモデルの2つがあることを確認しました。さらにクリーン・サープラスの関係を使って配当割引モデルを変形した残余利益モデル（株主の期間対応の利益に着目）と経済的付加価値に着目したEVAモデル（全資本提供者の期間対応の利益に着目）があることを確認しましたこれら5つのモデルは企業価値評価を考えるうえでの主要なモデルとなっています。

## マルチプル（Multiple）法

売上高，当期利益や純資産などの財務指標から，企業価値（株主価値）を求める相対的価値比較法

$$\text{マルチプル} = \frac{\text{株価等}}{\text{評価対象会社の財務指標}} \quad (12)$$

利益や資産に関する数値

マルチプル法の代表例
- 株価収益率（PER：Price to Earnings ratio）
- 株式純資産倍率（PBR：Price to Book Value ratio）
- 配当利回り（Dividend Yield）
- EV/EBITDA倍率

出所：菅原，桂（2010）を一部修正。

　企業価値（株主価値）を相対的に評価する頻繁に実務で利用される方法として，売上高，当期利益，純資産などの財務指標と株価との比率を使って求める方法があります。この方法は，マルチプル（倍率）と呼ばれ，企業の絶対的価値を求めるのではなく，相対価値を求めるものとして利用されています。したがって，マルチプル自体は単なる指標的なものでしかなく，（フリー）キャッシュフローの注意深い予測やそれに基づく評価などの代替となるべきものではありません。しかし，DCF法を補完したりチェックしたりする役割をもっています。特に，マルチプル法（倍率法）は，評価対象の企業と類似の特性をもつ企業と比較する場合に有効な方法とされています。

## PER（株価収益率）

株価を1株当たり純利益で割ったもので，利益は予想値が使われることが多い（予想PERということもある）。現時点での株価が，利益の何倍であるかをみる指標である。

$$PER = \frac{株価}{1株当たり純利益} \quad (13)$$

前期利益（実績PER）や今期利益予想，来期利益予想（予想PER）などが使われる

PERが高いということは，分母の利益に対して株価が高いことを意味している。これは，投資家が現在の利益水準に比較して，株価を高く評価していることになり，将来の利益成長が高いことを期待していると考えることができる。

出所：菅原，桂（2010）を一部修正。

　マルチプルのなかで，最も代表的なものが，PER（株価収益率）です。これは，株価を1株当たりの純利益で割ったもので，現時点の株価が純利益の何倍であるかをみる指標です。純利益は前期利益や今期の利益予想値が使われています。前者を実績PER，後者を予想PERと呼び，区別して使われますが，予想値が使われることが多いようです。

　PERが高いということは，分母の純利益に対し株価が高いことを意味しています。これは，投資家が現在の利益水準と比較して，株価を高く評価していることになり，将来の利益成長が高いことを期待していると考えることができます。

> ## PBR（株価純資産倍率）
>
> 株価を1株当たり自己資本で割ったものである。現時点での株価が，自己資本の何倍であるかをみる指標である。1株当たり自己資本は，簿価ベースの数値が使われるが，これを時価に推定しなおしたものも使われる。PBRが「1」を下回ることは，企業の資産価値以下に株価が低下していることを示していることになる。
>
> $$\text{PBR} = \frac{\text{株価}}{1\text{株当たりの自己資本}} \quad (14)$$
>
> 簿価上の自己資本に対する株式時価総額の比率。事業の将来性があまりないような成熟企業の価値評価に用いられる。PBRは個別企業の評価よりむしろ，バリュー型の株式ポートフォリオの企業選別基準としてしばしば用いられる。
>
> 出所：菅原，桂（2010）を一部修正。

　PBR（株価純資産倍率）は，株価を1株当たりの自己資本で割ったものです。現時点の株価が，自己資本の何倍であるのかを見る指標です。通常は，1株当たりの自己資本は，簿価ベースの数値が使われることが多いですが，これを時価に推定し直したものも使われています。

　前述のPERが株価をフローである収益との比較で評価するのに対し，PBRは1株当たりの自己資本（の簿価）というストックとの比較で評価する尺度といえます。これが，「1.0」を下回ることは，企業の資産価格以下に株価が低下していることを示しています。

　この指標は，通常，事業の将来性があまりないような成熟企業の価値評価に用いられます。PBRは個別企業の評価よりは，むしろバリュー株，グロース株の企業選別基準としてしばしば用いられています。

## 配当利回り

株式を保有することで、投資家が得られる配当額と株価の比率を取ったもので、投資効率を示す最も基本となる指標。

$$配当利回り = \frac{1株当たり配当金}{株価} \quad (15)$$

株式に投資する以上、株式のもつ高いリスクを引き受ける代わりに、投資家は高いリターンを期待する。そうすると、金利よりも高い配当を期待するか、株価の上昇を期待。

出所：菅原，桂（2010）。

　配当利回りは、1株当たりの配当金を株価で割った指標です。株価に対し、どれだけのインカム・ゲインがあったかを示しています。分子の1株当たりの配当は、直近の実績値だけでなく、予想配当が用いられることもあります。株式に投資する以上、株式の高いリスクを引き受ける代わりに、投資家は高いリターンを要求します。そうすると、金利よりも高い配当を期待するか、株価の上昇を期待することになります。アメリカにおいては、高配当性向の成熟企業のなかには配当利回りの高い企業も多く、配当利回りが投資尺度として定着していました。わが国においては、欧米に比べ永らく配当が低い状態が続いていましたが、1990年代以降、株価低下と金利低下によって、配当利回りが債券利回りを上回る銘柄も増えてきています。これらの企業群については、配当利回りが投資尺度として使われています。

## EV/EBITDA倍率

「企業価値」が，「利払い前・税引前・減価償却前・無形固定資産の減価償却前利益」の何倍になったかを示す指標。

$$\text{EV/EBITDA倍率} = \frac{\text{EV}}{\text{EBITDA}} \quad (16)$$

- EV：企業価値
- EBITDA：利払い前・税引前・減価償却前・無形固定資産の減価償却前利益

企業買収の際に，被買収企業の利益で買収価格を何年かけて取り戻せるかを表した指標でもあり，買収価格簡易買収倍率と呼ばれることもある。

---

　EV/EBITDA倍率は，「企業価値（株式時価総額と有利子負債を足して現預金を引いたもの）」が「利払い前・税引前・減価償却前・無形固定資産の減価償却前利益」の何倍になったかを示す指標です。企業買収の際に，被買収企業の利益で買収価格を何年かけて取り戻せるかを表した指標でもあり，簡易買収倍率と呼ばれることもあります。

# 第10章
# MM理論（1）

― 本章の概要 ―

　モジリアーニとミラーは，企業価値に関する4つの重要な命題を示しました。これらの命題はコーポレート・ファイナンスの基本となる考え方で，モジリアーニは1985年に，ミラーは1990年にこの業績が認められ，ノーベル経済学賞を受賞しました。本章ではまず，この4つの命題の意味と，命題導出の前提条件を確認します。次に，4つの命題のうち，「資本構成と企業価値」の関係，「レバレッジ比率と株主資本コスト」の関係，「新規投資と資本コストとの関係」について，与えられた前提条件の下で成り立つ関係を確認します。4つ目の配当命題については次章で説明します。

― ポイント ―

1. MM理論の意味
2. MM理論成立の前提条件
3. 資本構成と企業価値の関係とは
4. レバレッジ比率と株主資本コストの関係とは
5. 新規投資と資本コストとの関係とは

## MM理論の意味

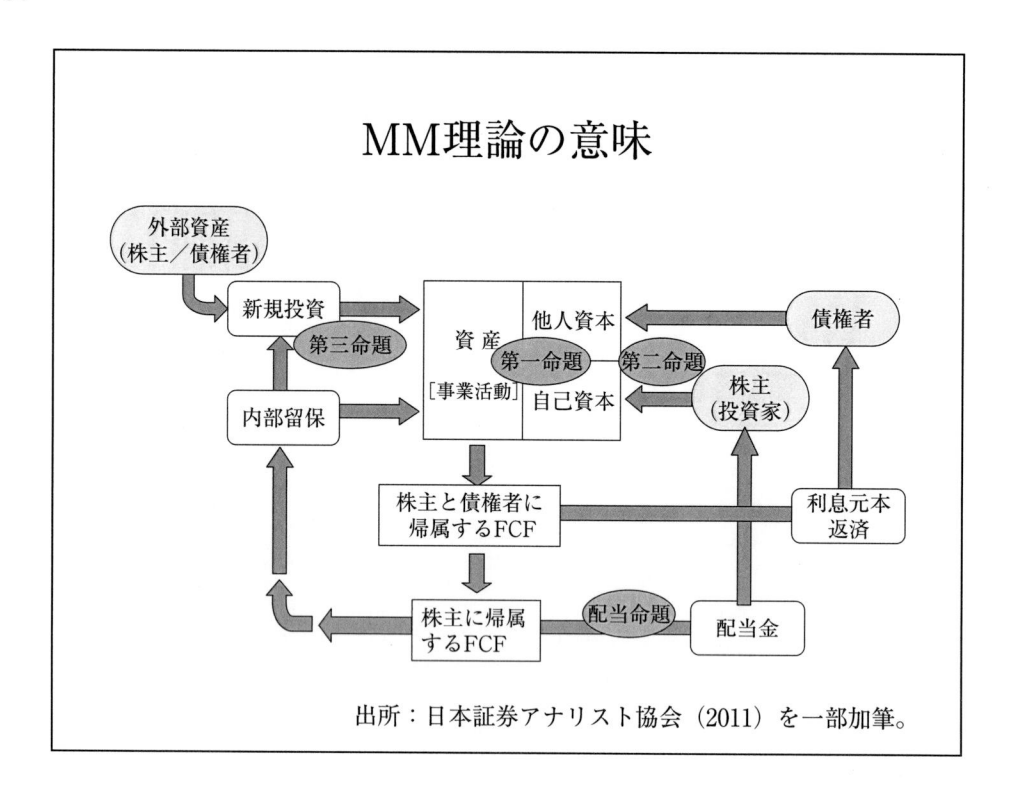

```
外部資産
(株主/債権者)
    ↓
  新規投資 → 資産      他人資本 ← 債権者
   第三命題  [事業活動] 第一命題 第二命題
  内部留保          自己資本 ← 株主(投資家)
    ↑              ↓
    株主と債権者に帰属するFCF ← 利息元本返済
         ↓
    株主に帰属するFCF  配当命題  配当金
```

出所：日本証券アナリスト協会（2011）を一部加筆。

　モジリアーニとミラーは，ある前提条件の下で成り立つ企業価値に関する4つの重要な関係を示しました。具体的には，①企業価値と資本構成の関係，②レバレッジ比率と株主資本コストの関係，③新規投資と資本コストの関係，④配当政策と株式価値の関係という4つの関係を示しました。

　これらの関係はMM理論（命題）と呼ばれ，企業価値を考える基本となっています。これら4つの関係の本質を見い出すために，モジリアーニとミラーは後述する強い前提条件を置いて命題を導いています。前提条件のうちのいくつかを緩和することにより，より現実に近い関係を導き出すこともできます。このことについては，次章で解説します。

## MM理論の想定した前提条件

**価格形成に関する2つの前提**

- 市場は効率的である
  - ✓ 情報はすぐに行き渡り，価格に反映
  - ✓ 新しい情報に対して適切に価格調整される

- 市場は完全である
  - ✓ 十分な流動性
  - ✓ 取引コスト，税金がない

これらの前提の下で，現実の世界を抽象化

現実の世界では，MMの前提条件は必ずしも成立しない

　モジリアーニとミラーは，理論を構築するうえで，価格形成に関する2つの前提条件をおいています。まず，1つめは「市場は効率的である」とする前提条件です。すなわち，情報はすぐに行き渡り，価格に反映され，新しい情報に対して適切に価格調整されるという前提条件です。2つめは，「市場は完全である」とする前提条件です。すなわち，十分な流動性があり，取引コスト，税金がないとする前提条件です。これらの前提の下で，現実の世界を抽象化したのがMM理論です。これらの前提条件は現実と乖離したものになっていますが，一部の前提条件を緩和した結果については後で解説します。

## MM（Modigliani-Miller）理論

以下の命題すべてを総称して，MM（Modigliani-Miller：モジリアーニとミラー）理論と呼んでいる。

1) 企業の資本構成は企業価値と無関係
   → MMの第一命題

   〔資金を負債で資金調達しても，株式で資金調達しても，企業の価値が変わらない。〕

2) レバレッジ比率と株主要求収益率の間には正の線形関係がある
   → MMの第二命題

3) 株主価値が増加するか否かは「資本コスト」を上回れるかで決まる
   → MMの第三命題

   〔企業は実物投資機会から得られる収益率が，資本コストより高いときにのみ，その投資機会を採択すべき〕

4) 配当政策のみを変更しても株式価値は変わらない。
   → MMの配当命題

　以下の命題すべてを総称して，モジリアーニとミラー（MM）の理論（もしくは命題）と呼んでいます。まず，「企業の資本構成は企業価値と無関係」であるとするのがモジリアーニとミラーの第一命題です。次に，「レバレッジ比率と株主要求収益率の間には正の線形関係がある」とするのが，モジリアーニとミラーの第二命題です。さらに，「新規投資案件で株主価値が増加するか否かは「資本コスト」を上回れるかで決る」とするのが，モジリアーニとミラーの第三命題です。最後に，「配当政策のみを変更しても企業価値は変わらない」とするのが，モジリアーニとミラーの配当命題です。これらは，前述の強い前提条件の下で成立する関係です。

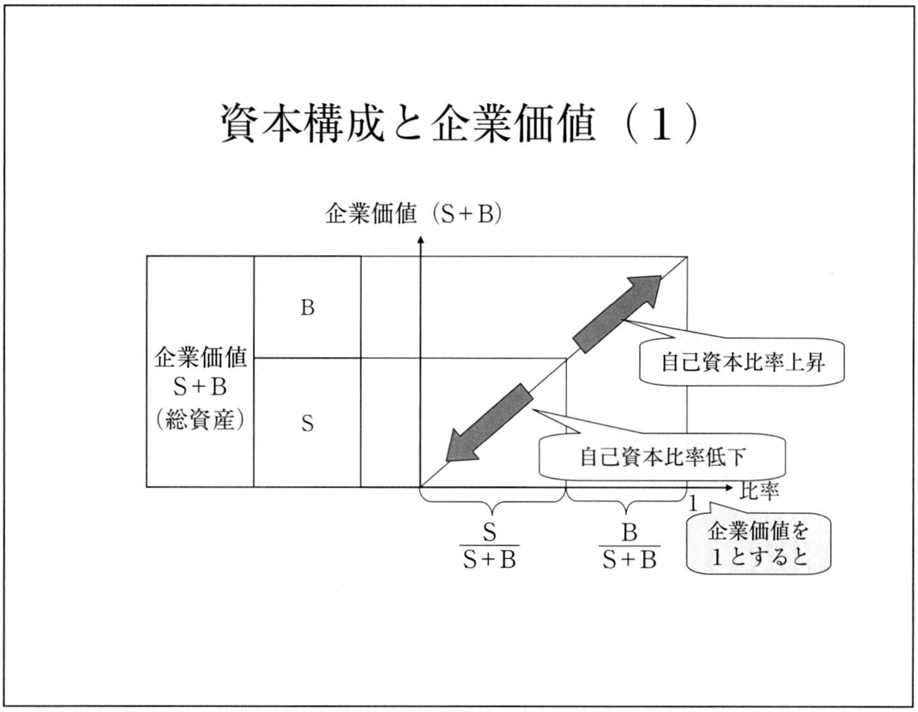
資本構成と企業価値（1）
企業価値（S+B）
B
企業価値
S+B
（総資産）
S
自己資本比率上昇
自己資本比率低下
比率
1
S/S+B
B/S+B
企業価値を
1とすると

まず，第一命題について考えます。企業に提供される資金は，一般に株式と負債に大別されます。債権者が提供した資本が負債で，株主の提供した資本が株式です。両社の合計を手元資金として，企業は事業活動を行うことができます。このとき，負債と株式をどれくらいの割合で調達するかは重要な問題となります。

株式（S）を企業価値，あるいは総資産（負債（B）と株式（S）の合計であるS＋B）で割ったものを自己資本比率と呼びます。負債を増やして株式を減らすと自己資本比率が低下し，逆に負債を減らして株式を増やすと自己資本比率が上昇します。

## 資本構成と企業価値（2）

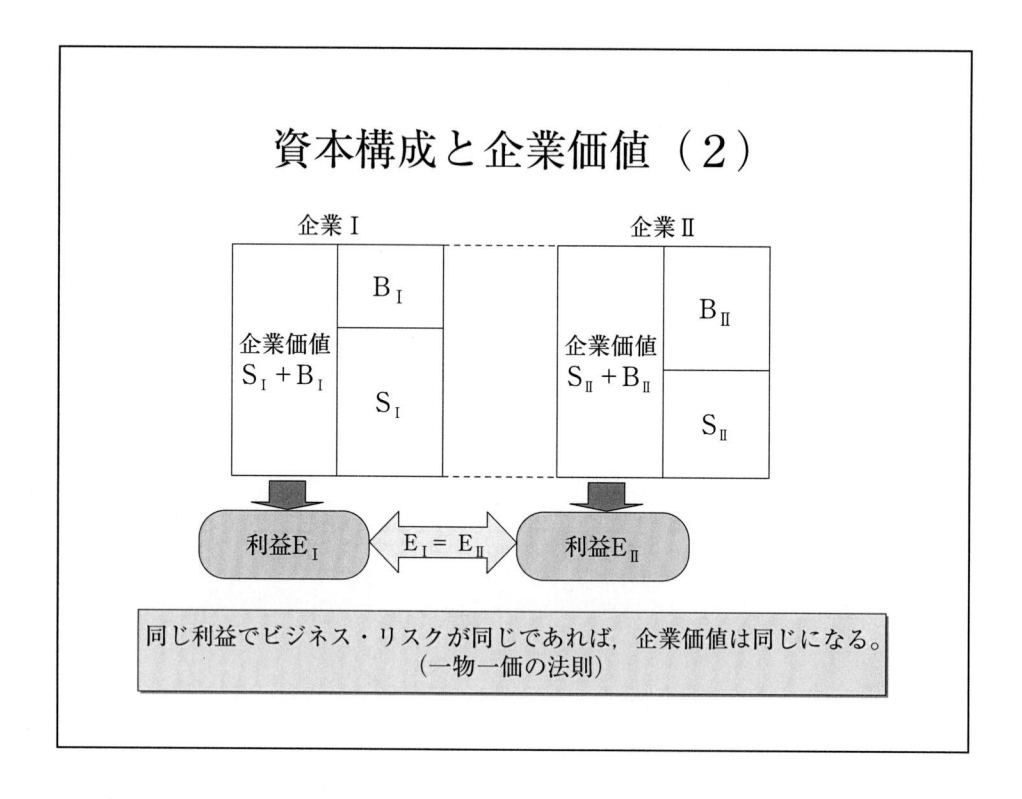

```
   企業Ⅰ              企業Ⅱ
┌─────┬───┐       ┌─────┬───┐
│     │ B_I│       │     │B_II│
│企業価値├───┤       │企業価値├───┤
│S_I+B_I│   │       │S_II+B_II│   │
│     │ S_I│       │     │S_II│
└──┬──┴───┘       └──┬──┴───┘
   ▼    ⇔E_I=E_II⇔   ▼
  利益E_I            利益E_II
```

同じ利益でビジネス・リスクが同じであれば，企業価値は同じになる。
（一物一価の法則）

　ここで，2つの企業ⅠとⅡを考えます。この2つの企業Ⅰと企業Ⅱは資本構成は異なりますが（上の図の例では企業Ⅰの自己資本比率は企業Ⅱの自己資本比率より高い），同じ利益を上げていて，ビジネス・リスクも同じであるとすれば，価格も同じになるはずです。仮に，企業Ⅰの価値が高くて企業Ⅱの価値が低いとすれば，企業Ⅰをカラ売りして企業Ⅱを購入することで，無リスクで利益を得られます。リスクを取らずに利益を上げることができる機会が存在せず，1つのものには1つの値段しかつかないと考えることができれば，企業Ⅰと企業Ⅱの価値は同じになります（一物一価の法則）。

## 資本構成と企業価値（3）

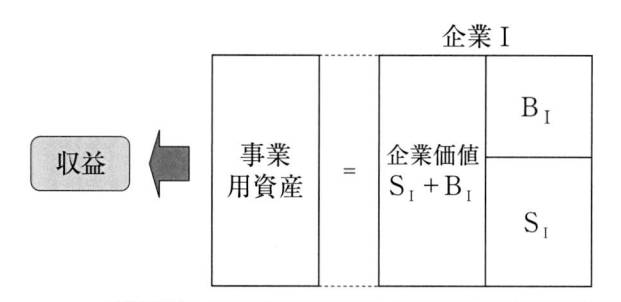

**企業 I**

収益 ← 事業用資産 = 企業価値 $S_I + B_I$ （$B_I$／$S_I$）

企業価値は事業用資産から生まれたものであり，この事業用資産の原資は，資本提供者からのもの

資本の提供者が，株式でも債券でも，同じお金であれば，資本総額は変わらない。すなわち，資本構成が変わっても企業価値は変わらない。

　ここで，資本構成と企業価値について考えます。まず，企業価値は事業用資産から生まれる利益（フリー・キャッシュフロー）により決定されるものであり，この事業用資産は，資本提供者から拠出された資金をもとに調達されたものです。資本が株式でも負債でも，同じお金であれば資金提供者がどちらであっても変わりはありません。したがって，資本構成が変わっても企業価値は変わらないことになります。ただし，これは税金がないとした場合の話です。現実には税金が存在するので，結果は異なってきます（税金がある場合については次章で解説します）。

## MMの第一命題

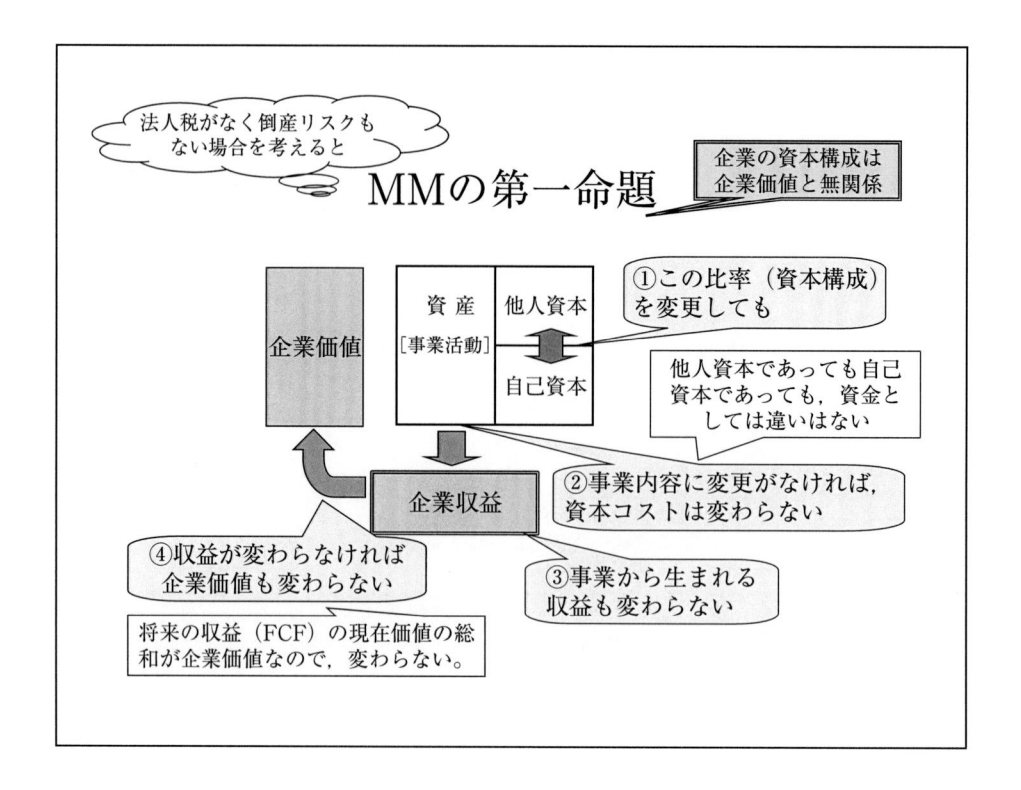

**法人税がなく倒産リスクもない場合を考えると**

**企業の資本構成は企業価値と無関係**

- 資産［事業活動］ ⇔ 他人資本／自己資本
- ①この比率（資本構成）を変更しても
- 他人資本であっても自己資本であっても，資金としては違いはない
- ②事業内容に変更がなければ，資本コストは変わらない
- ③事業から生まれる収益も変わらない
- ④収益が変わらなければ企業価値も変わらない
- 将来の収益（FCF）の現在価値の総和が企業価値なので，変わらない。

　このことをもう少し具体的に確認します。法人税がなく，倒産リスクもない場合を考えます。他人資本と自己資本の割合（資本構成）を変更しても，事業内容に変更がなければ，資本コストは変わりません。他人資本であっても株主資本であっても，お金に違いはありません。事業内容が変わらなければ，事業から生まれるフリー・キャッシュフローも変わりません。フリー・キャッシュフローが変わらなければ，資本コストも変わらないので，企業価値も変わりません。したがって，法人税がなく倒産リスクがない場合は，企業の資本構成と企業価値とは無関係であることがわかります。

## 資本構成と企業価値の関係
（税金が存在しない場合）

|  | 企業A | 企業B | 企業C |
|---|---|---|---|
| 資本合計 | 10 | 10 | 10 |
| 自己資本 | 10 | 5 | 2 |
| 他人資本 | 0 | 5 | 8 |
| 財務レバレッジ | 1 | 2 | 5 |
| 利益 | 1 | 1 | 1 |
| 他人資本への利息（6％） | 0.00 | 0.30 | 0.48 |
| 株主利益 | 1.00 | 0.70 | 0.52 |
| 資本コスト（3社に共通で10%) | 10% | 10% | 10% |
| 株主資本コスト | 10% | 14% | 26% |
| 企業価値（定配当モデルより計算） | 10 | 10 | 10 |

$$\text{企業A：} \frac{1}{0.1} = 10億円$$

$$\text{企業B：} \frac{0.3}{0.06} + \frac{0.7}{0.14} = 10億円 \quad (1)$$

$$\text{企業C：} \frac{0.48}{0.06} + \frac{0.52}{0.26} = 10億円$$

数値例で資本構成と企業価値の関係を確認します。資本構成の異なる3つの企業A，B，Cを考えます（資本の合計は10億円）。企業Aは株主資本100％（レバレッジ比率が1），企業Bは株主資本50％（レバレッジ比率が2），企業Cは株主資本20％（レバレッジ比率が5）です。

ここで，3社は同じ事業を行っていて，資本提供者に帰属するFCFは1億円であるという仮定をおきます。他人資本（負債）への利息は6％，資本コストは3社とも10％であるとします。すると，企業Aの株主資本コストは10％，企業Bの株主資本コストは14％，企業Cの株主資本コストは26％となります。

定配当割引モデル（3社の利益は将来に渡って一定であると仮定）を使い，企業価値を計算すると，(1)式のように企業Aの企業価値は10億円，企業Bの企業価値は10億円，企業Cの企業価値も10億円となります。以上から，資本構成が変わっても企業価値は変わらないことがわかります。

（注）B社の株主資本コストを $r_B$ とすると，
　　　$10 (\%) = 0.5 \times r_B + 0.5 \times 6 (\%)$　　∴ $r_B = 14 (\%)$
　　C社の株主資本コストを $r_C$ とすると，
　　　$10 (\%) = 0.2 \times r_C + 0.8 \times 6 (\%)$　　∴ $r_C = 26 (\%)$

## 資本構成と株価の関係
### （税金が存在しない場合）

- 資本構成を変えても，資産側（B/Sの左側）の事業活動が変わらない限り，事業利益は変わらない。
- 資本コストが同じで，事業利益が同じであれば，企業価値も変わらない。
- 企業価値が変わらないのであれば，資本構成変更前と後では，株価も変わらない。

MMの第一命題

資本構成を変えても，株主の要求収益率が変化し，トータルの企業の事業活動のリスク，すなわち，資本コストは変わらないという前提

　以上の話をまとめると次のようになります。まず，資本構成を変えても，資産側（B/Sの左側）の事業内容が変わらない限り，事業利益は変わらないはずです。事業が変わらなければ事業リスクが変わらないので，資本コストが同じで，事業利益（フリー・キャッシュフロー）が同じであれば，企業価値も変わらないことになります。企業価値が変わらなければ，資本構成の変更前と後で，株価も変化しないことになります。このことを，MMの第一命題といいます。なお，この考え方は資本構成を変えても，株主の要求収益率が変わるのでトータルとしての資本コストは変わらないということを前提としています。

## MMの第二命題

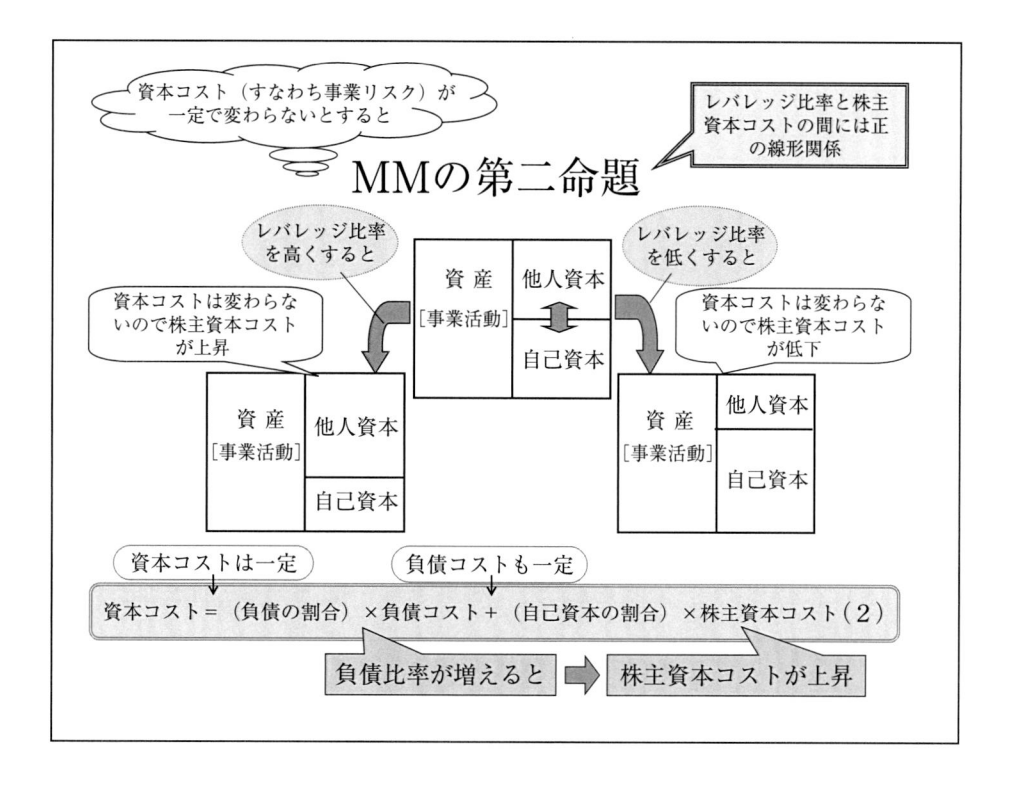

- 資本コスト（すなわち事業リスク）が一定で変わらないとすると
- レバレッジ比率と株主資本コストの間には正の線形関係
- レバレッジ比率を高くすると → 資本コストは変わらないので株主資本コストが上昇
- レバレッジ比率を低くすると → 資本コストは変わらないので株主資本コストが低下

資本コスト＝（負債の割合）×負債コスト＋（自己資本の割合）×株主資本コスト　(2)

（資本コストは一定、負債コストも一定）

負債比率が増えると ⇒ 株主資本コストが上昇

　MMの第一命題で示したように，資本構成を変えても企業価値は変わりません。つまり資金をどのように調達しても事業のリスクは変わらないので，企業価値も変わりません。したがって，事業リスクを反映した資本コストも変わりません。これは，資本コストを構成する株主資本コストが調整の役割を果たします。(2) 式をみてください。資本コストは，負債の割合に負債コストを掛けたものと自己資本の割合に株主資本コストを掛けたものの和です。ここで負債コストを一定として，資本コストは変わらないとします。負債の割合が変わり自己資本の割合が変化すると，(2) 式の等号が成り立つには，株主資本コストが変化しなければなりません。したがって，レバレッジ比率を上げると株主資本コストが上昇します（株主資本コスト＞負債コストの関係があるので，レバレッジ比率を上げると株主資本コストも上昇します）。

## レバレッジ比率と株主要求収益率との関係（1）

「株主資本コスト＞負債コスト」なので，右辺の第一項は，負債の割合が増えると，第二項の自己資本の割合が減るので，両者の和が一定である以上，株主資本コストが上昇しなければいけない。

一定 ＝ ↑ ×（負債コスト）＋ ↓ ×（株主資本コスト）（3）

株主資本コストは負債コストよりも大きいので，負債の割合が増えると，株主資本コストは上昇する。

　もう一度，レバレッジ比率と株主資本コストの関係を確認します。株主資本コスト＞負債コストの関係式が成立するので，負債の割合が上昇すると自己資本の割合が減ります。資本コストが一定となるためには，株主資本コストが上昇しなければなりません。ここで，前頁の（2）式あるいは（3）式から，両者の関係は線形関係である，すなわち，負債の割合が増えると，一定の比率で株主資本コストが増えることがわかります。負債が増えることで，株主のリスク負担量が増えるので，株主は要求収益率を高くすることになります。

## レバレッジ比率と株主要求収益率との関係（2）

$$WACC = \frac{S}{S+B} \times r_e + \frac{B}{S+B} \times (1-t) \times r_d \quad (4)$$

変形すると，

$$r_e = \frac{S+B}{S} \times WACC - \frac{B}{S} \times (1-t) \times r_d$$
$$= WACC + (WACC - (1-t) \times r_d) \times l \quad (5)$$

ただし
- $WACC$ ： 加重平均資本コスト（一定）
- $S$ ： 株主資本
- $B$ ： 他人資本
- $r_e$ ： 株主要求収益率（株主資本コスト）
- $r_d$ ： 負債要求収益率
- $t$ ： 税率
- $l$ ： レバレッジ比率（B/S）

　（2）式の関係は，税金が存在している場合にも成立します。ここで，(4) 式で表されるような加重平均資本コスト（WACC）を考えます。(4) 式を株主資本コスト $r_e$ について解くと，(5) 式が得られます。レバレッジ比率を $l$ とすると，(5) 式の右辺の第一項（WACC）は一定で，第二項も WACC －（1 － t）× $r_d$ が一定となるので，左辺の $r_e$ と右辺の $l$ に関して線形（直線）関係が成立します。すなわち，レバレッジ比率が上昇すると，株主要求収益率，すなわち株主資本コストが上昇することになります。

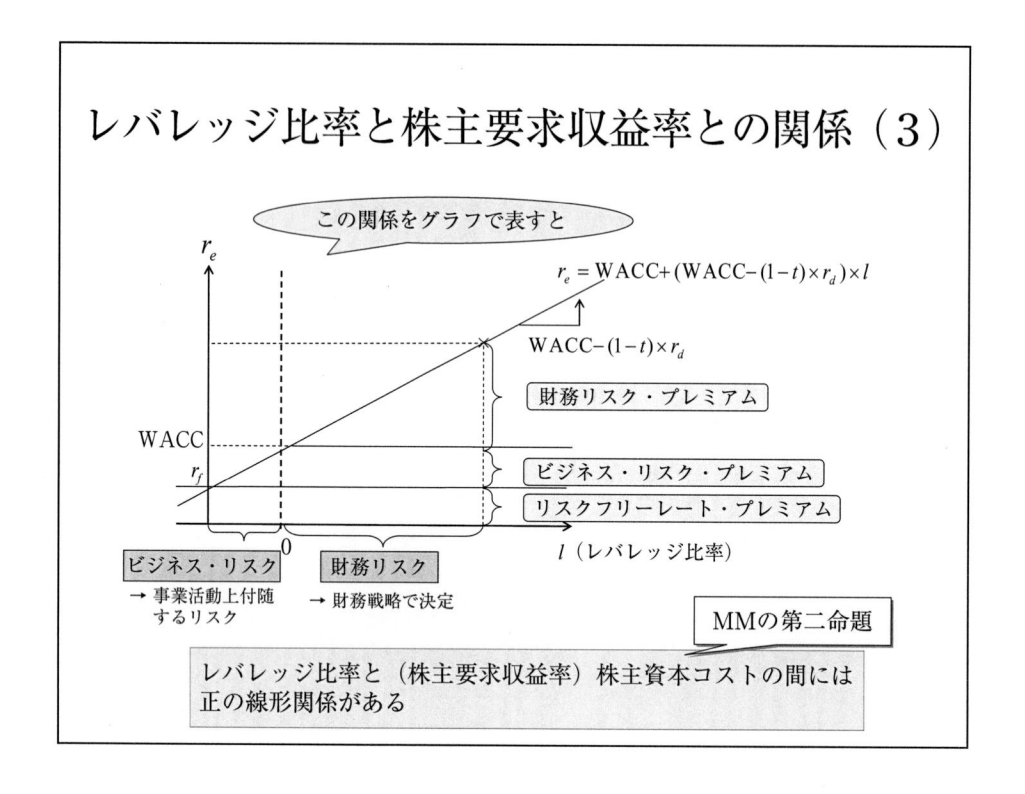

## レバレッジ比率と株主要求収益率との関係（3）

この関係をグラフで表すと

$r_e = \text{WACC} + (\text{WACC} - (1-t) \times r_d) \times l$

$\text{WACC} - (1-t) \times r_d$

財務リスク・プレミアム

WACC

ビジネス・リスク・プレミアム

$r_f$

リスクフリーレート・プレミアム

$l$（レバレッジ比率）

ビジネス・リスク
→ 事業活動上付随するリスク

財務リスク
→ 財務戦略で決定

MMの第二命題

レバレッジ比率と（株主要求収益率）株主資本コストの間には正の線形関係がある

　横軸にレバレッジ比率（$l$），縦軸に株主要求収益率（$r_e$）を取って，(5) 式をグラフ上に表すと上図のようになります。すなわち，切片がWACCで，傾きを（WACC −（1 − t））× $r_d$ とした直線で表すことができます。この式から，レバレッジ比率が大きくなると，これに比例して株主要求収益率が大きくなることがわかります。レバレッジ比率と株主資本コストの間には正の線形関係があることを表しています。この関係はMMの第二命題と呼ばれています。

　上の図で，WACC − $r_f$（ただし，$r_f$ は無リスク金利）は，この事業に付随するリスクに対するプレミアムを表していてビジネス・リスク・プレミアムといいます。経営上の財務戦略で決定されるレバレッジ比率を大きくすることで生じるリスク（財務リスク）に対するプレミアムは，$l$ の大きさに比例して増え，このリスクを財務リスク・プレミアムといいます。

## 資本構成と株式ベータ

| | 企業A<br>(アンレバード企業) | 企業B<br>(レバード企業) | 企業C<br>(レバード企業) |
|---|---|---|---|
| 資本合計 | | 10 | |
| 自己資本 | 10 | 5 | 2 |
| 他人資本 | 0 | 5 | 8 |
| 無リスク金利 | | 2% | |
| 財務レバレッジ | 1 | 2 | 5 |
| 資本コスト | 10% | 10% | 10% |
| 負債コスト | | 6% | |
| 株主資本コスト | 10% | 14% | 26% |
| 株式ベータ (株式市場のリスク・プレミアムを10%とする) | 0.8 | 1.5 | 3.0 |

企業A : $10 = 0.0 \times 6\% + 1.0 \times r_e$　(6)　→ 株式要求収益率は10%
　　　　$10 = 2 + \beta \times (10-2)$　　　　　　　→ $\beta = 1.0$
企業B : $10 = 0.5 \times 6\% + 0.5 \times r_e$　(7)　→ 株式要求収益率は14%
　　　　$14 = 2 + \beta \times (10-2)$　　　　　　　→ $\beta = 1.5$
企業C : $10 = 0.8 \times 6\% + 0.2 \times r_e$　(8)　→ 株式要求収益率は26%
　　　　$26 = 2 + \beta \times (10-2)$　　　　　　　→ $\beta = 3.0$

　同じ事業リスクをもち,資本コストが同じ企業であっても,資本構成が異なると,株式ベータも異なることを確認します(このことは,株主要求収益率を株価から推定する際に,資本構成が異なる場合にはこの違いを調整する必要があることを示しています)。まず,自己資本100%(企業A),50%(企業B),20%(企業C)の3つの企業を考えます。負債コストを6%,無リスク金利を2%として,資本コストを10%とすれば,負債のない企業A(アンレバード企業)に対して,(6)式が成り立ちます($r_e$を株式要求収益率とする)。すると,株主要求収益率は10%となりとなります。CAPMより,$10 = 2 + \beta \times (10-2)$となるので,$\beta = 1.0$となります。次に,自己資本が50%の企業B(レバード企業)について考えます。(7)式から株式要求収益率は14%となり,CAPMより$14 = 2 + \beta \times (10-2)$となるので$\beta = 1.5$が得られます。同様に,自己資本が20%の企業C(レバード企業)を考えます。(8)式から株式要求収益率は26%となり,CAPMより$26 = 2 + \beta \times (10-2)$となるので$\beta = 3.0$が得られます。

　このように,同じ事業リスクをもっていながら,資本構成(レバレッジ比率)が異なると,株主資本コストも異なり,株式ベータも異なることがわかります。このことは,資本構成の異なる企業のベータ値を比較する際に注意が必要であることを示しています(本書では触れませんが,M&Aの際に,非上場企業の企業価値評価をするときなどにこの考え方は重要になります)。

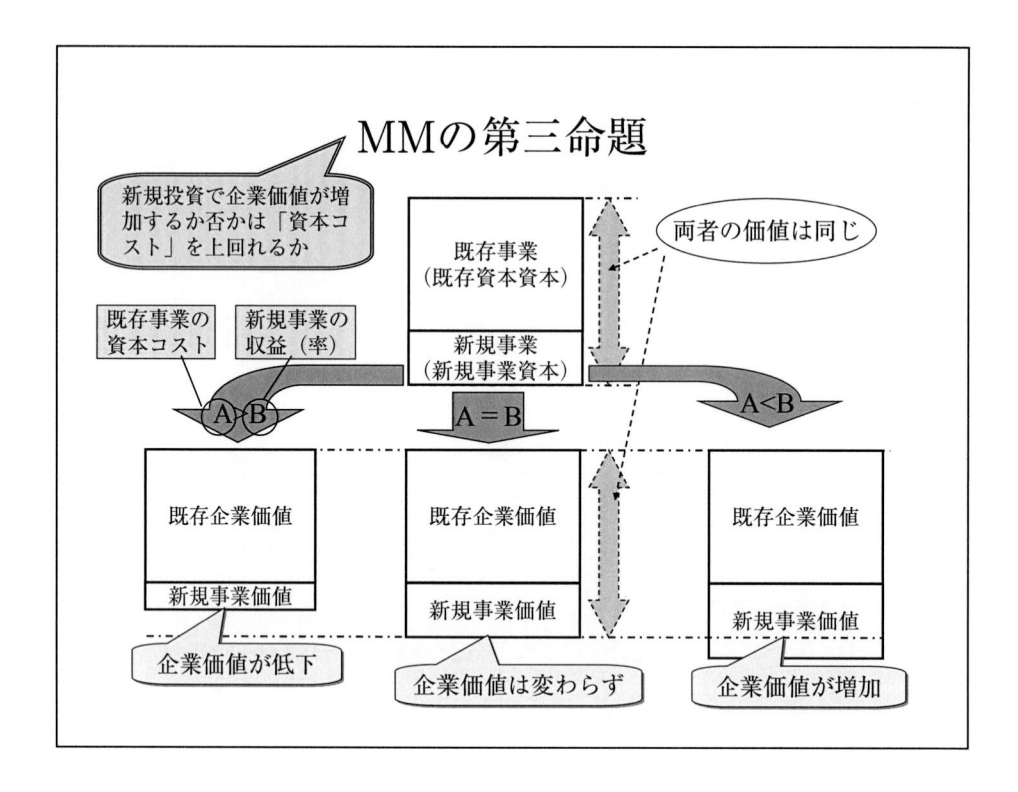

## MMの第三命題

新規投資で企業価値が増加するか否かは「資本コスト」を上回れるか

既存事業の資本コスト / 新規事業の収益（率）

既存事業（既存資本資本）
新規事業（新規事業資本）

両者の価値は同じ

A>B → 既存企業価値／新規事業価値　企業価値が低下
A=B → 既存企業価値／新規事業価値　企業価値は変わらず
A<B → 既存企業価値／新規事業価値　企業価値が増加

　企業活動を行っていると，新しい事業をはじめるべきか，はじめないべきかの判断が要求されることがあります。新しい事業を行うためには通常，資金が必要となり，事業の資本コストを上回る収益率が上げられるかどうかが重要となります。すなわち，新規事業の収益が資本コストを上回れば企業価値が上がり，この新しい事業を行う価値があります。資本コストと新規事業の収益が同じであれば，企業価値は変わりません。逆に，資本コストよりも新規事業の収益が低いと，企業の価値を毀損してしまいます。このような場合には，新しい事業に資金を投下してはいけないということになります。プラスの利益が表面上は出ていたとしても，その利益を得るために必要となる資金のコストが支払えないということです。これは明らかに，儲からない投資案件ということになります。資金が余剰なのであれば，株主に返した方がよいということになります。

## 新規投資案件評価

| 新規投資案件 | 案件A | 案件B | 案件C |
|---|---|---|---|
| 既存事業資本（億円） | | 10 | |
| 既存事業利益（億円） | | 1 | |
| 既存事業資本コスト | | 10.0% | |
| 新規投資案件資本（億円） | | 10 | |
| 利益（億円） | 1.2 | 1 | 0.8 |
| 収益率 | 12% | 10% | 8% |
| 事業合計（億円） | 20 | 20 | 20 |
| 利益合計（億円） | 2.2 | 2.0 | 1.8 |
| 資本コスト（3案件に共通で10%） | | 10% | |
| 企業価値（億円）<br>（定配当モデルより計算） | 22 | 20 | 18 |

$$
\begin{aligned}
\text{案件A}: &\quad \frac{1}{0.1} + \frac{1.2}{0.1} = 22\text{億円} \\
\text{案件B}: &\quad \frac{1}{0.1} + \frac{1.0}{0.1} = 20\text{億円} \quad (9) \\
\text{案件C}: &\quad \frac{1}{0.1} + \frac{0.8}{0.1} = 18\text{億円}
\end{aligned}
$$

　数値例を使い，新規投資の収益率の違いが企業価値に与える影響について確認します。既存事業の資本が10億円で，利益を年当たり1億円生んでいるとします。資本コストは10%です。ここで，10億円の新規投資案件A，B，Cの3つを考えます。案件Aは利益が1.2億円（収益率12%），案件Bは利益が1億円（収益率10%），案件Cは利益が0.8億円（収益率8%）です。新規投資案件の資本コストを10%で共通とすると，各案件実行後の企業価値は（9）式のようになります。

　資本コストを上回る収益率を上げる案件Aは企業価値を高め，資本コストに等しい収益率を上げる案件Bは企業価値に影響を与えません。一方，資本コストを下回る収益率しか上げられない案件Cは企業価値を低下させます。

## 新規事業への投資と株価の関係

**MMの第三命題**

- 新規事業は，資本コストを上まわる収益率を上げることができれば，企業価値は上昇する。
- 資本コストを下まわる収益率しか上げられないのであれば，企業価値は下降する。（新規事業に投資すべきでない）

すなわち，
（新規案件の収益率）≧（資本コスト）
が条件。

---

　以上をまとめると，新規事業により，資本コストを上まわる収益率を上げることができれば，企業価値は上昇することになりますし，資本コストを下まわる収益率しか上げられないのであれば，企業価値は下降する（新規事業に投資すべきでない）ことになります。すなわち，新規投資案件では，（新規案件の収益率）≧（資本コスト）が成立すれば採用し，そうでなければ見送るということになります。これは，MMの第三命題と呼ばれています。この関係は，資金調達の方法に関係なく成立します。

# 第11章
# MM 理論 (2)

---

**本章の概要**

　本章では，まず MM 理論のうち，配当政策と株式価値の関係を示した配当命題について考えます。また，自社株買いと株価の関係についても確認します。次に，MM 理論の前提条件を緩和した場合について解説し，さらに株式と負債による資金調達の方法を概観します。そして，最後に市場の非効率性と投資家のセンチメントを考慮して，行動ファイナンスをコーポレート・ファイナンスに取り入れた応用例について紹介します。

---

**ポイント**

1. 配当政策と株価の関係
2. 自社株買いと株価の関係
3. 前提条件を緩和した場合の MM 理論
4. 株式と負債による資金調達
5. 行動ファイナンスの応用

---

### 配当政策

- 企業が株主に利益配分として支払う配当金額をいくらにするか（配当性向という）を決定することを配当政策という。

- この配当政策で株価が変わるとすれば，株価が最大となるように配当政策を決定すれば良い。

議論を簡単にするために，まず，税金がない場合について考え，次に税金がある場合について考える。

---

　企業が株主に利益配分として支払う配当金額をいくらにするかは経営上の重要な意思決定であり，これを配当政策といいます。なお，企業が上げた利益のうち，株主に配当した金額の割合を配当性向といいます。

　この配当政策で株価が変化するとすれば，株価が最大となるように配当政策を決定すれば良いことになります。ここでは，議論を簡単にするために，まず税金がない場合について考え，次に税金がある場合について考えます。

## MMの配当命題

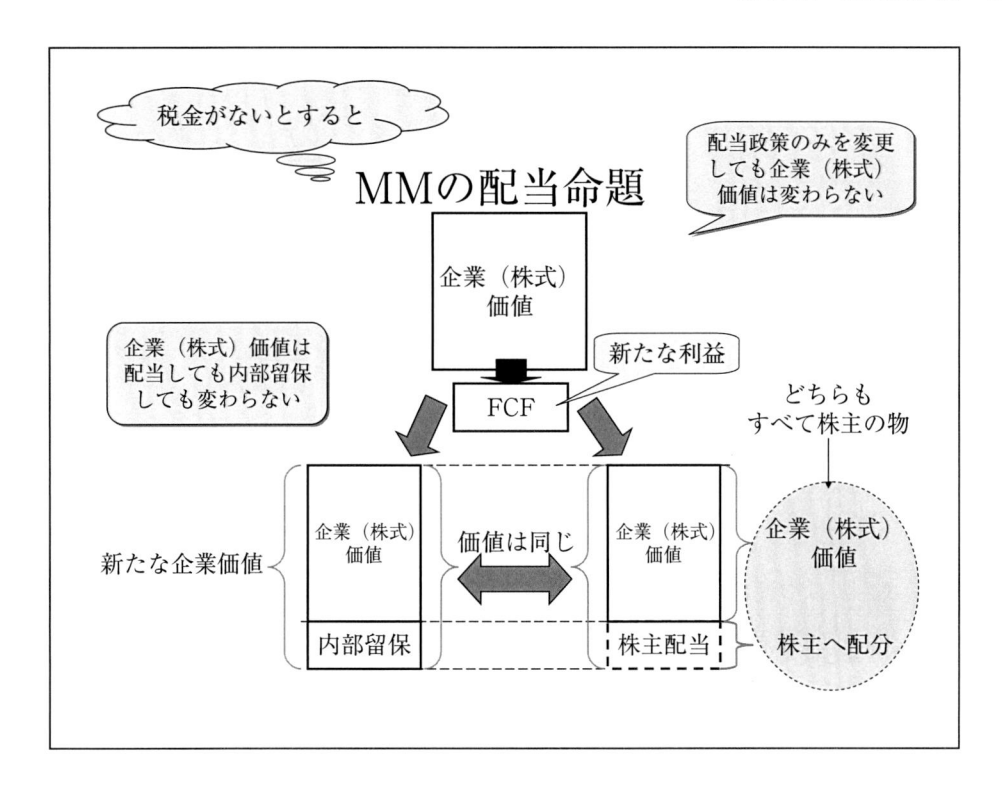

（図：税金がないとすると、MMの配当命題）
- 企業（株式）価値は配当しても内部留保しても変わらない
- 配当政策のみを変更しても企業（株式）価値は変わらない
- FCF（新たな利益）
- 新たな企業価値＝企業（株式）価値（内部留保）＝企業（株式）価値（株主配当）
- 価値は同じ
- どちらもすべて株主の物（株主へ配分）

　税金のない場合の企業の配当政策について考えます。企業が事業活動のなかで得た株主に帰属するフリー・キャッシュフローがあるとします（上の図ではこのフリー・キャッシュフローをFCFとしています）。このとき、企業はフリー・キャッシュフローを株主に配当として配分することもできますし、将来のために内部留保することもできます。税金がないので、前者の場合、株主側から見れば、「配当支払い前の企業（株式）価値」は「配当支払い後の企業（株式）価値」＋「配当金」に等しくなります。後者の場合、株主側から見れば、企業内に株主のものである現金が置いてあるだけですので、「内部留保金を含めた企業（株式）価値」は、前者の「配当支払い後の企業（株式）価値」＋「配当金」に等しくなります。すなわち、配当政策のみを変更しても、株主側からみた企業価値は変わりません。

## 株式配当

| 資金使途 | 内部留保 | 新規投資 | 配当 |
|---|---|---|---|
| 企業価値（株主資本100%）（億円） | | 11 | |
| 利益（億円） | | 1 | |
| 株主1株当たりの株価（円） | | 11,000 | |
| 発行済み株式数 | | 100,000 | |
| 資本コスト | | 10.0% | |
| 現金（内部留保金）（億円） | | 1 | |
| 新規投資利益（資本コスト10%）（億円） | − | 0.1 | − |
| 企業価値（億円） | 11 | 11 | 10 |
| 新たな株主1株当たりの株価（円） | 11,000 | 11,000 | 10,000 |
| 株主1株当たりの配当（円） | 0 | 0 | 1,000 |
| 株主1株当たりの株主価値（円） | 11,000 | 11,000 | 11,000 |

新規投資の場合： $\dfrac{1}{0.1}+\dfrac{0.1}{0.1}=11$ 億円　　　　（1）

配当する場合： $\dfrac{100,000,000}{100,000}=1,000$ 円（1株当たり）（2）

　数値例を使い，株式配当と株主からみた会社の価値を考えます。資本は株主資本100％で，企業価値は11億円です（年1億円の利益を生み，資本コストは10％で，内部留保金が1億円あります）。発行済み株式数を10万株とすると，1株当たりの株価は11,000円となります。このとき，内部留保した資金1億円をそのままにする場合，新規事業（資本コスト10％で利益が1,000万円）に投資する場合，株主に配当する場合の3つのケースについて考えます。内部留保する場合，株価は11,000円のまま変わりません。新規投資をする場合は，資本コストが10％ですので，企業価値は，(1)式から11億円となります。したがって，株価は11,000円のまま変わりません。内部留保金を株主に配当する場合は，配当金は(2)式から，1株当たり1,000円となり，株主からみた1株当たりの株式価値は10,000＋1,000＝11,000円となります。

## 配当政策と株価の関係

**MMの配当命題**

- 配当政策は，税金が存在しなければ，株主が受け取るトータルリターンに影響を与えない。
- 言い換えると，配当政策の変更は，株主側からみた価値（株価＋配当）に対して中立である。

ただし，配当政策の変更は，現実には，
- 税金
- 取引コスト
- 情報の非対称性

などの存在により，株価に影響を与えることになる。

---

以上から，税金が存在しなければ，配当政策は株主が受け取るトータルリターンに影響を与えないことがわかりました。言い換えると，配当政策の変更は，株主側からみた価値（株価＋配当）に対して中立であることになります。ただし，実際には，税金や取引コスト，さらに情報の非対称性（内部情報を持った経営者とこれを持たない投資家では情報量が異なる）などが存在するため，配当政策は株価に影響を与えることが知られています。

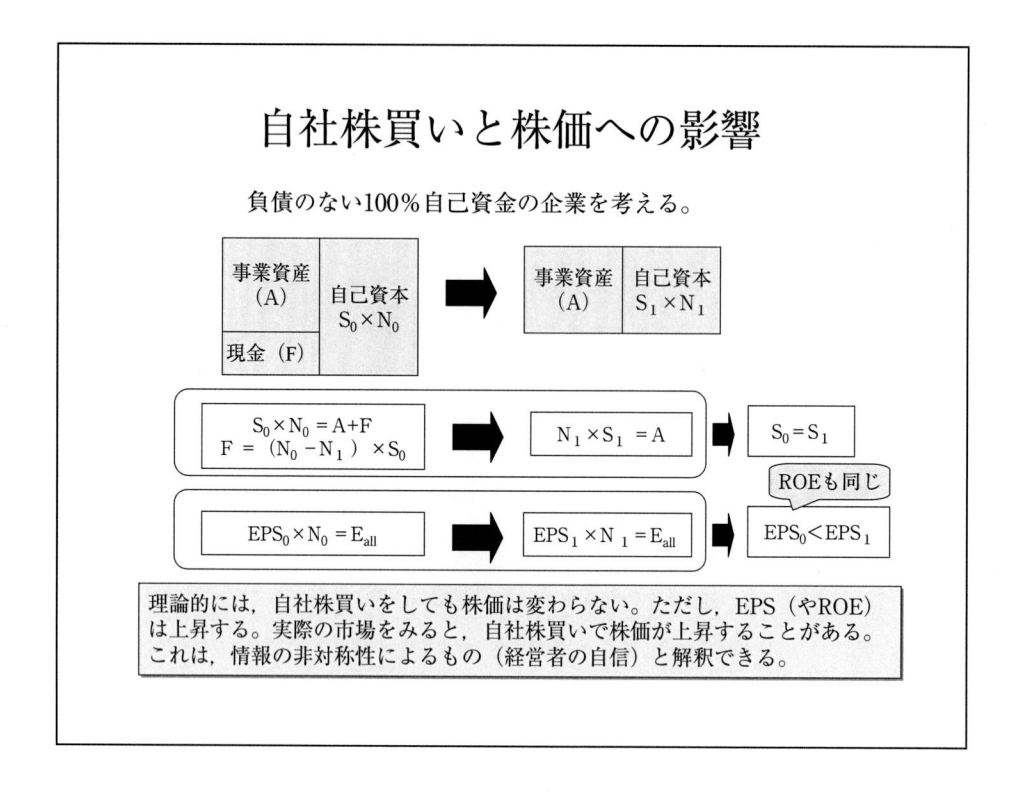

## 自社株買いと株価への影響

負債のない100％自己資金の企業を考える。

[図：自社株買い実行前後のバランスシート比較]

実行前：事業資産（A）＋現金（F）＝自己資本 $S_0 \times N_0$

実行後：事業資産（A）＝自己資本 $S_1 \times N_1$

$$S_0 \times N_0 = A + F$$
$$F = (N_0 - N_1) \times S_0$$

$$N_1 \times S_1 = A \quad \Rightarrow \quad S_0 = S_1$$

（ROEも同じ）

$$EPS_0 \times N_0 = E_{all} \quad \Rightarrow \quad EPS_1 \times N_1 = E_{all} \quad \Rightarrow \quad EPS_0 < EPS_1$$

理論的には，自社株買いをしても株価は変わらない。ただし，EPS（やROE）は上昇する。実際の市場をみると，自社株買いで株価が上昇することがある。これは，情報の非対称性によるもの（経営者の自信）と解釈できる。

---

次に，自社株買いが株価に与える影響を考えます。まず，負債のない，100％株主資本の企業を考えます。株価を $S_0$，発行済み株式数を $N_0$ とし（株主資本は $S_0 \times N_0$），事業資産を A，自社株買いの資金を F とします。ここで，$S_0 \times N_0 = A + F$ の関係が成り立ちます。

自社株買いを実行した後の企業の株価を $S_1$，発行済み株式数を $N_1$ とします。現金 F を使って，株価 $S_0$ の株式を $N_0 - N_1$ だけ買入すると，$F = (N_0 - N_1) \times S_0$ と $S_0 \times N_0 = A + F$ の関係から，$N_1 \times S_0 = A$ の関係が得られます。自社株買い実行後の株価 $S_1$ は，$N_1 \times S_1 = A$ の関係より $S_1 = S_0$ となり，株価は変わらないことになります。

ただし，自社株買い実行前の企業の $EPS_0$ は，企業の利益を $E_{all}$ とすると，$EPS_0 \times N_0 = E_{all}$ となります。また自社株買い実行後の企業の $EPS_1$ は，$EPS_1 \times N_1 = E_{all}$ となります。$N_0 > N_1$ の関係より，$EPS_0 < EPS_1$ となるため，自社株買いを実行することでEPSは上昇します。ROEも同様です。

なお，実際の市場をみると，自社株買いで株価が上昇することがあります。これは，情報の非対称性によるもの（経営者の自信）と解釈できます。

## 資本構成と株価の関係（１）
## （税金が存在する場合）

- 他人資本への利息の支払に対しては，税金（法人税）がかからないため，資本提供者トータルで考えると受け取り分が，その分増える（節税効果）。
- したがって企業価値は，他人資本導入により得られた節税分だけ，価値が増加することになる。

　税金が存在しない場合，資本構成が株価に影響を与えないことはすでに確認しました。しかし，実際は税金が存在します。この時の資本構成と株価の関係を確認します。税金が存在すると，他人資本への利息の支払いには税金（法人税）がかからないため，その分，資本提供者全体にとっての受け取り分が増えます。これを節税効果といいます。したがって企業価値は，他人資本導入により得られた節税分だけ増加することになります。

　この考え方に従うと，無借金経営は，企業価値を最大化していないことになります。

## 資本構成と株価の関係（2）
### （税金が存在する場合）

**しかし**

他人資本が増加すると，
- 営業利益の変動に対して，株主資本利益率が大きく変動する。
- 営業利益が低下すると，他人資本の利息の支払いが優先されるため株主に対して利益が配分されなくなる可能性が上昇。

→ 倒産する可能性が高まる。

資本構成の最適配分の比率は，この倒産する可能性と節税効果のトレードオフで決定される。

---

　しかしながら，他人資本が増加すると，営業利益の変動に対して，株主資本利益率は大きく変動します。そして営業利益が低下すると，他人資本の利息の支払いが優先されるため，株主に対して利益が配分されなくなる可能性が高まります。さらに（営業）利益が低下すると，他人資本の利息の支払いもできなくなり，倒産してしまうこともあります。すなわち，他人資本が増加すると，企業の倒産リスクが高まります。したがって資本構成の最適配分の比率は，この倒産する可能性の増加と節税効果による価値上昇とのトレードオフで決定されることになります。

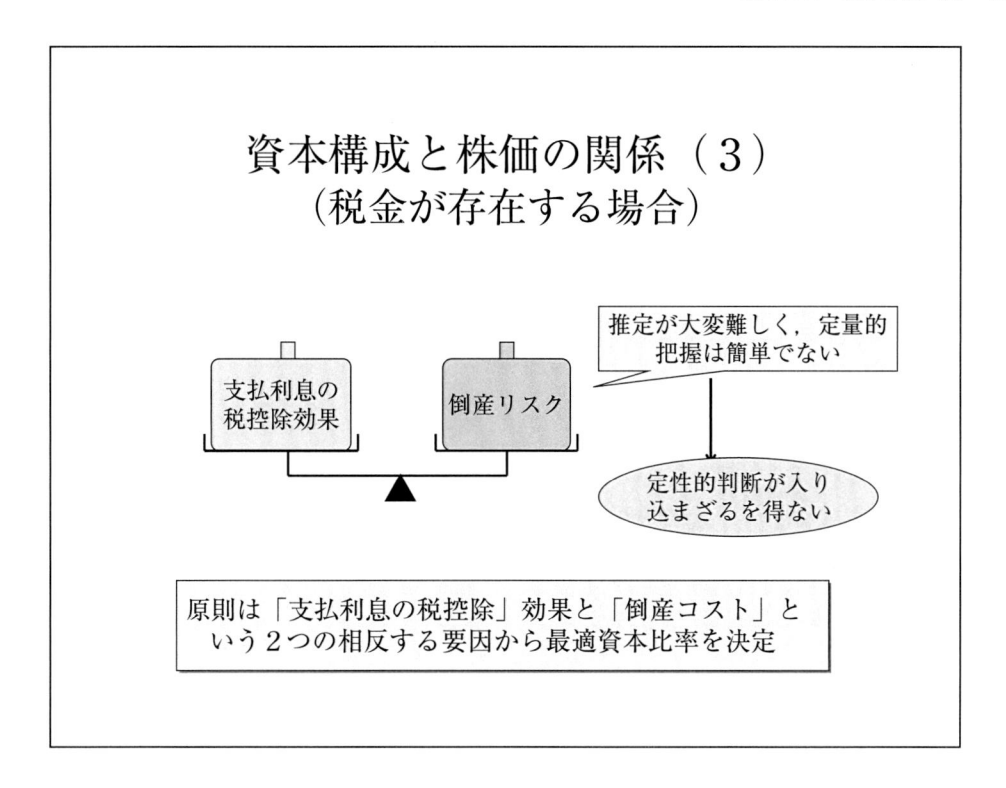

## 資本構成と株価の関係（3）
（税金が存在する場合）

- 支払利息の税控除効果
- 倒産リスク
  - 推定が大変難しく，定量的把握は簡単でない
  - 定性的判断が入り込まざるを得ない

原則は「支払利息の税控除」効果と「倒産コスト」という2つの相反する要因から最適資本比率を決定

　税金が存在する場合，負債の支払利息に対する税控除の効果と倒産リスクのバランスを取ることが大切になります。税控除効果を期待して負債を増やすと，倒産リスクが増します。逆に倒産リスクの上昇を嫌って負債の比率を低くすると，企業価値は低下します。

　ただし，倒産リスクの推定は難しく，定量的に求めることは簡単ではありません。したがって定性的な判断が入らざるを得なくなります。原則は，「支払利息の税控除」効果と「倒産リスク」という2つの相反する要因から適切な資本比率を決定することになります。

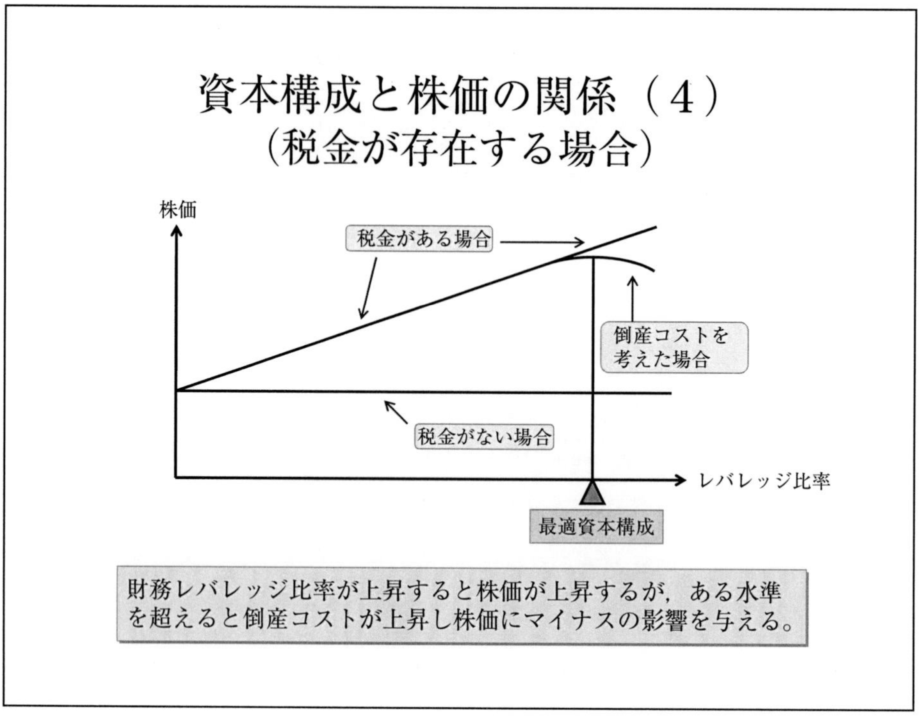
資本構成と株価の関係（4）
（税金が存在する場合）
株価
税金がある場合
倒産コストを
考えた場合
税金がない場合
レバレッジ比率
最適資本構成
財務レバレッジ比率が上昇すると株価が上昇するが，ある水準
を超えると倒産コストが上昇し株価にマイナスの影響を与える。

以上の議論をまとめると，次のようになります。税金が存在しないとした場合は，レバレッジ比率を変えても株価は変わりません。この関係は，横軸にレバレッジ比率，縦軸に株価を取ると，横軸に平行な直線となります。

税金が存在する場合は，レバレッジ比率を大きくするにつれて株価も上昇しますが，ある点（レバレッジ比率のある水準）に到達したときに最大の株価となり，それ以上レバレッジ比率を大きくすると，逆に株価が下がりはじめます。このピークの点が最適配分比率ということになります。

## 資本構成と株価の関係（5）
### （税金が存在する場合）

|  | ケースA | ケースB | ケースC |
|---|---|---|---|
| 資本合計（億円） | 10 | 10 | 10 |
| 株主資本（億円） | 10 | 5 | 2 |
| 他人資本（億円） | 0 | 5 | 8 |
| 財務レバレッジ | 0 | 0.5 | 0.8 |
| 利益（億円） |  | 1 |  |
| 他人資本への利息（6％） | 0.00 | 0.30 | 0.48 |
| 税引き前利益（億円） | 1.00 | 0.70 | 0.52 |
| 税金（40％） | 0.40 | 0.28 | 0.21 |
| 株主利益（億円） | 0.60 | 0.42 | 0.31 |
| 資本コスト（3社に共通で10%） |  | 10% |  |
| 株主資本コスト | 10% | 14% | 26% |
| 企業価値（億円）（定配当モデルより計算） | 6.00 | 8.00 | 9.20 |

ケースA： $\dfrac{0.60}{0.1} = 6.0$ 億円 　　　　（3）

ケースB： $\dfrac{0.30}{0.06} + \dfrac{0.42}{0.14} = 8.0$ 億円 　　　（4）

ケースC： $\dfrac{0.48}{0.06} + \dfrac{0.31}{0.26} = 9.2$ 億円 　　　（5）

　数値例を使って，税金が存在する場合の資本構成と株価の関係を確認します。3つのケース，A，B，Cについて考えます。資本合計は10億円，利益は年1億円です。他人資本への利息は6％，税金は40％，資本コストは3つのケースに共通で10％とします。ケースAは株主資本100％，ケースBは株主資本50％，ケースCは株主資本20％です。

　40％の税金を考慮すると，ケースAの株主利益は0.6億円です。株主資本コストは10％となるので，定配当モデルより，企業価値は（3）式から6.0億円となります。ケースBでは，利息が0.3億円，株主利益が0.42億円です。株主資本コストは（10－0.5×6）／0.5＝14％となるので，企業価値は（4）式から8.0億円となります。ケースCでは利息が0.48億円，株主利益が0.31億円です。株主資本コストは（10－0.8×6）／0.2＝26％となるので，企業価値は（5）式から9.2億円となります。

## 配当政策と株価の関係

```
配当収入に対する税率 ＞ キャピタル・ゲインに対する税率
　→ 株主にとって，内部留保が好ましい
配当収入に対する税率 ＜ キャピタル・ゲインに対する税率
　→ 株主にとって，配当が好ましい
```

```
経営者が増配を判断
　→ 投資家が経営者の自信のシグナルと評価 → 株価上昇
経営者が減配を判断
　→ 投資家が経営者の不安のシグナルと評価 → 株価下降
```

　税金がない場合，配当政策は株価に影響を与えませんでした。しかし税金が存在すると，この結果は変わります。

　ここで，配当収入に対する税率がキャピタル・ゲインに対する税率よりも高い場合，株主にとっては，配当として支払われるよりも内部留保して企業価値を高めた方が，税率の低い分だけ有利になります。逆に配当収入に対する税率よりもキャピタル・ゲインに対する税率が高い場合には，配当として支払ってもらう方がよいということになります。

　一方，経営者が増配（配当額を増やすこと）を判断すると，投資家は経営者が将来に自信を持っていると判断し，株価は上昇します。逆に，減配（配当を減らすこと）を判断すると，投資家は，経営者が将来に不安を持っていると判断し，株価は下降します。

## 他人資本活用のメリット

株式による資金調達より，他人資本による方法が株式価値向上に有益

- ✓ 調達コストが安い
- ✓ フレキシビリティが高い
  - 証券化活用
  - デリバティブ活用
    （たとえばクレジット・スワップなど）

⇩

企業経営に
- ✓ 他人資本活用は不可欠
- ✓ 新しい金融手法の活用も不可欠

　次に，負債，すなわち他人資本について考えます。他人資本の場合，調達コストが安く，フレキシビリティが高いため，株式による資金調達よりも他人資本による資金調達の方が株式価値向上に有益であるといえます。負債は，クレジット・スワップなどのデリバティブを活用するなど，いろいろな選択肢のなかから適切なものを選ぶことができ，フレキシビリティが高いと考えられます。すなわち，企業経営に他人資本活用は不可欠です。また金融技術の進歩により，新しい金融手法の活用も不可欠になってきています。

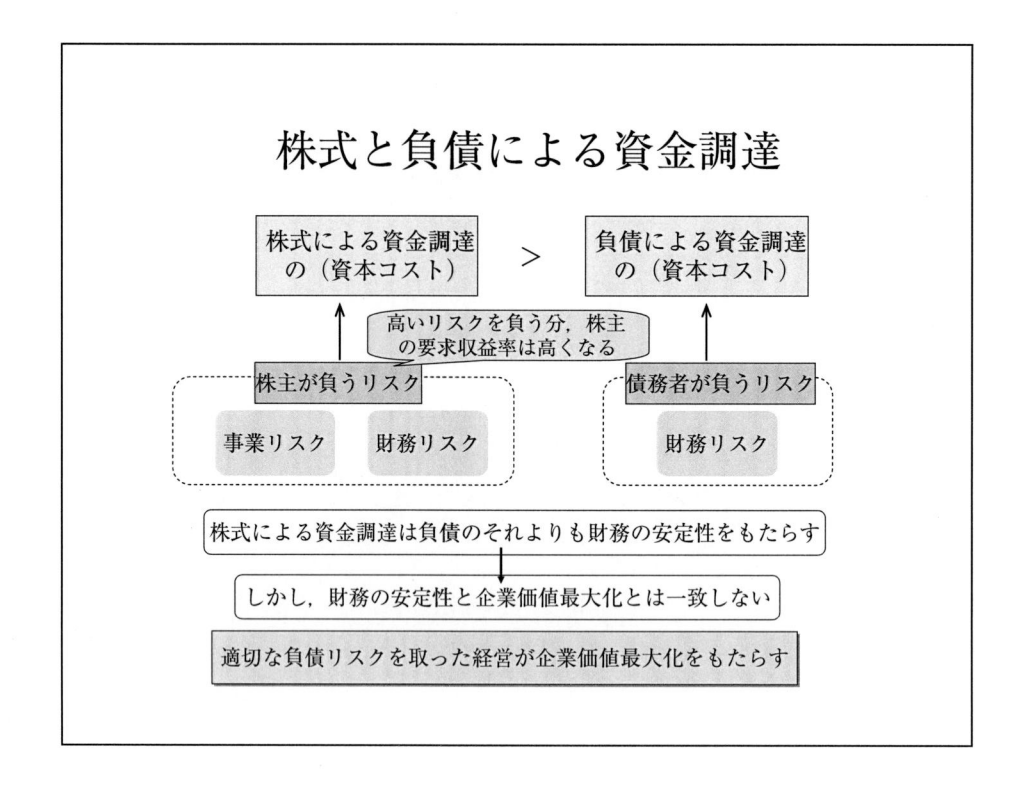

## 株式と負債による資金調達

```
株式による資金調達     >    負債による資金調達
の（資本コスト）             の（資本コスト）
        ↑                          ↑
   高いリスクを負う分，株主
   の要求収益率は高くなる

  株主が負うリスク           債務者が負うリスク
  事業リスク  財務リスク          財務リスク
```

株式による資金調達は負債のそれよりも財務の安定性をもたらす

しかし，財務の安定性と企業価値最大化とは一致しない

適切な負債リスクを取った経営が企業価値最大化をもたらす

　株式による資金調達と負債による資金調達を比較すると，株式による資金調達のコストは，負債による資金調達のコストよりも高くなります。株主が負うリスクは債権者が負うリスクよりも大きいので，株主要求収益率，すなわち株主資本コストは，負債コストよりも高くなります。一般に，株式による資金調達は負債のそれよりも財務の安定性をもたらします。しかし，財務の安定性と企業価値最大化とは一致しません。適切な負債リスクを取った経営が企業価値最大化をもたらします。

```
┌─────────────────────────────────────────────────────┐
│              行動ファイナスの応用                      │
│                                                     │
│   ┌──────────────────────────────────────┐          │
│   │ コーポレート・ファイナンス理論の中心：MM理論 │          │
│   └──────────────────────────────────────┘          │
│    ┌──────────┐  ┌ ①市場は効率的                     │
│    │MM理論の前提│ ┤                                   │
│    └──────────┘  └ ②市場は完全                       │
│   ┌──────────────────────────────┐                  │
│   │ MM理論は現実には成立していない  │                  │
│   └──────────────────────────────┘                  │
│                  ▲                                  │
│        これらの影響を考えることが，大きな課題           │
│          ✓ 税制の影響                                │
│          ✓ 情報の非対称性                            │
│         ⇒ 市場の非完全性に関する議論                   │
│   ┌──────────────────────────────────────┐          │
│   │ 行動ファイナンスを応用した，①投資の意思決定，②資本調達・│
│   │ ペイアウト政策，③M&Aに関する研究が進んでいる。       │
│   └──────────────────────────────────────┘          │
└─────────────────────────────────────────────────────┘
```

　これまで見てきた通り，コーポレート・ファイナンスの理論の中心は，MM理論です。このMM理論は，①市場が効率的であること，②市場が完全であること，を前提条件として組み立てられてきたものです。MM理論は前提条件が現実と乖離していることもあり，実際には成立していないと考えられます。コーポレート・ファイナンスでは，この前提条件を緩和した場合のMM理論がどうなるかが大きな研究課題となっています。

　行動ファイナンスの考え方を応用した税制の影響，情報の非対称性といった市場の非完全性，市場の非効率性を考慮した場合の①投資の意思決定，②資本調達・ペイアウト政策，③M&Aに関する研究が進んでいます。

## 投資の意思決定

企業経営者の一部では，投資の意思決定において，現時点でも，わかりやすいという理由で非合理的な尺度を採用

⇩

直感的に理解しやすい，わかりやすい方法を選択する傾向

⇩

行動ファイナンスでいう

「検索容易性」，あるいは「利用可能性」

といわれる非合理性が現れた結果と解釈できる。

---

　企業経営者の一部では，投資の意思決定において，現時点でも，わかりやすいという理由だけで，直感的にわかりにくいNPV法やIRR法ではなく，第6章で解説した時間価値が考慮されていない非合理的な尺度を採用しているといわれています。これは，経営の専門家であるはずの企業経営者でさえ，直感的に理解しやすく，わかりやすい方法を選択してしまう傾向があることを表しています。こういった現象は，行動ファイナンスでいう「検索容易性」，あるいは「利用可能性」といわれる非合理性が現れた結果と解釈できます。

## ペイアウト政策

```
ペイアウト政策は何により決定されるのか？
投資家の配当への選好度合いが高い（低い）
　　　↓
企業は配当を高める（下げる）
```

企業のペイアウト政策を決める1つの要因として，投資家の「選好」が考えられる

　次に，ペイアウト政策（配当もしくは自社株買い）について考えます。一般に，投資家の配当への選好度合いが高いと，企業は配当を高め，低いと配当を下げようとします。あるいは，自社株買いの選好が高いと，自社株買いを行います。このような投資家のその時々の選好に合わせて企業経営陣がペイアウト政策を変更することを，迎合理論といい，近年のアメリカでの配当性向の低下を説明できるとしています。すなわち，企業のペイアウト政策を決定する1つの要因として，投資家の「選好」があると考えられています。このことは，投資家の「選好」が企業の意志決定に影響を与えることになります。

```
┌─────────────────────────────────────────────────────┐
│                     M＆A                            │
│                                                     │
│   ┌───────────────────────────────────────────┐    │
│   │ 買収する側の企業は被買収企業を過大評価する傾向がある │    │
│   └───────────────────────────────────────────┘    │
│                       ↓                             │
│   ┌───────────────────────────────────────┐        │
│   │ 買収が決定されると，買収する側の企業の株価は下がる │        │
│   │      傾向にあることが実証的に示されている       │        │
│   └───────────────────────────────────────┘        │
│                       ↓                             │
│   ┌──────────────────────────────────────────────┐ │
│   │ 企業経営者の自信過剰や楽観的見込みがこの過大評価を生じさせている可能性 │ │
│   └──────────────────────────────────────────────┘ │
└─────────────────────────────────────────────────────┘
```

　これまでの企業買収の例をみてみると，買収する側の企業は被買収企業を過大評価する傾向があることが報告されています。市場で被買収企業の株価が分かれば，その株価から企業の価値が分かりますが，合併することによるシナジー効果などを考慮して，一般にはプレミアムを乗せて，買収が行われます。このときのプレミアムの大きさが問題となります。過去の企業買収の実例を見ると，買収が決定されると，買収する側の企業の株価は下がる傾向にあることが示されています。この過大評価を生じさせている原因として，行動ファイナンスでいわれている企業経営者の自信過剰や楽観的見込みが考えられます。

# 第12章
# M&Aの概要

---
**本章の概要**

　本章と次章では，企業の合併，買収，再編について概要を紹介します。まず，本章で，M&A拡大の背景やM&Aが何を目的として行われるのか，M&Aのメリット，デメリットは何かについて確認します。次にM&Aの種類と代表的な分類方法を3つ紹介します。そして，最後にM&Aのアメリカと日本の歴史を振り返り，特に日本では戦前からの財閥形成にM&Aが大きな役割を果たしたこと，海外企業の資本参加があったことを確認します。

---

**ポイント**

1. M&A拡大の背景と狙い
2. M&Aの種類と分類
3. 日米のM&Aの歴史
4. 財閥形成とM&A

## M&A（合併と買収）
### (Merger and Acquisition)

企業が他の企業の一部あるいは全部の所有を目的として株式を取得すること。

**M&A拡大の背景**
- 選択と集中
- 法制面の整備
- 顧客ニーズの多様化
- 変化のスピードアップ

世界規模での企業間競争の激化と多角化経営の失敗

---

　M&A（Merger and Acquisition）は，合併（merger）と買収（acquisition）と訳されます。M&Aは，狭義には企業の経営権の獲得を目的（企業が他の企業の一部あるいは全部の所有を目的として株式を取得）として，広義には，業務提携などの企業の経営権の獲得を目的としないものまであります。

　2000年代に入って，日本でもM&Aが活発に行われるようになりましたが，その背景には，集中と選択の必要性（日本株式市場の長期低迷と世界規模での企業間競争の激化と多角化経営の失敗），法制面の整備（1997年持ち株会社解禁，2001年会社分割制度の導入，2007年三角合併解禁等），顧客ニーズの多様化と変化の早さがあると考えられています。

```
┌─────────────────────────────────────────────────────────┐
│              M&Aを行う経営上の意義                        │
│                                                         │
│    ┌──────────────┐          ┌──────────────┐           │
│    │ M&Aを行う側   │          │ M&Aされる側   │          │
│    │ （合併・買収） │          │ （分割・切り離し）│        │
│  ・短時間で事業拡大（時間節約）  ・不採算事業からの撤退     │
│  ・既存事業とのシナジー効果      ・本業集中（「集中」と「選択」）│
│  ・経営の効率化                  ・経営の効率化            │
│          ↘   ┌─────────────────────────────┐  ↙         │
│              │・M&Aは両者にメリットが生じる可能性がある │
│              │・単なるマネーゲームの手段ではない        │
│              └─────────────────────────────┘             │
│                    ┌─────────────────────┐               │
│                    │欧米では1980年代後半から拡大│          │
│                    │日本でも，活発に行われている│          │
│                    └─────────────────────┘               │
└─────────────────────────────────────────────────────────┘
```

　M&Aを行う経営上の意義には，まず，M&Aを行う側（合併・買収）として，①短時間での事業の拡大，すなわち，時間の節約，②既存事業とのシナジー効果，③経営の効率化が期待できること，また，M&Aされる側（分割・切り離し）として，①不採算事業からの撤退，②本業集中（「集中」と「選択」），③経営の効率化などが挙げられます。

　M&Aは両者にメリットが生じる可能性があり，本来は単なるマネーゲームの手段ではありません。M&A自体は戦前から行われてきましたが，欧米では1980年代後半から拡大し，日本でも活発に行われるようになりました。

```
┌─────────────────────────────────────────────────┐
│                                                 │
│        企業経営は何を目的に行われるべきか         │
│                                                 │
│      経営のプロであるはずの企業経営陣は株主       │
│      からその企業の経営を委ねられている。        │
│                                                 │
│   ┌──────────────────┐  ┌──────────────────┐   │
│   │ 経営陣は株主価値を最大化する │ │ 利益至上主義と株主価値 │   │
│   │ ことを目標として企業を経営   │ │ 最大化とは異なるもの   │   │
│   └──────────────────┘  └──────────────────┘   │
│            ↓                                    │
│   ┌──────────┐     ┌──────────┐                │
│   │ すなわち株価を │ →   │ 目先の利益を高め │                │
│   │ 高めることが目的 │     │ ることではない   │                │
│   └──────────┘     └──────────┘                │
│                    ┌──────────────┐             │
│                    │ 長期的に利益を上げなけ │             │
│                    │ れば株価は上がらない   │             │
│                    └──────────────┘             │
└─────────────────────────────────────────────────┘
```

　ここで，もう一度企業経営は何を目的に行われるべきかについて確認します。経営のプロであるはずの企業経営陣は，株主からその企業の経営を委ねられています。経営陣は株主価値を最大化することを目標として企業を経営します。すなわち，株価を高めることが企業経営の最大の目的となります。当然，目先の利益を高めることではありません（利益至上主義と株主価値を最大化することは本質的に異なります）。長期的に利益を上げなければ株価は上がりません。M&Aも，株主価値を高める有力な手段の１つになります。

## M&Aの分類（1）

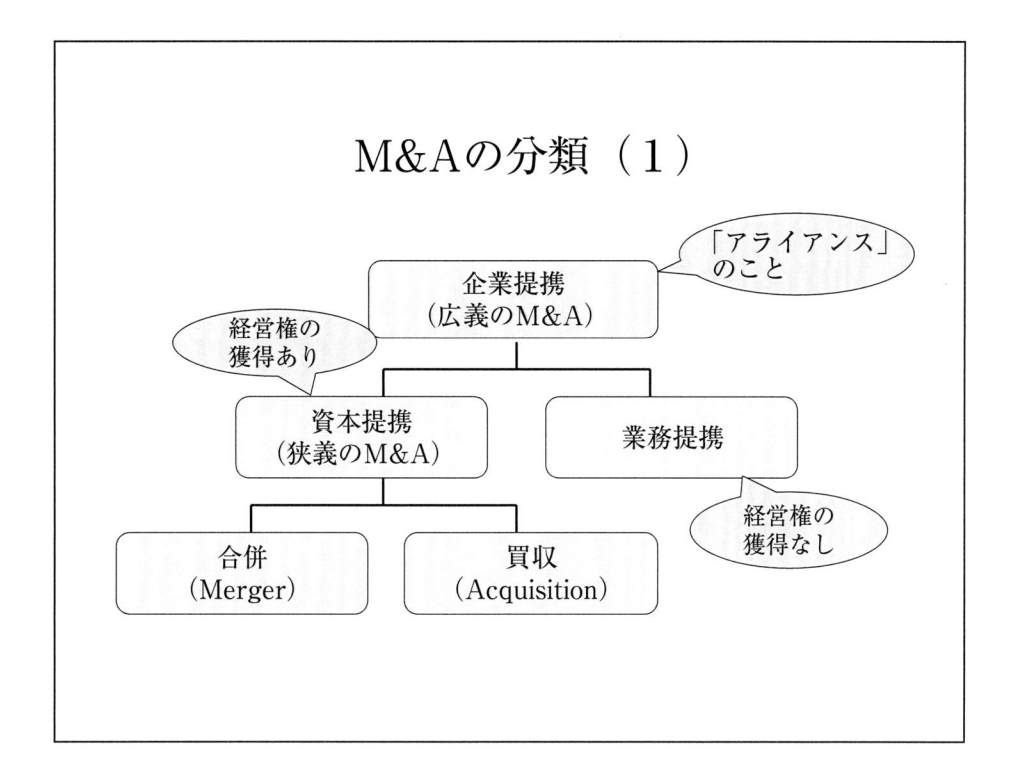

```
                    企業提携          ←「アライアンス」のこと
                  （広義のM&A）
         経営権の      │
         獲得あり      │
              ┌───────┴───────┐
         資本提携              業務提携
       （狭義のM&A）
              │                    ← 経営権の獲得なし
         ┌────┴────┐
        合併        買収
      （Merger）  （Acquisition）
```

　M&Aにはいろいろなタイプのものがあります。まず，企業経営権の有無とM&Aの内容に着目してみることにします。広義のM&Aは企業提携（Corporate alliance）と呼ばれ，経営権（支配権）のない「業務提携」（Business alliance）と経営権（支配権）のある「資本提携」（Capital alliance）に分けられます。後者は，「狭義のM&A」と呼ばれています。

　業務提携は，資本の異動を伴わない企業間の弱い協力関係であり，技術提携，生産提携，販売提携などがあり，提携企業間の相互協力を契約という形で明確にしたものです。したがって，比較的簡単に提携関係を構築できます。

　一方，資本提携は，「合併」と「買収」に分けられます。合併は，複数の企業が合体して1つの企業になることです。買収は，買収対象企業や事業の一部を切り出して，現金で購入したり，株式を購入して支配権を獲得することです。資本の異動が伴いますので，時間もコストもかかる提携関係です。

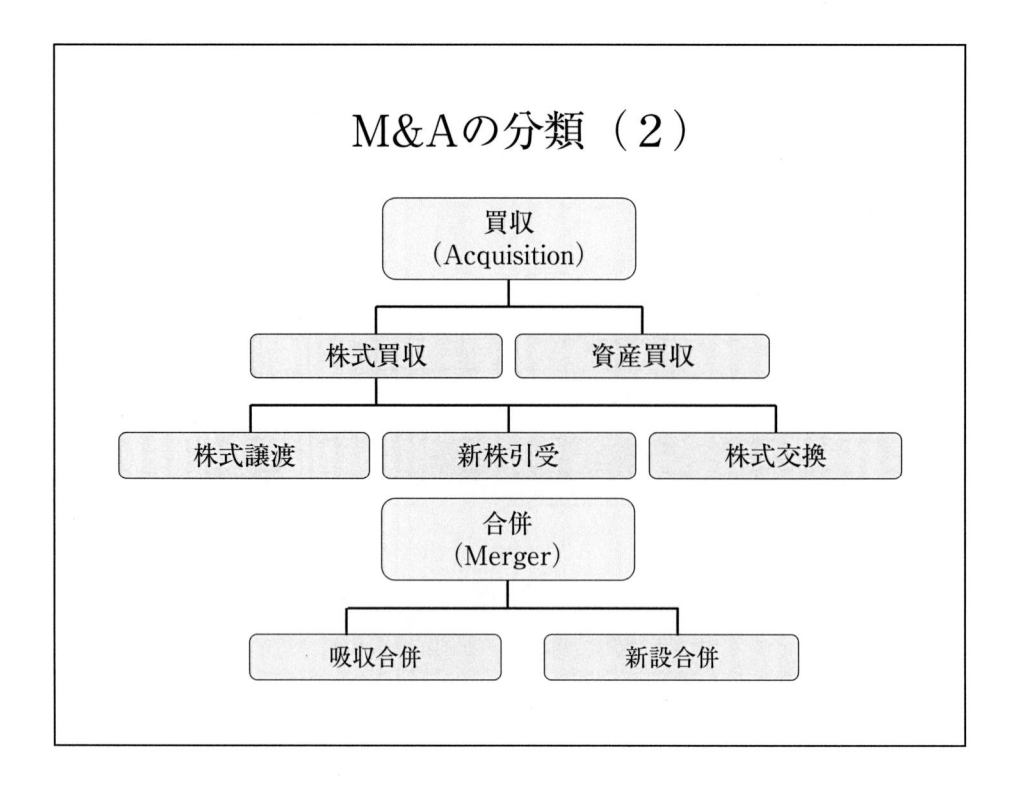

```
                    M&Aの分類（2）

                      ┌─────────────┐
                      │    買収      │
                      │(Acquisition)│
                      └──────┬──────┘
                   ┌─────────┴─────────┐
              ┌────┴────┐         ┌────┴────┐
              │ 株式買収 │         │ 資産買収 │
              └────┬────┘         └─────────┘
         ┌─────────┼─────────┐
    ┌────┴───┐┌────┴───┐┌────┴───┐
    │株式譲渡││新株引受││株式交換│
    └────────┘└────────┘└────────┘
              ┌─────────┐
              │  合併    │
              │ (Merger) │
              └────┬────┘
              ┌────┴────┐
         ┌────┴───┐┌────┴───┐
         │吸収合併││新設合併│
         └────────┘└────────┘
```

　買収には，株式買収と資産買収があります。さらに，株式買収には株式譲渡，新株引受，株式交換があります。まず，資産買収は，相手企業の資産を個別に買収することを指します。株式買収は株式を購入することで，株式譲渡（発行済み株式を取得して子会社化），新株引受（買収先の企業が新たに発行する株式を買い取ること），株式交換（買収先の株主から株を受け取り，その見返りとして自社の株を渡す）があります。

　合併には，吸収合併と新設合併があります。吸収合併は，合併する一方が存続会社となり，他方が消滅会社になります。新設合併は，合併する両方の会社が消滅会社となり，新しい会社を作る（登記する）ことになります。

## M&Aの分類（3）

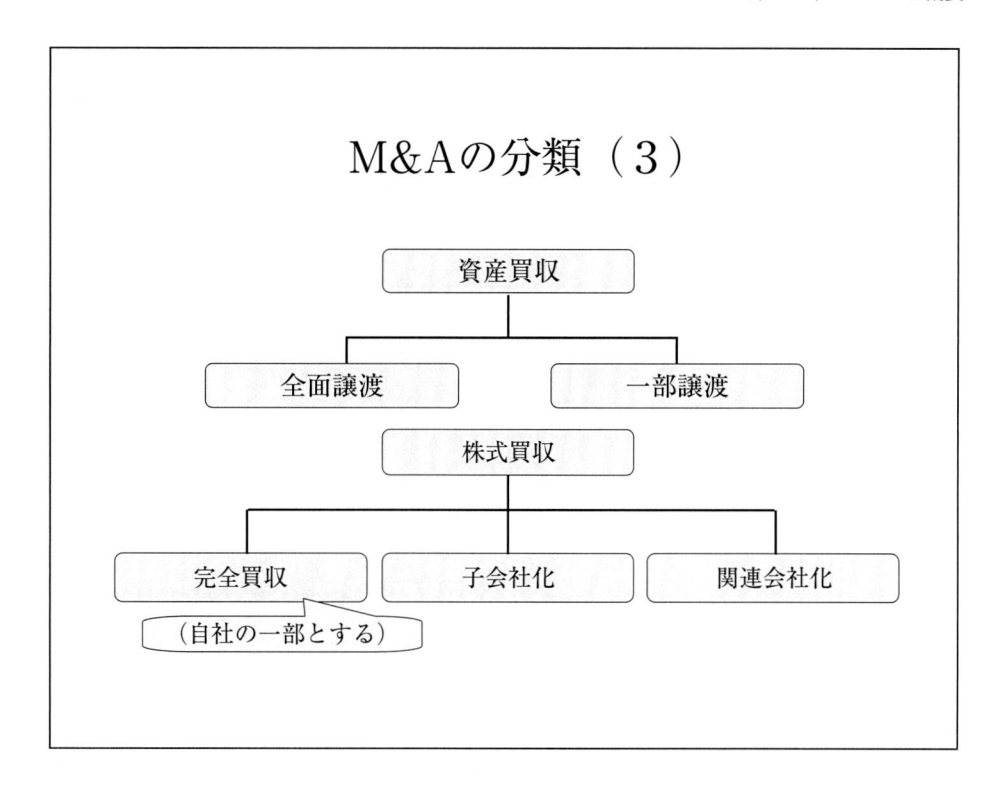

```
資産買収
├── 全面譲渡
└── 一部譲渡

株式買収
├── 完全買収（自社の一部とする）
├── 子会社化
└── 関連会社化
```

　資産買収には，全面営業譲渡と一部営業譲渡に分けることができます。営業譲渡は，事業の一部あるいは全部を他社に（対価を受け取って）譲渡する方法で，事業の全てであれば全面営業譲渡，一部であれば一部営業譲渡と呼ばれます。

　また，株式買収には，100%株式を取得して相手企業を自社の一部とする「完全買収」，株式の過半数を取得するか役員を派遣するなど相手企業に強い支配力をもつことで相手企業を子会社とする「子会社化」，株式の20%から50%を取得するなど，相手企業に強い影響力をもつことで相手企業を関連企業とする「関連子会社化」があります。

## M&Aの分類（4）

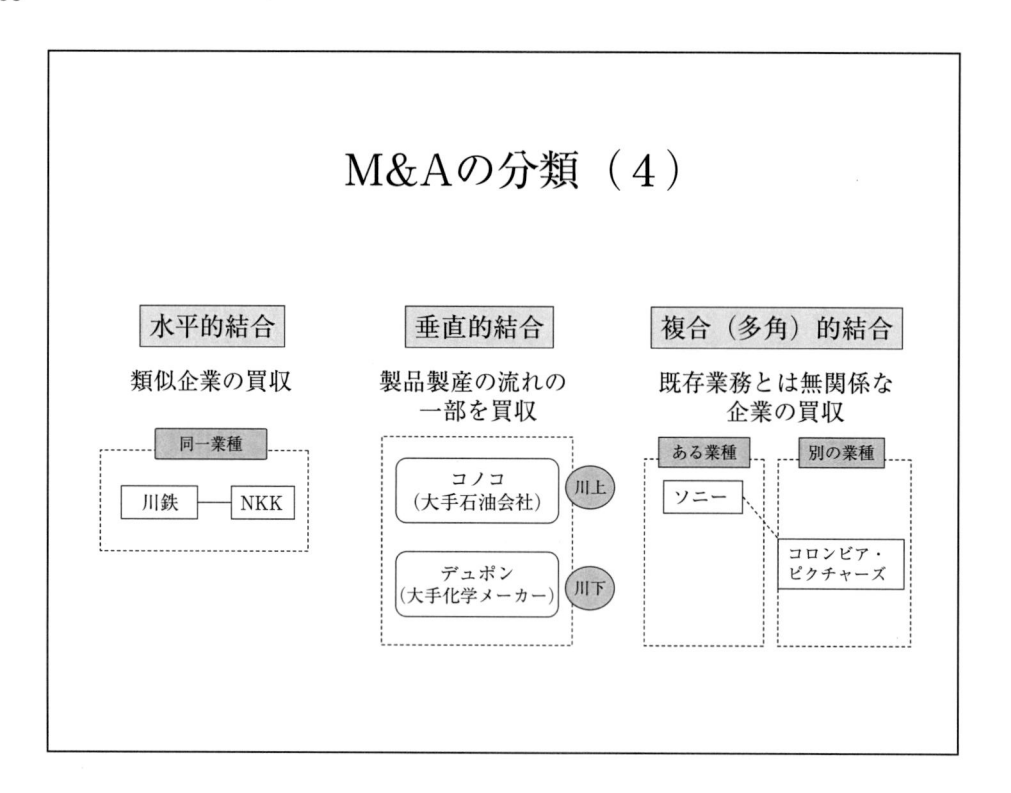

| 水平的結合 | 垂直的結合 | 複合（多角）的結合 |
|---|---|---|
| 類似企業の買収 | 製品製産の流れの一部を買収 | 既存業務とは無関係な企業の買収 |
| 同一業種：川鉄—NKK | コノコ（大手石油会社）川上／デュポン（大手化学メーカー）川下 | ある業種：ソニー／別の業種：コロンビア・ピクチャーズ |

　M&Aの分類には，買収する側の企業とされる側の企業の融合方向で分類する方法があります。類似した企業同士であれば水平的結合，製品製造工程の一部を補う関係であれば垂直的結合，既存事業とは異なる企業の買収であれば複合（多角，あるいはコングロマリット）的結合といいます。

　水平的結合の例として川崎製鉄と日本鋼管，ルノーと日産自動車などが，垂直的結合の例としてコノコとデュポン，複合的結合としてソニーとコロンビア・ピクチャーズなどがあります。

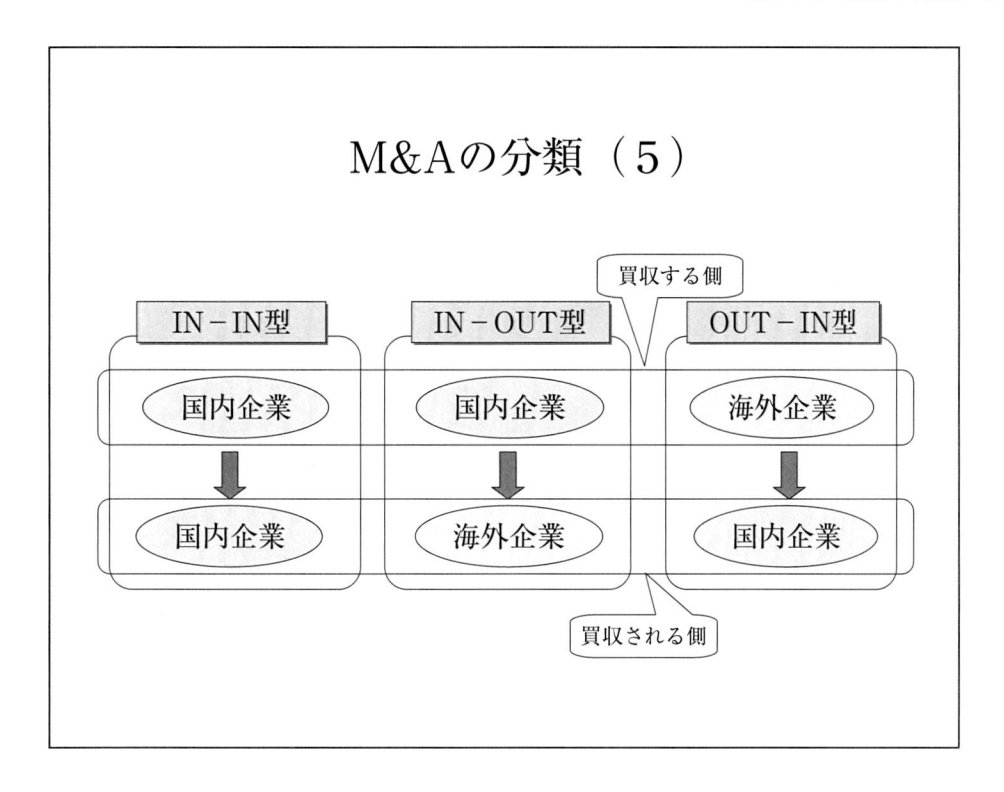

## M&Aの分類（5）

```
   IN－IN型            IN－OUT型      買収する側      OUT－IN型
  ┌─────┐          ┌─────┐      ↓        ┌─────┐
  │ 国内企業 │          │ 国内企業 │               │ 海外企業 │
  └──┬──┘          └──┬──┘               └──┬──┘
     ↓                 ↓                       ↓
  ┌─────┐          ┌─────┐               ┌─────┐
  │ 国内企業 │          │ 海外企業 │               │ 国内企業 │
  └─────┘          └─────┘               └─────┘
                              ↑
                          買収される側
```

　M&Aは，買収する側とされる側の企業が，国内企業なのか，海外企業なのかで分類されることがあります。このとき，国内企業が国内企業を買収するM&AをIN－IN型，国内企業が海外企業を買収するM&AをIN－OUT型，海外企業が国内企業を買収するM&AをOUT－IN型と呼びます。

　この分類に基づいた毎年のM&A件数や総額から，国内や海外企業の競争力の変化を知ることができます。たとえば，1980年代後半，日本企業は，高景気に支えられて，米国企業の買収を活発に行いました。また，最近では，成長著しい中国企業が，高い技術をもった日本企業の買収を積極的に行っています。

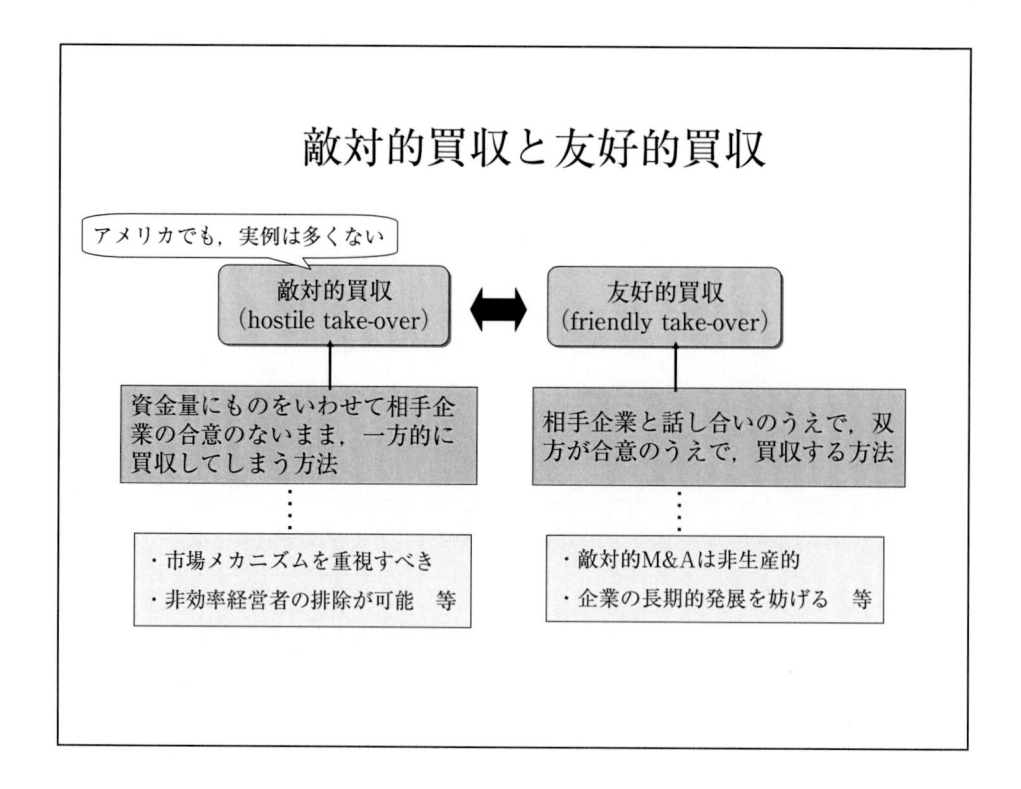

## 敵対的買収と友好的買収

**敵対的買収**
(hostile take-over)
（アメリカでも，実例は多くない）

資金量にものをいわせて相手企業の合意のないまま，一方的に買収してしまう方法

・市場メカニズムを重視すべき
・非効率経営者の排除が可能　等

⇔

**友好的買収**
(friendly take-over)

相手企業と話し合いのうえで，双方が合意のうえで，買収する方法

・敵対的M&Aは非生産的
・企業の長期的発展を妨げる　等

---

　M&Aには，買収する側とされる側が双方の合意のもとで行われる友好的買収と合意を得ることなく一方的に買収してしまう敵対的買収の2つの方法があります。

　敵対的買収の事例は，日本だけでなく，アメリカでも事例は多くありません。敵対的M&Aを支持する人たちは，「市場メカニズムを重視すべき」であると主張し，「非効率経営者の排除が可能」である主張としています。一方，敵対的M&Aを支持しない人たちは，「敵対的M&Aは非生産的」であり，「企業の長期的発展を妨げる」と主張しています。

## M&A活発化のトレンド

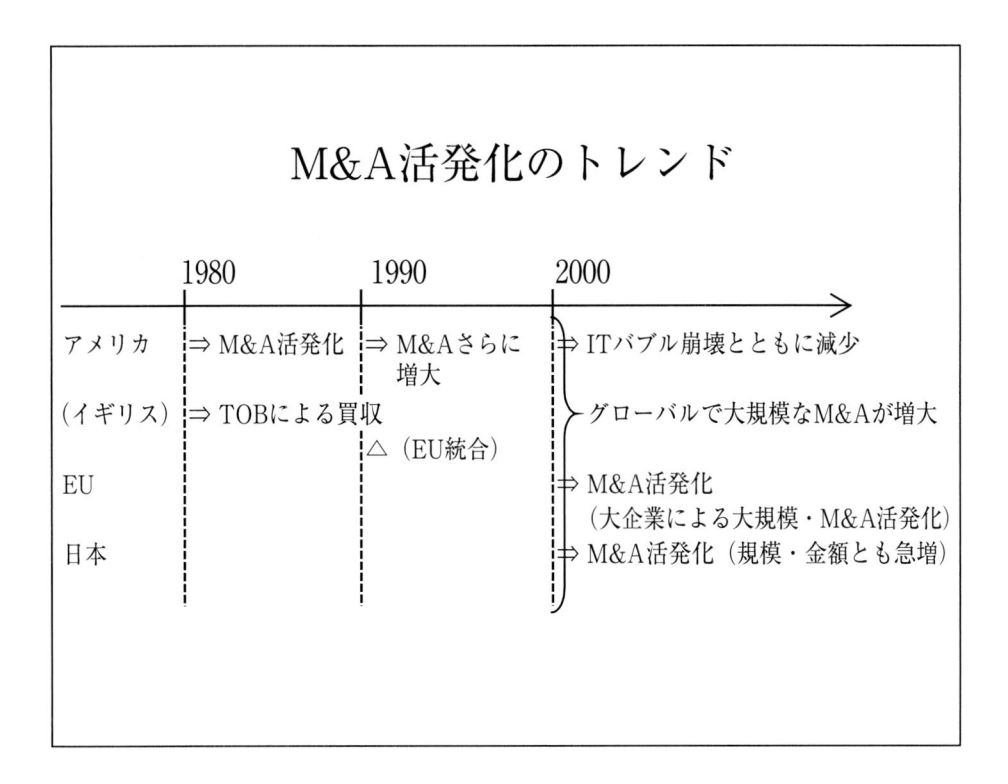

```
              1980            1990           2000
───────────────┼───────────────┼──────────────┼──────────────▶
アメリカ      ⇒ M&A活発化    ⇒ M&Aさらに    ⇒ ITバブル崩壊とともに減少
                               増大         ┐
(イギリス)    ⇒ TOBによる買収              ├ グローバルで大規模なM&Aが増大
                              △（EU統合）  │
EU                                          ⇒ M&A活発化
                                              （大企業による大規模・M&A活発化）
日本                                        ⇒ M&A活発化（規模・金額とも急増）
```

　M&Aの歴史は古く，アメリカでは1890年代，日本でも戦前から盛んにM&Aが行われていました。1980年代以降をみると，アメリカでM&Aが1980年代に活発化し，1990年代からさらにM&Aの件数が増大しました。しかし，2000年に入りITバブルが崩壊すると，その後M&Aの件数が減少しました。

　一方，2000年以降，グローバルで大規模なM&Aが増大し，規模も金額も急増しました。一時期は，サブプライム危機の影響を受け減少しましたが，中国をはじめ，M&Aが活発化しています。

## アメリカでのM&Aの歴史

- 水平統合（1890～1900年代）
- 垂直統合（1920年代）
- コングロマリット化（1960年代）
- 敵対&リストラ型（1980年代）
- IT&金融機関（1990年代後半）

　アメリカでのM&Aの歴史は古く，1890年代には水平的統合が活発に行われていました。1920年代には垂直統合の時代となり，その後，1960年代に入ると本業とは異なる企業のM&Aであるコングロマリット統合が盛んに行われるようになりました。しかし，コングロマリット経営の非効率性が明らかになると，コングロマリット型のM&Aは減少していきました。

　そして，1980年に入ると，マネーゲームと表現される敵対的M&Aとリストラ型のM&Aが増大し，その後IT企業を中心としたM&Aと本業回帰型（選択と集中）のM&Aが急増することになりました。

## 日本でのM&Aの歴史

- 財閥形成（戦前）
- 財閥解体（戦後）
- 海外進出（1980年代）
- 集中と選択（1990年代）
- 敵対買収（2000年代）

　日本でのM&Aの歴史も古く，戦前の財閥形成がはじまりと考えられます。戦前のM&Aは敵対的買収も含めて，活発に行われていました。しかし，戦後の財閥解体とともに，M&Aは激減しました。そして，1980年代に入ると，日本経済の拡大とともに，海外進出が盛んになり，アメリカを中心とした海外企業へのM&Aが盛んに行われるようになりました。

　その後，バブル崩壊とともに，海外企業へのM&Aは減少し，企業再編（集中と選択）を目的としたM&Aが中心となっていきました。そして，2000年代に入ると，経営効率の低い企業を対象とした敵対的買収がみられるようになりました。さらに，2000年代後半からは，経済成長が著しい中国企業による日本企業のM&Aが急増しています。

## 戦前の日本のM&Aの特徴

① 戦前の日本の財閥はM&Aを駆使して巨大化
② 鉄道，電力など，敵対的買収が活発
③ 外資系企業をルーツにもつ大企業も存在

戦前はM&Aや外国企業との合弁が活発であった。

日本人がM&Aや外国企業との合弁に
アレルギーがあったわけではなかった。

　日本のM&Aの歴史の特徴として戦前の財閥形成があります。戦前の日本の財閥は敵対的M&Aを含めたM&Aにより巨大化しました。鉄道，電力などは，その典型と考えられます。また，外資系企業をルーツにもつ大企業も存在し，戦前はM&Aや外国企業との合弁が活発に行われました。したがって，戦前の日本人にはM&Aや外国企業との合弁にアレルギーがあったわけではなかったということになります。しかし，戦後の財閥解体とともに，M&Aは姿を消し，外資系企業との合併もなくなりました。日本でM&Aが活発化（買収する側としてですが）したのは，バブル期に入ってからのことになります。

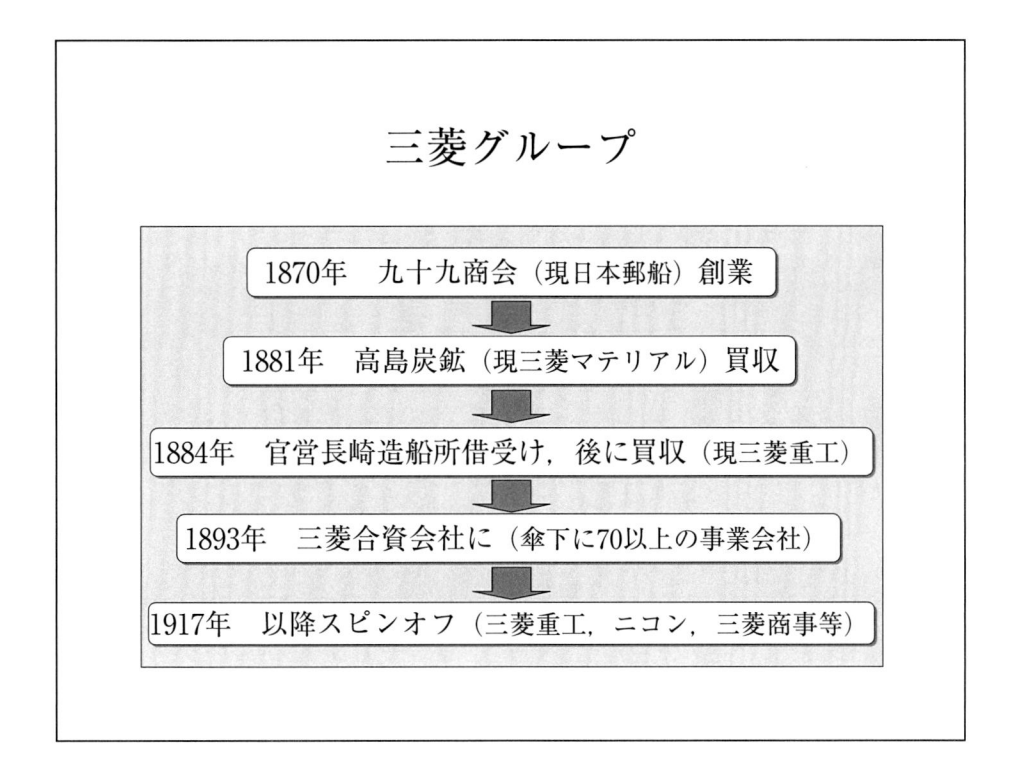

```
              三菱グループ

    ┌─────────────────────────────────────┐
    │ 1870年  九十九商会（現日本郵船）創業        │
    └─────────────────────────────────────┘
                    ↓
    ┌─────────────────────────────────────┐
    │ 1881年  高島炭鉱（現三菱マテリアル）買収     │
    └─────────────────────────────────────┘
                    ↓
    ┌─────────────────────────────────────┐
    │ 1884年 官営長崎造船所借受け，後に買収（現三菱重工）│
    └─────────────────────────────────────┘
                    ↓
    ┌─────────────────────────────────────┐
    │ 1893年  三菱合資会社に（傘下に70以上の事業会社）│
    └─────────────────────────────────────┘
                    ↓
    ┌─────────────────────────────────────┐
    │ 1917年  以降スピンオフ（三菱重工，ニコン，三菱商事等）│
    └─────────────────────────────────────┘
```

　たとえば，戦前からの代表的な財閥に三菱グループがあります。三菱グループの起源は，1870年の九十九商会（現日本郵船）創業です。1881年には高島炭鉱（現三菱マテリアル）を買収し，1884年に官営長崎造船所を借受け，後に買収しました（現在の三菱重工です）。そして，1893年には三菱合資会社となり，傘下に70以上の事業会社を抱えることとなりました。そして，1917年以降に三菱重工，ニコン，三菱商事等がスピンオフして現在の三菱グループの原型を形成しています。その後の財閥解体により，三菱グループも解体されますが，1964年には再グループ化し，現在に至っています。

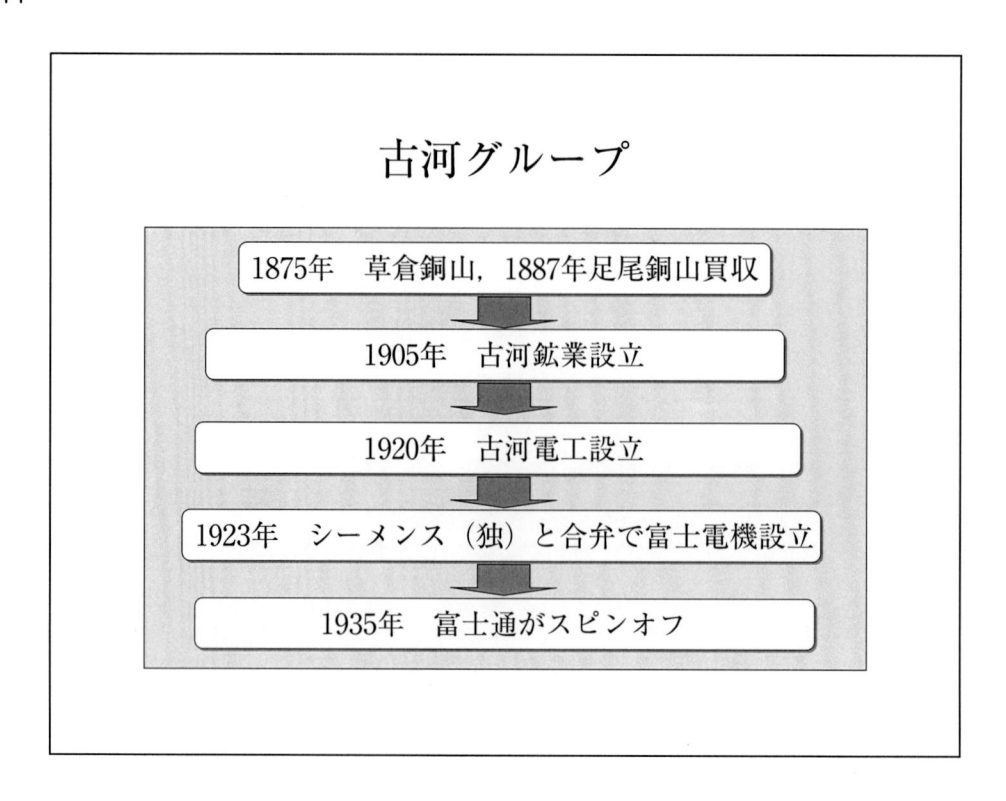

## 古河グループ

```
1875年　草倉銅山，1887年足尾銅山買収
          ↓
1905年　古河鉱業設立
          ↓
1920年　古河電工設立
          ↓
1923年　シーメンス（独）と合弁で富士電機設立
          ↓
1935年　富士通がスピンオフ
```

　古河グループも戦前からの代表的な財閥です。古河は，1875年に草倉銅山を，1887年に足尾銅山を買収し，1905年に古河鉱業を設立しました。そして，1920年に古河電工を設立し，1923年にはシーメンス（独）と合弁で富士電機を設立しました。その後，1935年には富士通信機製造（現富士通）がスピンオフをし，現在の古河グループの原型が作られました。その後，財閥解体により，古河グループも解体され，独立企業として活動をはじめましたが，古河グループとしての協力関係は保たれ，現在に至っています。

## 東急電鉄

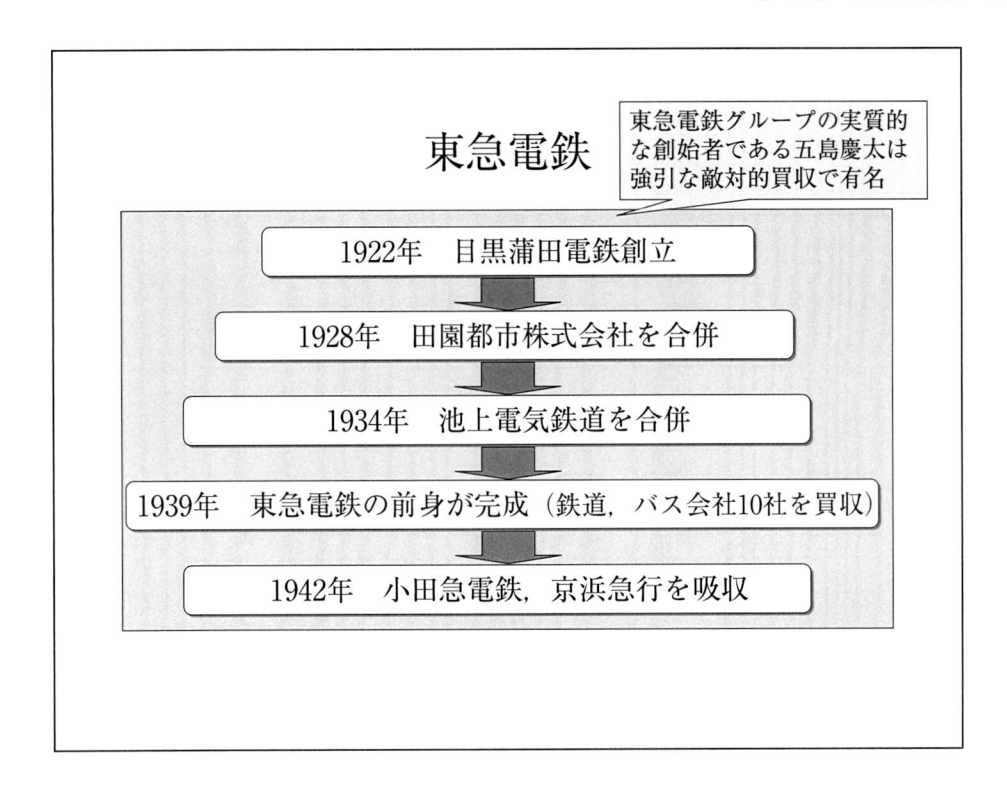

> 東急電鉄グループの実質的な創始者である五島慶太は強引な敵対的買収で有名

- 1922年　目黒蒲田電鉄創立
- 1928年　田園都市株式会社を合併
- 1934年　池上電気鉄道を合併
- 1939年　東急電鉄の前身が完成（鉄道, バス会社10社を買収）
- 1942年　小田急電鉄, 京浜急行を吸収

　鉄道会社も同様にM&Aが盛んに行われました。東急電鉄グループの実質的な創始者である五島慶太は強引な敵対的買収でグループを巨大化していきました。五島慶太は1922年に目黒蒲田電鉄を創立し，1928年に田園都市株式会社を合併，そして1934年には池上電気鉄道を合併し，1939年に東急電鉄の前身が完成（鉄道, バス会社10社を買収）しました。そして，1942年に小田急電鉄，京浜急行，さらには1944年に京王電気軌道を合併し，巨大な鉄道グループを形成しました。

## 主要総合電機メーカー設立の歴史

- 日本電気；1899年　ウエスタン・エレクトリック社（米）との合弁会社設立

- 富士電機；1923年　シーメンス（独）と合弁で富士電機設立

- 東　　芝；1910年　ゼネラル・エレクトリック社（米）が資本参加

- 三菱電機；1923年　ウエスティングハウス・エレクトリックの出資，技術提携

　外国企業と日本企業のM&Aの歴史も戦前からあります。現存する主要総合電機メーカー設立は外国電機メーカーの力を借りたものが多くみられます。たとえば，日本電気（NEC）は，1899年にウエスタン・エレクトリック社（米）との合弁会社を設立して生まれた企業です。富士電機は，1923年にシーメンス（独）と合弁会社を設立して生まれました。東芝は，1910年にゼネラル・エレクトリック社（米）が資本参加をしています。三菱電機は1923年に米国の総合電機メーカーであったウエスティングハウス・エレクトリックの出資を受け，技術提携をしています。

# 第13章
# 企業の敵対的買収と事業リストラクチャリング

---
**本章の概要**

本章では，企業の敵対的買収と企業財務のリストラクチャリングについて確認します。まず，敵対的買収と友好的買収の違いについて確認し，アメリカでの敵対的買収の基本的な考え方である経営判断原則適応除外について紹介します。次に，米国の企業買収の判決の基準となった代表的な判例を紹介し，敵対的買収の防衛策（事前の予防策と事後の対抗策）について確認します。そして，最後に，財務のリストラクチャリングについて解説します。

---

**ポイント**

1. 敵対的買収と友好的買収の違い
2. 敵対的買収の経営判断原則適応除外とは
3. 企業買収における法的指針
4. 敵対的買収への対抗策
5. 財務のリストラクチャリング

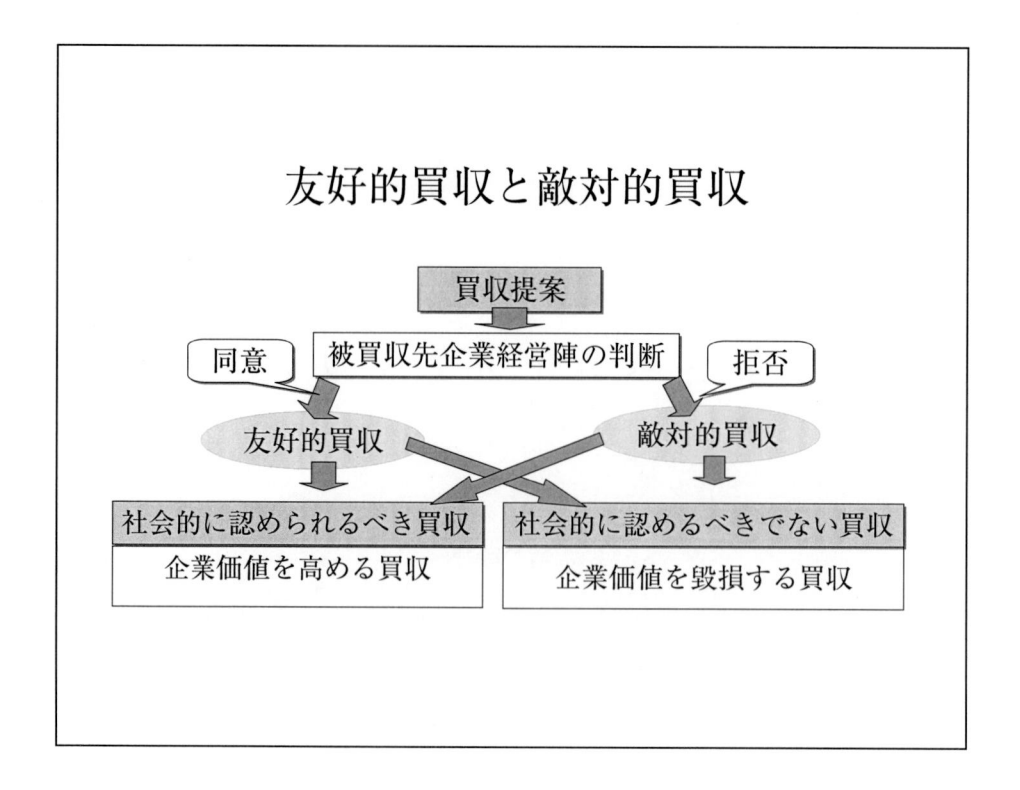

## 友好的買収と敵対的買収

```
          買収提案
            ↓
    被買収先企業経営陣の判断
 同意 ↙              ↘ 拒否
友好的買収          敵対的買収
   ↓ ↘           ↙ ↓
社会的に認められるべき買収   社会的に認めるべきでない買収
  企業価値を高める買収       企業価値を毀損する買収
```

　買収には，友好的買収と敵対的買収があります。両者の違いは，買収提案があった場合に被買収先企業の経営陣が，同意すれば友好的買収となり，拒否されれば敵対的買収となります。しかし，買収には友好的買収であれ，敵対的買収であれ，企業価値を高める買収であれば，社会的に認められらるべき買収になりますし，企業価値を毀損する買収であれば，社会的に認められるべきでない買収ということになります。過去には，企業価値を毀損する仕手系の敵対的買収事件が多くありました。

## 敵対的買収が増加する背景

- メインバンク制の崩壊
- 株式持合いの解消
- 外国投資家の特殊比率の上昇
- 株主価値を重視した経営の浸透

M&Aは株主価値最大化の目的を達成するために資本市場で必然的に生まれた手段であった。日本でも，M&Aによる経営効率の向上が期待される。

　敵対的買収が増加している背景として，メインバンク制が崩壊したことと株式持合いの解消が進んでいること，外国投資家の特殊比率が上昇，株主価値を重視した経営が浸透し，コーポレート・ガバナンスが重視されるようになったことが上げられます。最近の日本企業の環境変化により，M&Aに対する許容度が増大していると考えることができます。

　M&Aは株主価値最大化の目的を達成するために資本市場で必然的に生まれた手段です。日本でも，M&Aによる経営効率の向上が期待されます。

## 敵対的買収は好ましくないのか（1）

誰にとって好ましくないかが問題

**確かに好ましくない敵対的買収がある**

たとえば，反社会的勢力が会社乗っ取りを画策
　　　　→ 国際航業
安く買った株式を強圧的に買い戻させる
　　　　→ 小糸製作所（ブーン・ピッケンズ）

**しかし，好ましい敵対的買収がある**

たとえば，企業経営の能力に乏しい経営陣を排除，シナジー効果を生む組み合わせなど

さらに副産物として企業経営者はM&Aのプレッシャーを感じてよい経営を心がけようとする。

なお，好ましくない友好的買収もある

　敵対的買収が好ましくないことであるかどうかは，誰にとって好ましくないかが問題となります。過去の敵対的買収をみていると，好ましくない敵対買収があったことは事実です。たとえば，反社会的勢力が会社乗っ取りを画策する場合がこれに該当します。あるいは，安く買った株式を強圧的に高値で買い取らせる場合もあります。

　しかし，好ましいと考えられる敵対的買収もあります。たとえば，企業経営の能力に乏しい経営陣を排除する場合やシナジー効果を生む組み合わせの場合がこれに該当します。敵対的買収の副産物として，企業経営者はM&Aのプレッシャーを感じてよい経営を心がけようとすることがあげられます。

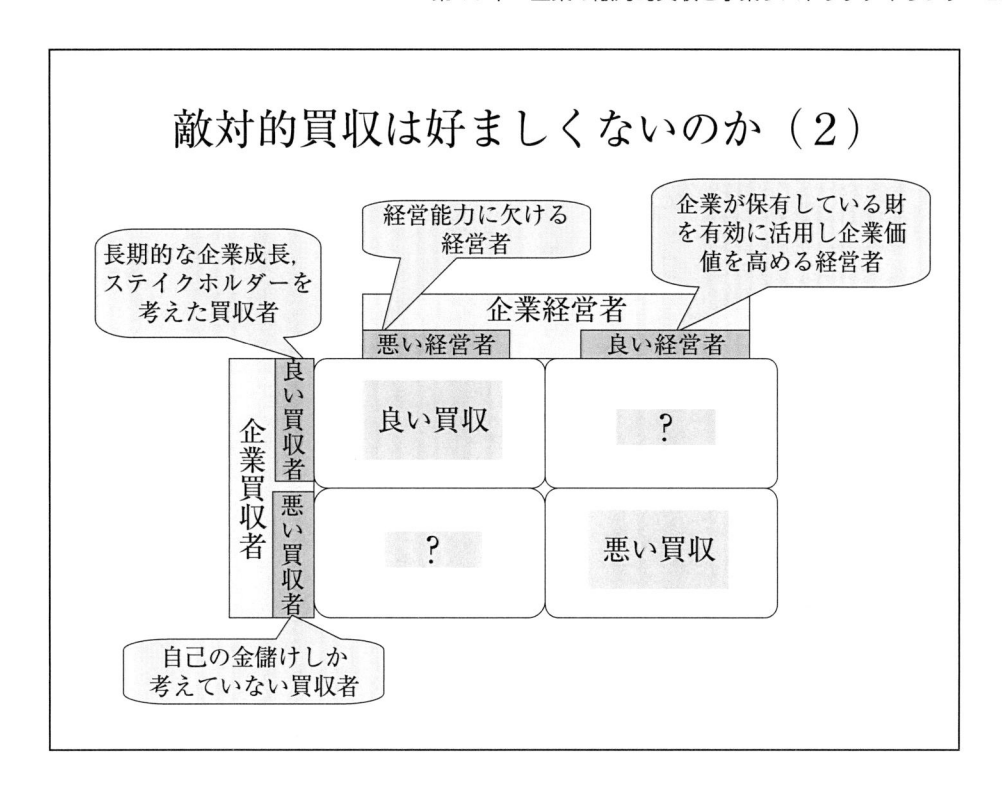

## 敵対的買収は好ましくないのか（2）

|  | 企業経営者 | |
|---|---|---|
|  | 悪い経営者（経営能力に欠ける経営者） | 良い経営者（企業が保有している財を有効に活用し企業価値を高める経営者） |
| **企業買収者** 良い買収者（長期的な企業成長、ステイクホルダーを考えた買収者） | 良い買収 | ？ |
| **企業買収者** 悪い買収者（自己の金儲けしか考えていない買収者） | ？ | 悪い買収 |

　敵対的買収を考える際には、企業を買収する側（企業買収者）と買収される側（企業経営者）の両者について考える必要があります。

　まず、企業経営者が「経営能力に欠け、企業が保有している財を有効に活用できず」、企業買収者が「長期的な企業成長、ステイクホルダーを考えた買収者」であるとすれば、この買収は好ましい買収と考えることができます。逆に、企業経営者が「企業が保有している財を有効に活用し企業価値を高める経営者」で、企業買収者が「自己の金儲けしか考えていない買収者」であるとすれば、この買収は好ましくない買収ということになります。

　また、企業経営者が「企業が保有している財を有効に活用し企業価値を高める経営者」で、企業買収者が「長期的な企業成長、ステイクホルダーを考えた買収者」であるとすれば、企業買収者と企業経営者のどちらが企業価値を高められるかということになります。逆に、企業経営者が「経営能力に欠け、企業が保有している財を有効に活用できず」、企業買収者が「自己の金儲けしか考えていない買収者」であれば、買収が好ましいか好ましくないかの判断は難しいものになります。

## 敵対的買収の経営判断原則適用除外
### （アメリカの考え方）

```
経営上の重要事項に関する判断の権限は経営者に    ← アメリカのビジネス法
与えられている。
          ↓
    経営者の判断優先ルール
          
しかし，敵対的M&Aが仕掛けられると，経営者は
M&Aを退ける権利が消滅
          ↓                  すなわち経営者の判断優先ルール
                             が消滅（利益相反となるので）
   何らかの形でM&Aが行われる
```

　アメリカでは，敵対的買収に対して，経営判断原則（Business Judgement Rule）適用除外という考え方があります。経営上の重要事項に関する判断の権限は経営者に与えられていて，経営者の判断が優先（判断優先ルール）されます。しかし，敵対的M&Aが仕掛けられると，経営者はM&Aを退ける権利が消滅し，何らかの形でM&Aが行われることになります。これは，経営者にとってM&Aが利益相反となるので経営者の判断優先ルールが消滅するというもので，理にかなった考え方であるといえます。

> ## 企業買収における法的指針
> （以後の基準となった判例）
>
> 以下の事件での裁判所の判決が判例となって，その後の裁判が行われることになった。
>
> - ✓ ユノカル事件 → ユノカル・スタンダード
> - ✓ レブロン事件 → レブロン・スタンダード
> - ✓ ハウスホールド事件
> - ✓ ブラシウス事件 → ブラシウス・スタンダード

　アメリカでは，以後の基準となった代表的な裁判所での判例があります。企業買収における法的指針として，現在でもこれらの判例が基準となっています。すなわち，以下の事件での裁判所の判決が判例となり，その後の裁判が行われて現在に至っています。その代表的な事件として，ユノカル事件（ユノカル・スタンダード），レブロン事件（レブロン・スタンダード），ハウスホールド事件，ブラシウス事件（ブラシウス・スタンダード）などがあります。

　以下では，その代表的な事件であるユノカル事件（1985），レブロン事件（1986）の概要と判決内容について，確認することにします。

## ユノカル事件とユノカル・スタンダード

- ブーン・ピケンズがメサ社を率い，ユノカル株式の51％を買い取るTOBを公表。
- ユノカルは対抗的公開買付で自社株と社債を交換すると公表。
- メサ石油は，この差し止めを訴え，最高裁判所でこの訴えが却下された。

⇒ 企業価値を毀損させる可能性をもった相手に対しては，これに見合う買収防衛策を認めた。

　1986年，ブーン・ピケンズ（グリーン・メーラーとして有名）がメサ社を率い，ユノカル株式の51％を買い取る敵対的買収を計画しました。これに対して，ユノカル社は対抗的公開買付で自社株と社債を交換する交換買付を行うと公表しました（メサ社の所有する株式は対象外）。すると，メサ社は，この差し止めを訴えましたが，最高裁判所はこの訴えを却下しました。この判決のなかで，敵対的買収防衛策の適否を判断する基準が示されました。この基準がユノカル・スタンダードといわれているもので，企業価値を毀損させる可能性をもった相手に対しては，これに見合う買収防衛策が認められることが示されました。

## レブロン事件とレブロン・スタンダード

- ✓ マックアンドリュース＆フォーブス（M&F）社がレブロン社の支配権を獲得するためにTOBを仕掛けた。
- ✓ レブロン社はフォースマンリトル社に自社の買収を依頼（ホワイトナイト）。
- ✓ 両者の買収合戦の結果，M&F社が有利なTOBを提示。
- ✓ レブロン社はフォースマンリトル社に対して特別な権利を与える契約を締結
- ✓ M&F社は，この契約を無効とするように訴え，これが認められた。

➡ 取締役会は一度会社の売却を決定した場合，可能な限り高価な落札を求め，買収予定者と誠実に交渉する義務があるとした。

　マックアンドリュース＆フォーブス（M&F）社が1985年にレブロン社の支配権を獲得するためにTOBを仕掛けました。これに対して，レブロン社は友好的第三者であるフォースマンリトル社に自社の買収を依頼しました（これをホワイトナイトといいます）。両者の買収合戦の結果，M&F社が有利なTOBを提示しました。レブロン社はフォースマンリトル社に対して特別な権利を与える契約を締結し対抗しましたが，M&F社はこの契約を無効とするように訴え，最高裁はこれを認めました。取締役会は一度会社の売却を決定した場合，可能な限り高価な落札を求め，買収予定者と誠実に交渉する義務があるとする考え方です。

　米国では，経営者の利益相反を防ぐために経営判断原則がありますが，ユノカル・スタンダードでは株式価値を毀損させる可能性をもった相手に対してはこれに見合う買収防衛策を認め，レブロン・スタンダードでは取締役会が一度会社の売却を決定した場合，可能な限り高価な落札を求め買収予定者と誠実に交渉する義務があるとし，経営者が株式価値の最大化を図ることを求めています。こういった基準をもとに，敵対的買収に対する防衛策が議論されています。

## 敵対的買収に対する防衛策

```
        事前の策                    事後の策
    敵対的買収の予防策            敵対的買収の対抗策
    安定株主を増やすこと              増　配
    ポイズン・ピル（ライツ・プラン）    ホワイト・ナイト
    黄金株                       第三者割当
    ゴールデン・パラシュート          パックマン・ディフェンス
```

　敵対的買収の防衛策は，敵対的買収の対象にならないようにするための事前の予防策と敵対的買収の対象となってしまった場合の事後の対抗策の2つに分けて考えることができます。敵対的買収の防衛策の基本は「敵対的買収の対象にならない」ようにすることです。

　敵対的買収の予防策として，「安定株主を増やすこと」，「ポイズン・ピル」，「黄金株」，「ゴールデン・パラシュート」などが代表的です。敵対的買収の対抗策として，「増配による株式価格の上昇」，「ホワイト・ナイト」，「第三者割当による株式の割り当て」，「パックマン・ディフェンス」などが代表的です。

## 敵対的買収の予防策

**狙われる企業とはどのような企業か**
① 企業の本来もっている価値に比例して低い評価がされている（株価が割安に放置）。
② 企業の保有財産を十分に活用していない。
③ 業績がよくない。

**狙われない企業とは**
① 経営がしっかりしていて高い評価を得ている企業。
② 企業の保有財産が無駄なく有効活用されている。
③ 業績がよい。

こういう経営をすることが最良の防衛策

　敵対的買収の標的になりやすい狙われる企業とはどのような企業なのでしょうか。特徴を列挙すると，①企業の本来もっている価値に比例して低い評価がされている（株価が割安に放置），②企業の保有財産を十分に活用していない，③業績がよくないなどがあげられます。

　狙われない企業の特徴を列挙すると，①経営がしっかりしていて高い評価を得ている，②企業の保有財産が無駄なく有効活用されている，③業績がよいなどが上げられます。このような企業経営をすることが，M&Aのターゲットにならないための，最良の防衛策（事前策）であるといえます。

## 敵対的買収の予防策　〔事前の策〕

- 安定株主を増やすこと
- 黄金株（特定の株主に拒否権を付与）
- ポイズン・ピル（ライツ・プラン）（信頼できる相手に新株予約権を発行）
- ゴールデン・パラシュート（取締役の退職金を高額にする）

　敵対的買収の予防策としては，いくつかの方法が考えられています。その代表的なものとして，前述の安定株を増やすこと以外に，黄金株，ゴールデン・パラシュート，ポイズン・ピル（ライツ・プラン）などがあげられます。黄金株は，特定の株主に拒否権を与えておくことで，株主総会での敵対買収者の買収提案を否決しようとする方法です。黄金株は，株主平等の原則に反することから，黄金株の発行自体を禁止している国も少なくありません。次のポイズン・ピルは，既存株主に対して普通株を取得できる新株予約権などの権利を与え，敵対的買収が仕掛けられたときにこれを行使するものです。最後に，ゴールデン・パラシュートですが，これは取締役の退職金を高額にすることにより敵対的買収に対抗する方法です。この他にも，敵対的買収に対するいろいろな予防策が考えられています。

```
┌─────────────────────────────────────────────────┐
│                                      事後の策    │
│           敵対的買収への対抗策                    │
│                                                  │
│                  ┌─────────┐                    │
│                  │  増 配  │                    │
│                  └─────────┘                    │
│               ┌──────────────┐                  │
│               │  第三者割当   │                  │
│               └──────────────┘                  │
│          ┌───────────────────────┐              │
│          │   ホワイト・ナイト     │              │
│          │ (友好的な会社が先に買収)│              │
│          └───────────────────────┘              │
│     ┌──────────────────────────────────────┐    │
│     │      パックマン・ディフェンス          │    │
│     │(買収を仕掛けた企業に対して逆に買収を仕掛ける)│   │
│     └──────────────────────────────────────┘    │
└─────────────────────────────────────────────────┘
```

　すでに敵対的買収の標的になってしまった場合の対抗策を具体的にみてみます。いくつかの方法が考えられていますが，その代表的なものとして，前述の通り，増配，第三者割当，ホワイト・ナイト，パックマン・ディフェンスなどがあります。増配は前期に比べ配当額を増やすことで株主への利益を還元し，株主の安定化を図ろうとするものです。第三者割当は指定された特定の第三者だけに新株を発行することで結果的に買収者の持ち株の比率を下げて買収ができないようにする方法です。また，ホワイト・ナイトは友好的な会社が敵対的な相手に買収される前に，先に買収してもらう方法です。最後のパックマン・ディフェンスは買収を仕掛けた企業に対して，逆に買収を仕掛けるものです。この他にも，敵対的買収に対するいろいろな対抗策が考えられています。

## 株式公開買付け（TOB）

- 買付けの期間，買取り株数，買い取り価格を公告する必要あり
- 不特定多数の株主から市場外で株式を大量に取得する方法
- 一定の買付け価格で購入できる／買付予定株数に達しない場合，買付けを中止できる　【TOBの長所】
- 買収しようとしていることが被買収企業にわかってしまう　【TOBの短所】
- 友好的買収の公開買付け ⇒ 友好的TOB
- 敵対的買収の公開買付け ⇒ 敵対的TOB

　企業の買収を行う代表的な手法として，株式公開買付け（TOB：Takeover Bid）があります。これは，買付けの期間，買取り株数，買い取り価格を公告して，不特定多数の株主から市場外で株式を大量に取得する方法です。株式公開買付けの企業を買収する側からみた場合，その長所としては，一定の買付け価格で購入できること，買付予定株数に達しない場合には買付けを中止することができることなどがあります。短所としては，買収しようとしていることが被買収企業に分かってしまうことがあります。なお，友好的買収である場合の株式公開買付けを友好的TOB，敵対的買収である場合の株式公開買付けを敵対的TOBといいます。

## アクティビスト・ファンド

- 複数の投資家から集めた資金をプールして投資を行い，その収益を分配する仕組み
- 投資ファンドの1つで，企業経営に影響力のある一定程度以上の株式を保有することで，経営陣に株主価値向上に向けた提案を行おうとするファンドのこと
- 村上ファンド，スティール・パートナーズなどが代表的なアクティビスト・ファンド
- 企業経営に対して，積極的に提案を行い，企業価値の向上を図ろうとする投資家のことを「物言う投資家」，すなわちアクティビストという

　アクティビスト・ファンドは，投資ファンド（複数の投資家から集めた資金をプールして投資を行い，その収益を分配する仕組みのこと）の1つで，企業経営に対して影響力のある一定程度以上の株式を保有することで，経営陣に株主価値向上に向けた提案を行い，経営陣にこれを受け入れさせようとするファンドのことです。村上ファンド，スティール・パートナーズなどが代表的なアクティビスト・ファンドとして，これまでに注目されました。なお，企業経営に対して，積極的に提案を行い，企業価値の向上を図ろうとする投資家のことを「物言う投資家」，すなわちアクティビストといいます。

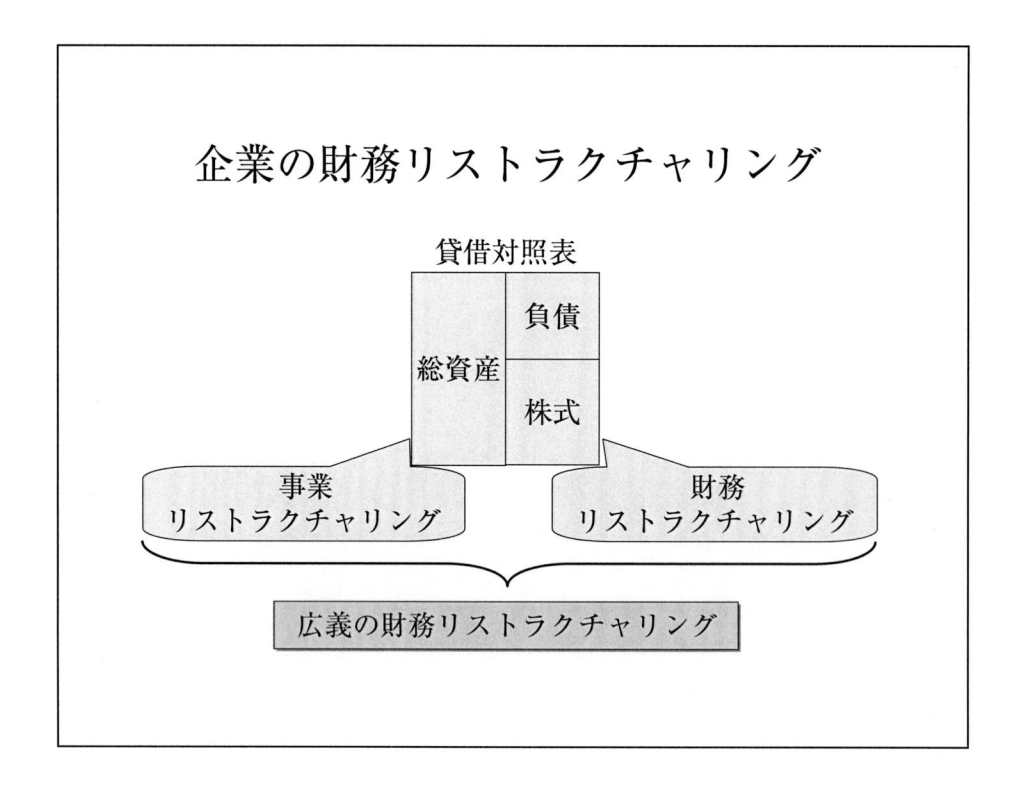

## 企業の財務リストラクチャリング

```
           貸借対照表
          ┌─────┬─────┐
          │     │ 負債 │
          │ 総資産├─────┤
          │     │ 株式 │
          └─────┴─────┘
    事業              財務
リストラクチャリング    リストラクチャリング
       └────────┬────────┘
         広義の財務リストラクチャリング
```

　次に，財務リストラクチャリングについて解説します。財務リストラクチャリングの目的は，企業が収益構造の改善を図るために，事業を再構築することを指します。財務「リストラクチャリング」のことを，略して「リストラ」といいます。財務リストラクチャリングは，貸借対照表の左側の総資本に関する「事業リストラクチャリング」と貸借対照表の右側の株式と負債に関する「財務リストラクチャリング」に別れ，両者は広義の財務リストラクチャリングと呼ばれています。事業リストラクチャリングには，事業規模拡大や強化のためのM&A，業務や製品構成の改善，不採算部門の縮小・撤退，事業所の統合・廃止，事業閉鎖，さらにはM&Aによる一部事業の売却，人員削減などがあります。財務リストラクチャリングには，財務体質の改善を図るための債務の株式化，劣後化などがあります。

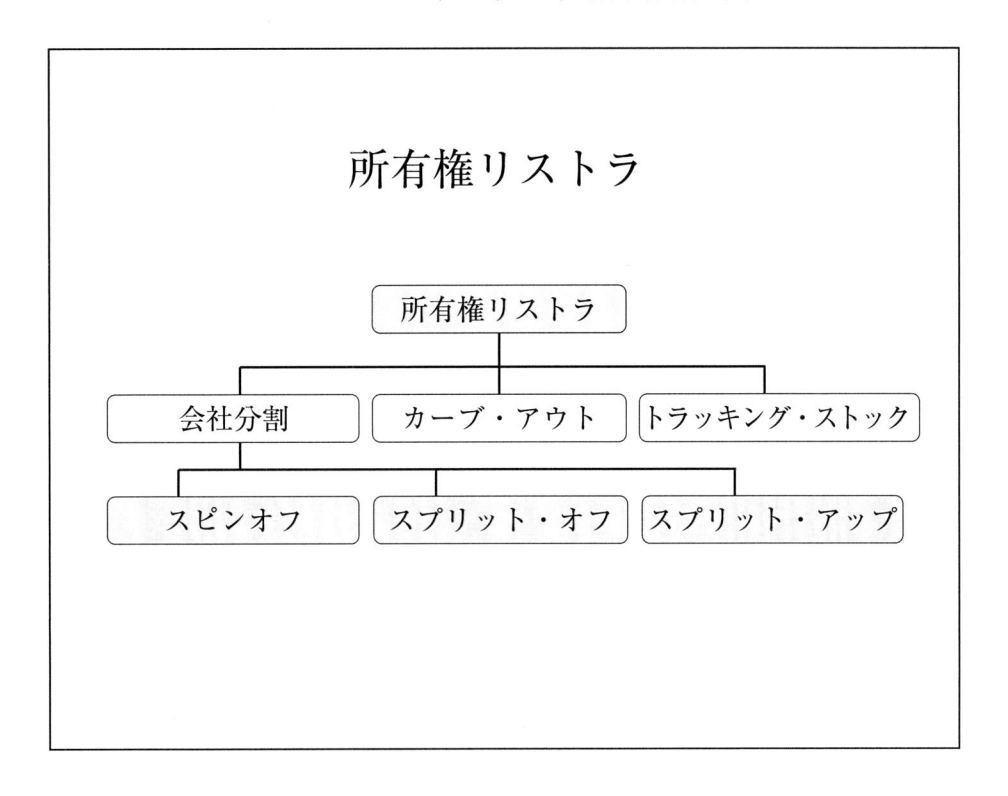

```
                    所有権リストラ

                   ┌─────────────┐
                   │ 所有権リストラ │
                   └─────────────┘
            ┌──────────┼──────────┐
      ┌─────────┐ ┌──────────┐ ┌──────────────┐
      │ 会社分割 │ │ カーブ・アウト │ │ トラッキング・ストック │
      └─────────┘ └──────────┘ └──────────────┘
   ┌──────┼──────────┐
┌────────┐ ┌──────────┐ ┌────────────┐
│ スピンオフ │ │スプリット・オフ│ │スプリット・アップ│
└────────┘ └──────────┘ └────────────┘
```

　企業のリストラ再編の中に，所有権リストラがあります。所有権リストラは，さらに会社分割，カーブ・アウト（親子関係を維持したまま子会社（もしくは事業部門）の株式の一部を市場公開する手法），トラッキング・ストック（株式の価値が，株式発行体（＝企業）全体の業績に連動するのではなく，特定の事業部や子会社の業績と連動するもの）に分類できます。会社分割は，さらにスピンオフ（企業がその一部門を別会社として分離・独立させること），スプリット・オフ（親会社が所有する子会社の株式を親会社の株主に分配し，子会社株式と交換に親会社の株主がもっている親会社株式を親会社に給付する），スプリット・アップ（親会社が2社以上の子会社を設立し，資産をそれぞれに譲渡して別法人の株式を取得後，親会社株式と交換に株主に子会社株式を交付する。そして，親会社は完全に清算）があります。

## 企業のバイアウト

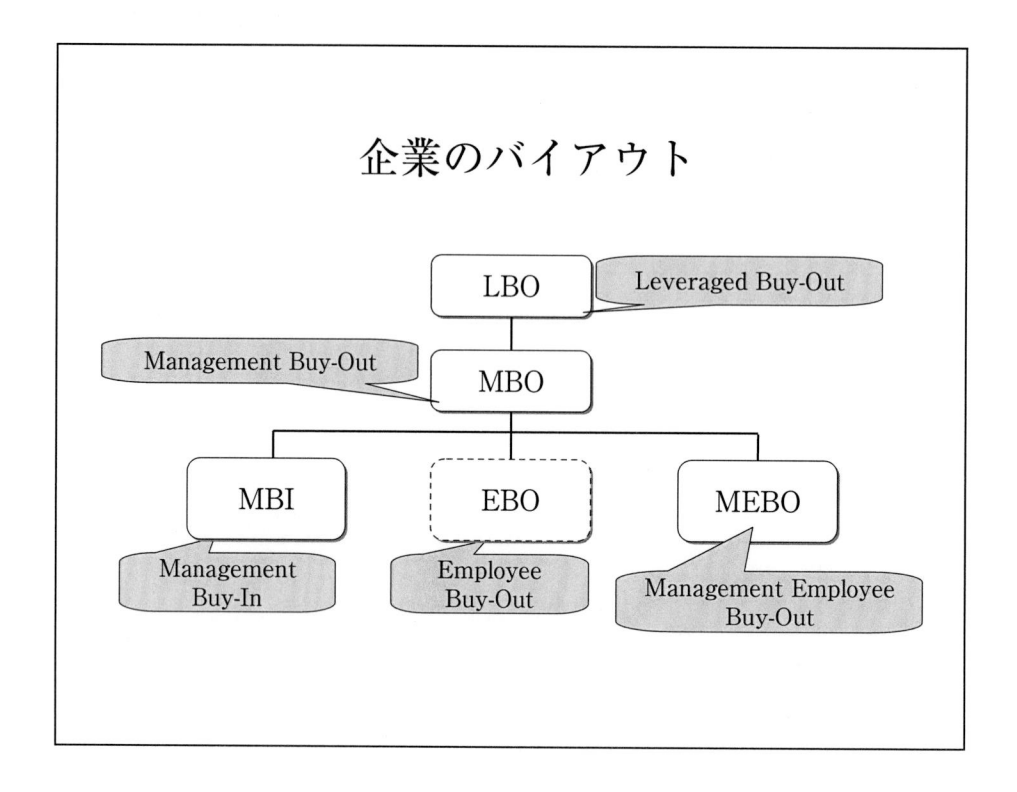

```
              ┌─────┐
              │ LBO │── Leveraged Buy-Out
              └──┬──┘
                 │
Management Buy-Out ──┤ MBO │
              ┌──────┼──────┐
           ┌──┴─┐ ┌──┴─┐ ┌──┴──┐
           │MBI │ │EBO │ │MEBO │
           └────┘ └────┘ └─────┘
         Management Employee  Management Employee
         Buy-In    Buy-Out    Buy-Out
```

　被買収企業の資産や将来キャッシュフローを担保に買収企業が借金をして行うM&Aのこと，すなわち，子会社，企業の事業部門等が行っている現在の事業の継続を前提として，金融機関等の融資を受けて，経営権を取得することをバイアウトといいます。バイアウトは，手元資金に加えてレバレッジをかけて買収をすることから，LBO（Leveraged Buy-Out）と呼ばれています。さらに，LBOは，買収をする側が誰かにより，別の呼び方があります。企業の経営陣であればMBO（Management Buy-Out），経営者を外部から招聘することをMBI（Management Buy-In），従業員が買収者であればEBO（Employee Buy-Out），企業経営陣と従業員の両者が買収者であればMEBO（Management Employee Buy-Out）と呼びます。

# 参考文献

榊原茂樹,菊池誠一,新井富雄『現代の財務管理』有斐閣アルマ,2003年。

榊原茂樹,加藤英明,岡田克彦［編著］『現代の財務経営9 行動ファイナンス』中央経済社,2010年。

菅原周一,桂眞一『基礎から学ぶ資本市場論Ⅰ』創成社,2010年。

菅原周一『資産運用の理論と実践（応用ファイナンス講座）』朝倉書店,2007年。

日本証券アナリスト協会［編］『証券アナリスト基礎講座 第二分冊』(社)日本証券アナリスト協会,2011年。

E.R. アルザック／斎藤進［監訳］『合併・買収・再編の企業評価』中央経済社,2008年。

R. ブリーリー, S. マイヤーズ, F. アレン／藤井眞理子, 国枝茂樹［監訳］『コーポレート ファイナンス（第8版）上,下』日経BP社,2007年。

Blume, M. (1971) "On the Assessment of Risk," Journal of Finance, 26, 1-10.

Fama, E., French, K., (1992) "The Cross-Section of Expected Stock Returns." Journal of Finance, 47, 427-465.

Fama, E., French, K., (1993) "Common Risk Factors in the Returns on Stocks and Bonds." Journal of Financial Economics, 33, 3-56.

John Burr Williams (1938) "The Theory of Investment Value, Amsterdam", North-holland.

# 索　引

## [A-Z]

acquisition ····················· 200
APT ···································· 48
Asset Pricing Theory ············· 48
ATM：at the money ············· 62
Average Rate of Return ········ 92
Business alliance ················ 203
Business Judgement Rule ······ 222
Capital alliance ·················· 203
CAPM：Capital Asset Pricing Model
　······································ 46, 47
Corporate alliance ··············· 203
DCF 法 ·················· 111, 113〜117
DDM：Dividended Discount Model ······ 39
Derivatives ·························· 56
EBITDA 倍率 ······················· 141
EBO ································· 234
──── モデル ···················· 148
Employee Buy-Out ·············· 234
EV/EBITDA 倍率 ··················· 162
EVA® (Economic Value Added)
　····································· 152, 155
Fama-French の 3 ファクターモデル
　······································ 51, 79
IN-IN 型 ····························· 207
IN-OUT 型 ·························· 207
IRR：Internal Rate of Return ······ 92, 101
ITM：in the money ·············· 62
Law of One Price ················· 53
LBO ································· 234
Leveraged Buy-Out ·············· 234
M&A ································ 200
Management Buy-In ············ 234
Management Buy-Out ·········· 234
Management Employee Buy-Out ······· 234
MBI ································· 234
MBO ································ 234
MEBO ······························· 234
merger ····························· 200
Merger and Acquisition ········ 200
MIM ·································· 49
──── 理論 ······················· 164
MVA® (Market Value Added) ········ 154
MVP：Minimum Variance Portfolio ······ 44
NPV：Net Present Value ········ 92, 93
opportunity cost of capital ······ 76
OTM：out of the money ········ 62
OUT-IN 型 ·························· 207
Payback Period ···················· 92
PBR（株価純資産倍率） ·········· 160
PER（株価収益率） ··············· 159
Personal Finance ··················· 4
Public Finance ······················· 4
ROA ···························· 31, 32
ROE ···························· 31, 32
SIM ··································· 49
SML：Security Market Line ····· 47
TOB：Takeover Bid ·············· 230
WACC：Weighted Average Cost of Capital
　········································ 77

## [あ]

アウト・オブ・ザ・マネー ······· 62
アクティビスト・ファンド ······ 231
足場固めオプション ······ 112, 123〜125
アット・ザ・マネー ················ 62
一部譲渡 ··························· 205
一物一価の法則 ··········· 53, 59, 168
インカム・ゲイン ·················· 21
イン・ザ・マネー ··················· 62
インプライド・ボラティリティ ······ 71
黄金株 ························· 226, 228
オプション ················· 57, 61, 64
──── ・アプローチ ······· 119〜122

## [か]

会社分割 ··························· 233
回収期間法 ······················ 92, 99

| | |
|---|---|
| 確実性等価法 | 23 |
| 拡大オプション | 112 |
| 加重コスト | 77 |
| 加重平均資本コスト | 77, 175 |
| 合併 | 200, 204 |
| カーブ・アウト | 233 |
| 株式価値 | 9 |
| ——評価法 | 129, 142 |
| 株式公開買付け | 230 |
| 株式交換 | 204 |
| 株式譲渡 | 204 |
| 株式買収 | 204, 205 |
| 株式配当 | 184 |
| 株式リスク・プレミアム | 82, 83 |
| 株主価値最大化 | 2, 17 |
| 株主資本 | 30 |
| ——コスト | 76, 77, 79, 82〜84, 86 |
| 完全買収 | 205 |
| 関連会社化 | 205 |
| 企業価値 | 2, 9, 17 |
| 企業価値評価 | 130〜132 |
| ——法 | 129 |
| 企業提携 | 203 |
| 期待投資収益率 | 24 |
| キャッシュフロー計算書 | 28, 29 |
| キャピタル・ゲイン | 21 |
| 吸収合併 | 204 |
| 共分散 | 43 |
| 業務提携 | 203 |
| 金利スワップ | 63 |
| クリーン・サープラス | 146 |
| 経営判断原則 | 222 |
| 経済的付加価値 | 152, 153 |
| 継続価値 | 138〜140 |
| 現在価値 | 20 |
| 検索容易性 | 196 |
| 減衰率 | 151 |
| 公共ファイナンス | 4 |
| 行動ファイナンス | 195 |
| 効率的フロンティア | 44 |
| 子会社化 | 205 |
| ゴードンモデル | 41 |
| コーポレート・ガバナンス | 18 |
| コール・オプション | 61, 65, 66, 70 |
| ゴールデン・パラシュート | 226, 228 |

## 【さ】

| | |
|---|---|
| 最小分散ポートフォリオ | 44 |
| 裁定価格理論 | 48 |
| 裁定取引 | 52 |
| ——者（アビトラージャー） | 52 |
| 最適配分比率 | 190 |
| 財務諸表 | 28, 29 |
| 財務リスク・プレミアム | 36, 176 |
| 財務リストラクチャリング | 232 |
| 財務レバレッジ | 35 |
| 先物 | 57, 64, 65 |
| ——取引 | 60 |
| 先渡取引 | 60 |
| 参入（延期）オプション | 112 |
| 残余利益 | 155 |
| ——モデル | 79, 147〜151 |
| 時間的価値 | 69 |
| 事業リストラクチャリング | 232 |
| 自己資本 | 30 |
| ——比率 | 35 |
| ——利益率 | 31, 32 |
| 資産 | 16 |
| ——の理論価値 | 38 |
| ——買収 | 204, 205 |
| 自社株買い | 186 |
| 市場の効率性 | 54 |
| 市場付加価値 | 154, 156 |
| 市場ポートフォリオ | 45 |
| 市場リスク・プレミアム | 80 |
| 実績 | 24 |
| 支払利息の税控除 | 189 |
| 資本コスト | 75, 76, 78, 90 |
| 資本資産価格評価モデル | 46, 79 |
| 資本提携 | 203 |
| 収益率 | 24 |
| 証券市場線 | 47 |
| 正味現在価値 | 92〜98, 104, 108 |
| ——法 | 92, 106 |
| 将来価値 | 20 |
| 所有権リストラ | 233 |
| 新株引受 | 204 |
| シングル・インデックス・モデル | 49 |
| 新設合併 | 204 |
| 垂直的統合 | 206 |
| 水平的統合 | 206 |
| ステークホルダー | 14 |
| スピンオフ | 233 |

スプリット・アップ……………………… 233
スプリット・オフ………………………… 233
スワップ………………………………… 57
　──取引………………………………… 63
全面譲渡………………………………… 205
相関係数………………………………… 45
総資産…………………………………… 30
総資本利益率………………………… 31, 32
増配……………………………………… 229
損益計算書…………………………… 28, 29

### [た]

第一命題……………………………… 166, 170
第三者割当……………………………… 229
第三命題……………………………… 166, 178
第二命題……………………………… 166, 173
ダーティ・サープラス…………………… 146
通貨スワップ……………………………… 63
ディシジョン・ツリー…………………… 118
定配当割引モデル………………………… 40
定率成長配当割引モデル………………… 41
敵対的TOB ……………………………… 230
敵対的買収…… 208, 218〜221, 226〜229
適用除外………………………………… 222
撤退（清算）オプション………………… 112
デフォルトリスク………………………… 74
デリバティブ……………………………… 56
倒産リスク……………………………… 189
トラッキング・ストック………………… 233

### [な]

内部収益率…………………………… 102〜106
　──法………………………………… 92, 101
二項モデル……………………………… 67

### [は]

買収…………………………………… 200, 204
配当政策……………………………… 182, 185
配当命題……………………………… 166, 183
配当利回り……………………………… 161
配当割引モデル……………………… 39, 79
パーソナル・ファイナンス……………… 4
パックマン・ディフェンス………… 226, 229
バランスシート……………………… 28, 29
ビジネス・リスク………………………… 74
　──・プレミアム……………………… 36, 176
フィナンシャル・オプション…………… 110

複合（多角）的統合…………………… 206
負債コスト…………………………… 76, 77, 87
負債比率……………………………… 34, 35
プット・オプション………………… 61, 66
プット・コールパリティ………………… 68
ブラシウス・スタンダード……………… 223
ブラック・ショールズ・モデル…… 68, 72
フリー・キャッシュフロー……… 133〜138
ペイアウト政策………………………… 197
平均投資収益率………………………… 100
　──法………………………………… 92
平均分散アプローチ………………… 42, 43
β値…………………………… 47, 50, 80, 83
ポイズン・ピル……………………… 226, 228
法人税率………………………………… 89
ホワイト・ナイト…………………… 226, 229
本質的価値……………………………… 69

### [ま]

マルチ・インデックス・モデル………… 49
マルチ・ファクター・モデル…………… 49
マルチプル……………………………… 158
無リスク金利……………………………… 81
無リスク資産……………………………… 25

### [や]

友好的TOB ……………………………… 230
友好的買収…………………………… 208, 218
ユノカル・スタンダード…………… 223, 224

### [ら]

リアル・オプション………………… 110, 111
利害関係者……………………………… 14
離散時間モデル………………………… 126
リスク…………………………………… 22
　──調整割引率法……………………… 23
　──低減効果…………………………… 43
　──とリターンのトレードオフ……… 26
　──フリーレート・プレミアム……… 36
　──・プレミアム……………………… 27
利用可能性……………………………… 196
レバレッジ……………………………… 33
　──効果………………………………… 58
　──比率…………………………… 175〜177
レブロン・スタンダード…………… 223, 224
連続時間モデル………………………… 126

《著者紹介》

**菅原周一**（すがわら・しゅういち）
　1980 年　東京工業大学卒業。
　2011 年　上智大学大学院経済学研究科博士課程修了，博士（経済学）。
　現　在　千葉商科大学客員教授，早稲田大学，慶応大学非常勤講師。

**主要著書**

『基礎から学ぶ資本市場論Ⅱ』（共著）創成社，2011 年。
『基礎から学ぶ資本市場論Ⅰ』（共著）創成社，2010 年。
『合併・買収・再編の企業評価』（共訳）中央経済社，2008 年。
『資産運用の理論と実践』朝倉書店，2007 年。
『年金資産運用の理論と実践』日本経済新聞社，2002 年。

（検印省略）

2011 年 11 月 20 日　初版発行　　　　　　　　　　　略称―基礎ファイナンス

# 基礎から学ぶコーポレート・ファイナンス

著　者　菅原周一
発行者　塚田尚寛

発行所　東京都文京区　　　株式会社　創 成 社
　　　　春日 2-13-1
　　　　電　話　03（3868）3867　　ＦＡＸ　03（5802）6802
　　　　出版部　03（3868）3857　　振　替　00150-9-191261
　　　　http://www.books-sosei.com

定価はカバーに表示してあります。

©2011 Shuichi Sugawara　　　組版：ワードトップ　　印刷：亜細亜印刷
ISBN978-4-7944-2370-2 C3034　製本：宮製本所
Printed in Japan　　　　　　　落丁・乱丁本はお取り替えいたします。

―――― 経営選書 ――――

|  |  |  |  |
|---|---|---|---|
| 基礎から学ぶコーポレート・ファイナンス | 菅原 周一 | 著 | 2,500 円 |
| 基礎から学ぶ資本市場論Ⅱ | 菅原 周一<br>桂 眞一 | 著 | 2,600 円 |
| 基礎から学ぶ資本市場論Ⅰ | 菅原 周一<br>桂 眞一 | 著 | 3,000 円 |
| ファイナンスで学ぶ数式トレーニング | 保坂 和男 | 著 | 1,800 円 |
| ファイナンス入門 | 秋森 弘<br>皆木 健男 | 著 | 2,100 円 |
| 図解 コーポレートファイナンス | 森 直哉 | 著 | 1,900 円 |
| 現代企業のM&A投資戦略 | 安田 義郎 | 著 | 3,000 円 |
| 企業財務戦略の基礎 | 辻 聖二 | 著 | 2,400 円 |
| 財務管理論の基礎 | 中垣 昇 | 著 | 2,200 円 |
| 経営財務論 | 小山 明宏 | 著 | 3,000 円 |
| ファイナンシャル・プラン | 中井 誠<br>依田 孝昭 | 著 | 1,900 円 |
| すらすら読めて奥までわかるコーポレート・ファイナンス | 内田 交謹 | 著 | 2,600 円 |
| 経営分析と企業評価 | 秋本 敏男 | 著 | 2,800 円 |
| 経営分析ミニ辞典 | 秋本 敏男 | 著 | 900 円 |
| CSRとコーポレート・ガバナンスがわかる事典 | 佐久間 信夫<br>水尾 順一<br>水谷内 徹也 | 編著 | 2,200 円 |
| 現代経営組織辞典 | 小林 末男 | 監修 | 2,500 円 |
| 昇進の研究 ―キャリア・プラトー現象の観点から― | 山本 寛 | 著 | 3,200 円 |
| 転職とキャリアの研究 ―組織間キャリア発達の観点から― | 山本 寛 | 著 | 3,000 円 |
| 共生マーケティング戦略論 | 清水 公一 | 著 | 4,150 円 |
| 広告の理論と戦略 | 清水 公一 | 著 | 3,800 円 |

(本体価格)

―――― 創成社 ――――